재일코리안의 이주와 정주

코리아타운의 기억과 지평

이 저서는 2016년 대한민국 교육부와 한국학중앙연구원(한국학진흥사업단)의 한국학총서사업의 지원을 받아 수행된 연구임(AKS-2016-KSS-1230011)

재일코리안100년사 – 한민족으로서의 생활과 문화 02

재일코리안의 이주와 정주

코리아타운의 기억과 지평

초판 1쇄 발행 2021년 12월 31일

지은이 | 황익구
펴낸이 | 윤관백
펴낸곳 | 도서출판 선인

등 록 | 제5-77호(1998.11.4)
주 소 | 서울시 마포구 마포대로 4다길 4 곶마루 B/D 1층
전 화 | 02) 718-6252 / 6257
팩 스 | 02) 718-6253
E-mail | sunin72@chol.com

정가 24,000원

ISBN 979-11-6068-664-7 94900
ISBN 979-11-6068-662-3 (세트)

· 잘못된 책은 바꿔 드립니다.
· www.suninbook.com

한국학 총서 재일코리안100년사 – 한민족으로서의 생활과 문화 02

재일코리안의 이주와 정주

코리아타운의 기억과 지평

황익구 저

도서출판 선인

❙ 발간사 ❙

청암대학교 재일코리안연구소가 2016년 12월부터 수행한 한국학중앙연구원 한국학총서사업 '재일코리안100년사－한민족으로서의 생활과 문화'가 드디어 총 8권의 연구총서 시리즈로 결실을 맺게 되었습니다. 먼저 이 학술 프로젝트에 참여해 주신 국내외 연구원들께 심심한 감사의 말씀을 드립니다.

이 학술 프로젝트는 재일코리안의 생활과 문화를 입체적으로 고찰함으로써 재외한인 연구의 새로운 패러다임을 제시하는 것에 목적을 두고 시작되었습니다. 구체적으로는 기존의 정치, 경제, 외교사 중심의 연구를 넘어 문화와 일상 속의 100년이 넘는 재일코리안의 모습을 총체적으로 규명하고자 하였습니다. 특히 전문가들의 비교연구를 통해 새로운 재외동포 연구의 모델을 모색하여, 이민사와 일상사 연구를 보다 심화시킬 수 있도록 노력하였습니다. 동시에 대중학술서라는 총서의 취지에 맞게 전문성에 기초한 대중성을 적극 결합하여 연구의 보편화와 사회적 확산도 염두에 두고 진행되었습니다.

이러한 연구 목적을 달성하기 위해 재일코리안 100년의 생활과 문화의 일상을 시기, 영역, 주제별로 8개 영역으로 나누어 완결성을 목표로 하여 연관성과 독자성을 갖는 연구 성과를 도출하고자 하였습니다. 간단히 각 권의 연구내용을 소개하자면 다음과 같습니다.

총서 1권 『재일코리안의 문화예술과 위상－기억을 위한 소묘』에서는 재일코리안의 문화예술 활동을 미술, 음악, 연극, 영화, 무용, 체육 등의 분야로 나누어 조망하고 재일코리안의 문화예술 활동의 의의와 가치, 역할과 위상에 대한 시사점을 제공하고 있습니다.

총서 2권 『재일코리안의 이주와 정주－코리아타운의 기억과 지평』에서는 100년이 넘는 재일코리안의 이주사에 기초한 이주와 정주, 코리아타운의 형성과 변천, 과거와 현재의 변화 등을 종합적으로 조명하고 있습니다.

총서 3권 『재일문학이 그린 재일코리안』에서는 재일코리안 문학 연구의 추세와 동향에 대한 총괄과 함께 재일코리안의 생활과 문화의 궤적을 문학 담론을 통해 통시적으로 분석하고 있습니다.

총서 4권 『갈등과 화합의 재일코리안 단체의 역사－조직의 변화를 중심으로』에서는 재일코리안의 단체를 중심으로 갈등과 화합의 역사를 구성하고, 조직을 중심으로 한 재일코리안의 정치적 본질에 접근하고자 시도하고 있습니다.

총서 5권 『항일과 친일의 재일코리안운동』에서는 1945년 광복 이전 재일코리안의 일상을 통해 재일코리안운동의 역사를 조명하고 항일이나 친일만으로는 규정할 수 없는 재일코리안의 생동감 있는 역사와 문화의 중요성을 제시하고 있습니다.

총서 6권 『차별과 싸우는 재일코리안』에서는 일본 사회의 차별적 구조 속에 지금도 존재하는 재일코리안의 대항적 양태를 시기별 사회 변동과 연결하여 살펴보고, 재일코리안이 전개한 반차별 운동의 흐름과 의의를 재조명하고 있습니다.

총서 7권 『재일코리안 기업의 성장과 모국 기여활동』에서는 재일코리안 사회의 근간을 형성하고 있는 경제와 모국 기여라는 두 가지 측면의 현실적인 문제를 짚어보고 재일코리안 사회의 과거와 미래를 전망하고 있습니다.

총서 8권『재일한인 민족교육의 역사와 현재－민족교육을 지키기 위한 노력과 한계 그리고 과제』에서는 재일코리안의 민족교육의 흐름을 조망하고 현재 직면한 재일코리안의 교육문제에 대한 진단과 현실적 대안을 제시하고 있습니다.

이렇게 발간된 우리의 연구 성과가 재일코리안의 생활과 문화, 역사와 운동, 경제와 교육 등 재일코리안 전반에 대한 재평가와 재조명은 물론 연구 지평의 확장에도 크게 기여할 것임을 믿어 의심치 않습니다. 아무쪼록 이 연구총서 시리즈가 재일코리안의 과거와 현재를 조망하고 나아가 발전적인 미래를 모색하는 계기가 되기를 기대합니다. 다시 한 번 이번 학술 프로젝트에 참여해 주신 연구원들의 노고에 깊이 감사드립니다. 아울러 이 학술 프로젝트에 많은 관심과 격려, 그리고 조언을 주신 교내외 여러 선생님들께도 감사를 드립니다. 앞으로도 청암대학교 재일코리안연구소가 소기의 목표를 달성할 수 있도록 많은 관심과 아낌없는 격려를 부탁드립니다. 마지막으로 어려운 여건 속에서도 항상 재일코리안연구소의 많은 간행물을 출판해 주시는 도서출판 선인 윤관백 사장님과 편집진 여러분에게도 감사드립니다.

청암대학교 재일코리안연구소장 김인덕

▎저자 서문 ▎

한반도의 개항 이후부터 일제강점기를 거치는 동안 재일코리안은 정치, 경제, 교육 등 다양한 목적과 이유, 그리고 필요에 의해 일본으로 도항하였다. 그리고 일본의 패전은 재일코리안에게 일본에서의 정주가 일상이 되는 계기가 되었다. 물론 패전 직후 대부분의 재일코리안이 한반도로의 귀국을 선택했지만 약 60여만 명은 여전히 일본에서 삶을 영위해야만 했다. 그와 함께 귀국했던 사람들 가운데서도 재도항자가 나타났으며, 그밖에 경제적 이유나 유학 등의 목적으로 일본으로 도항하는 한국사람도 다수 생겨났다. 그리고 100년이 넘은 이들 재일코리안의 이주사와 정주사에 기초해 코리아타운이라는 공간은 형성되었다.

이 책에서는 이 공간의 형성사를 시간성과 함께 지역성을 고려한 비교사적 관점에서 살펴보고자 하였으며, 일상의 생활공간으로서의 모습에 주목하였다. 그와 함께 일본 주요 도시에 포진해 있는 코리아타운이, 특히 오사카, 도쿄를 중심으로 한류붐과 함께 한국문화 유통의 중심지로 재구성되고 나아가 다문화공생타운으로서 새로운 가능성과 면모를 제시하고 있다는 점에 중점을 두었다. 이러한 측면에서 이 책은 재일코리안의 도항과 생활, 패전과 정주, 코리아타운의 형성과 변천, 그리고 앞으로의 전망(지평)을 종합적으로 고찰하기 위한 시도라는 점을 밝혀둔다.

먼저 제1장 「도항과 이주, 그리고 정주」에서는 1910년 이후부터 일본의 패전까지의 시기에 한반도로부터 일본으로 도항하는 조선인의 도항 배경을 분석하고 그 과정에서 일어난 문제점을 고찰하였다. 특히, 1920년대 이후부터 조선인의 도항이 급증한 배경으로 토지조사사업 등으로 인한 조선 농촌사회의 붕괴와 농민의 몰락, 소작농의 이농과 저임금 노동자로의 영락, 극심한 생활난, 침략전쟁의 심화로 인한 노동력 동원 등에 주목하였다. 또 하나 여기에서 주목한 점은 조선인의 도항에 직접적이고 중심적인 역할을 한 정기항로를 통한 도항 양상을 구체적으로 살펴보는 것이었다. 조선인 도항의 대부분은 부산과 시모노세키를 연결하는 부관연락항로와 제주도와 오사카를 연결하는 제주도오사카항로를 통해 이루어졌다. 그야말로 부관연락항로와 제주도오사카항로는 조선인 도항의 역사이자 일제강점기 조선인의 애환과 상처, 울분과 고뇌, 기쁨과 희망을 상징적으로 투영하는 집단적 기억의 유산이라는 점을 새삼 상기할 필요가 있었기 때문이다. 그리고 해방 이후부터 현재까지 일본에 이주한 한반도 출신자를 칭하는 뉴커머의 이주 시기와 배경, 체류의 형태와 집단의 형성 등에 대해서도 고찰하였다.

제2장 「조선인 부락의 형성과 생활」에서는 주로 1910년 일본의 한반도 강제병합 이후부터 패전까지의 시기에 일본으로 도항한 재일코리안의 생활상을 중점적으로 살펴보았다. 도항 이후의 주거문제, 식생활, 공동체(조선인 부락)의 형성, 조선시장, 조선인 부락의 기능과 역할 등을 종합적으로 고찰함으로써 재일코리안의 생활과 정주 과정을 분석하였다. 특히 주택문제에 대해서는 1930년대에 재일코리안의 생활권 확립과 옹호를 위해 창간된 한글신문 『민중시보』를 통해 동시대의 재일코리안의 주택문제에 대한 입장과 대응, 그리고 더 나아가 생활권 투쟁의 양상을 고찰하였다. 『민중시보』는 재일코리안의 생활권 확립, 권익옹호, 문화적 향상 등을 강령으로 당시 재일코리안의 생활문제에 큰 관심을 가지

고 해결책의 모색에 노력하였으며, 특히 주택문제에 대해서는 각종 사설, 칼럼, 보도기사, 기고문, 문예작품 등을 통해서 문제의 원인을 공유하고 아울러 생활권 투쟁의 참여를 유도하고자 함으로써 재일코리안이 자신들의 주택문제, 더 나아가 생활문제에 대해 민족운동의 일환으로 자주적이고 조직적인 투쟁을 도모하였다는 점을 지적하였다.

제3장 「코리아타운의 과거와 현재」에서는 일본 각지에 형성된 코리아타운의 형성 과정과 변천, 그리고 현황을 해방 이후부터 현재 시기까지 살펴보았다. 코리아타운은 일본 각지에 크고 작은 규모로 산재하고 있으며, 아울러 코리아타운으로서의 기능과 위상도 다양하게 나타난다는 점에서 오사카지역, 도쿄지역, 교토지역, 가와사키지역, 나고야지역에 위치한 대표적인 코리아타운을 검토 대상으로 삼았다. 오사카지역에서는 이쿠노구에 위치한 미유키도오리 상점가와 쓰루하시 국제시장, 히가시나리구의 이마자토신지 등의 코리아타운의 형성과 변천을 살펴보았으며, 도쿄지역에서는 뉴커머를 중심으로 코리아타운이 형성되었다고 할 수 있는 신오쿠보의 코리아타운 일대를 고찰하였다. 특히 신오쿠보 코리아타운은 1980년대와 1990년대에 뉴커머의 유입이 활발하게 이루어지면서 규모는 물론 역할도 확대되었다. 또한 2000년대 이후부터는 한류붐의 형성과 함께 한일 양국의 문화교류를 견인하는 공간으로도 기능하였다. 그리고 교토지역에서는 히가시구조 코리아타운의 형성과 변천, 대표적인 문화행사 '히가시구조마당' 등을 고찰하였다. 상대적으로 재일코리안의 수가 적은 가와사키지역과 나고야지역의 코리아타운에 대해서는 지역별 재일코리안의 인구추이와 함께 주변 상점가의 현황을 개괄하였다.

제4장 「한류(韓流)와 혐한류(嫌韓流), 그리고 재일코리안」에서는 일본에서의 한류 열풍의 등장과 전개 과정을 살펴보고, 재일코리안의 생활과 코리아타운에 미친 영향을 분석하였다. 이 과정에서는 한류 열풍의 반작

용이라고도 할 수 있는 일본 내의 혐한류 분위기에 대해서도 심도 있게 고찰하였다. 특히 혐한류에 대해서는 『만화혐한류(マンガ嫌韓流)』를 비롯한 관련된 출판도서의 내용과 흐름을 구체적으로 살펴보고, 그 문제점을 분석하였다. 그리고 마지막으로 코리아타운으로부터 시작되었다고 할 수 있는 일본의 다문화공생정책의 전개와 문제점을 살펴보고 재일코리안 사회와의 관계도 조명하였다.

이 책에서는 재일코리안의 이주와 정주, 코리아타운의 형성과 변천, 역할과 지평, 과거와 현재를 종합적으로 고찰하고자 하였지만, 시기별, 지역별, 계층별 차이나 특성에 대한 논의가 다소 미흡한 부분이 없지 않다. 이 점에 대해서는 향후 연구의 과제로 삼아 보완하고자 한다. 다만, 100년이 넘는 재일코리안의 이주와 정주의 역사를 삶의 공간과 생활이라는 관점에서 조망하는 시도이자 계기가 되기를 바란다.

끝으로 이 책은 한국학중앙연구원 한국학총서사업(2016) 수행의 일환으로 발행되었으며, 출판에 이르기까지 여러 선생님께서 관심과 조언을 주셨다. 다시 한 번 감사드린다. 그리고 항상 바쁘신 일정에도 편집과 교정 작업에 애써 주신 도서출판 선인의 편집진 여러분께도 감사를 드린다.

2021년 12월

청암대학교 재일코리안연구소 황익구

목 차

제 1 장

도항과 이주, 그리고 정주

제1장
도항과 이주, 그리고 정주

1. 도항의 시기와 배경, 그리고 과정

1876년에 체결된 강화도조약을 계기로 조선의 부산, 인천, 원산 등의 항구는 일본과의 교류를 위한 거점 항구로서 개항하게 되었으며, 그에 따라 항로망도 정비되었다. 특히 부산항은 부산과 나가사키(1876년), 부산과 오사카(1890년), 부산과 시모노세키(1905년)를 잇는 항로가 속속 개설되면서 일본과의 물적 인적 교류는 더욱 증가하였다. 이와 같은 물적 인적 교류로 일본으로부터 조선으로의 유입은 물론 조선으로부터 일본으로의 유출 또한 빈번하게 이루어졌다. 이 당시 일본에 재류한 조선인의 숫자나 현황에 대한 것은 단편적이며 불명확한 실정이다. 다만, 조선의 개항 이후 초창기에는 주로 외교사절단, 유학생, 정치인이 주로 일본으로 이동하는 대상이었다고 할 수 있으며, 그 수 또한 불명확하고 많지 않은 편이었다.[1] 조선인의 일본으로의 본격적인 유출은 역시 1910년 일

1) 일본제국통계연감에 의하면 1885년에 1명, 1895년에 12명, 1905년에는 303명으로 나타났다

본의 한반도 강제병합 이후라고 할 수 있다. 일본의 국세조사와 내무성 조사에 의하면, 1910년 이후 일본에 거주하는 조선인의 수는 〈표 1〉과 같이 점차 증가하였다.

〈표 1〉 일본거주 조선인 인구[2)]

연도	일본거주 조선인 인구 (국세조사)	일본거주 조선인 인구 (내무성조사)
1911		2,527
1912		3,171
1913	3,952	3,635
1914	4,174	3,542
1915	5,046	3,917
1916	7,225	5,624
1917	17,463	14,502
1918	27,340	22,411
1919	35,995	26,605
1920	40,755	30,189
1921	48,774	38,651
1922	83,693	59,722
1923	112,051	80,415
1924	168,002	118,152
1925	187,102	129,870
1926	207,853	413,796
1927	346,515	177,215
1928	341,737	238,102
1929	387,901	275,206
1930	419,009	298,091

(朴在一, 『在日朝鮮人に関する総合調査研究』, 新紀元社出版部, 1957, 23쪽). 또한 일본내무성 경찰국의 자료에 따르면 1904년 기준으로 일본에 재류한 조선인은 유학생, 친일정치가 등을 포함하여 229명으로 집계되어 있다(宮田法人, 『在日朝鮮人』, 朝日新聞調査研究, 1970). 또 한일강제병합 이전 해인 1909년에는 790명이었다는 집계도 있다(류시중, 「한국인의 도일상황과 일본에서의 생활실태」, 『동양문화연구』 제1호, 1974, 161쪽).

1931	437,519	311,247
1932	504,176	390,540
1933	573,896	456,217
1934	689,651	537,695
1935	720,818	625,675
1936	780,528	690,501
1937	822,214	735,683
1938	881,345	799,878
1939	1,030,394	961,591
1940	1,241,315	1,190,444
1941	1,469,230	1,469,230
1942	1,625,054	1,625,054
1943	1,768,180	1,882,456
1944	1,911,307	1,936,843
1945(1~5월)	2,100,000	2,365,263

위 〈표 1〉의 내무성조사를 살펴보면, 특히 1910년대 후반이라고 할 수 있는 1917년에는 14,502명으로 크게 증가하였으며, 한일강제병합 이후 10여 년간에 재일코리안의 총 수는 약 3, 4만여 명으로 증가하게 되었다.[3] 그러나 이 수 또한 1920년대 이후의 재일코리안 수가 10만여 명 이상에 달하는 시기에 비하면 그다지 많은 편이라고 할 수는 없다. 이처럼 초창기에 일본으로 도항한 조선인 수가 상대적으로 많지 않았던 요인에는 1899년 7월에 발포된 일본의 외국인노동자에 대한 이주금지규정, 한

2) 박경식, 박경옥 역, 『조선인 강제연행의 기록』, 고즈윈, 2008, 23쪽, 29쪽, 32쪽 참조.

3) 한반도의 개항 이후부터 오늘날에 이르기까지 자발적이든 강제적이든 일본으로 건너가 거주하게 된 한반도 출신의 한인과 그 자손을 지칭하는 용어는 재일교포, 재일동포, 재일조선인, 재일한국인, 자이니치, 재일한인 등 다양하게 활용되고 있다. 그만큼 각 용어에 담긴 함의도 다양하며 그 역사성 또한 제각각인 것이 현실이다. 이 책에서는 모국과 거주국과의 연계성을 고려한 디아스포라 연구의 관점과 국적이나 이념을 초월한 초국가주의의 관점을 반영하여 일본에 거주하는 코리안(Korean)을 '재일코리안'이라는 용어로 총칭한다. 다만, 원문(표나 그림 등의 제목 포함)을 인용하거나 특정 대상을 구분해야 할 경우는 원문의 표현을 그대로 사용할 수도 있음을 밝힌다.

일강제병합, 1910년 9월 내무성이 도항 조선인에 대한 감시와 단속을 강화하기 위한 목적으로 시행한 '요시찰조선인시찰내규(要視察朝鮮人視察內規)', 조선 내부의 정치적 혼란, 조선인 노동자의 일본에 대한 지식 부족, 1919년 4월에 경무총감부령으로 발령된 '조선인여행단속에관한건(朝鮮人ノ旅行取締リニ関スル件)', 이른바 '여행증명제도'[4]로 인한 일정 조건이 필요한 사안 등이 작용했기 때문으로 추측된다. 특히 여행증명제도는 3.1독립운동 이후 조선총독부의 도항 조선인에 대한 감시의 강화를 목적으로 실시된 제도라고 할 수 있다.

그러나 〈표 1〉에서도 알 수 있듯이, 여행증명제도는 그 후의 조선인 도항을 억제하고자 하는 측면에서는 그다지 효과를 거두지 못한 정책이라고 할 수 있다. 여행증명제도가 도입된 이후 1920년부터 1922년까지 국세조사에 의한 일본 거주 조선인의 수는 계속해서 증가하였으며, 당연히 조선인 도항자의 수 또한 증가하였다는 사실을 추론할 수 있다. 그리고 이와 같은 조선인 도항자의 증가는 이후에도 지속적으로 진행되었다. 조선인 도항자의 숫자를 보다 구체적으로 살펴보면, 1919년에 2만여 명 정도였던 조선인 도항자 수는 1922년에 7만여 명, 1925년에 13만여 명, 1927년에 18만여 명으로 급증하였다.[5] 여행증명제도라고 하는 도항 억제책에도 불구하고 조선인 도항자 수가 꾸준히 증가한 요인에는 1920년대 초 조선과 일본의 사회 경제적인 상황이 크게 작용하였다고 할 수 있다. 이 무렵 일본과 조선은 제1차 세계대전 이후의 경제 불황으로 인한

[4] 여행증명제도의 내용을 살펴보면, 조선 땅 밖으로 나가려는 자는 나가기 전에 반드시 거주지 경찰관서(경찰업무를 보는 헌병관서 포함, 이하 동일)에 신고하여 여행증명서를 교부받은 후 조선 땅 최종 출발지 경찰관에게 제시해야 하고, 밖에 나갔다가 다시 조선 땅 안으로 들어오려는 자는 출발 전에 교부받았던 증명서 또는 재외일본공관이 발행하는 증명서를 조선 내 최초 도착지 경찰관에 제시해야 한다는 것이다.

[5] 金英達編, 『数字が語る韓国・朝鮮人の歴史』, 明石書店, 1996 참조.

만성적인 불경기로 침체되어 있었다. 일본에서는 임금 삭감, 해고, 공장 폐쇄 등으로 많은 노동자들이 실직하게 되었다. 더욱이 대부분이 미숙련 노동자이거나 중소기업의 노동자였던 일본 거주 조선인 노동자들은 가장 먼저 타격을 입었으며, 그 여파로 많은 조선인 노동자들이 귀국을 할 수밖에 없는 처지에 놓이기도 하였다.

한편 조선에서는 일본으로의 식량공급 확대를 목적으로 한 산미증산 계획(1920~1933년)이 실시되었으며, 그와 함께 조선의 몰락 농민의 수는 더욱 증가하는 추세가 나타났다. 그 결과 조선인 몰락 농민이 다시 일본으로 도항함으로써 실업자를 양산하는 악순환을 만드는 양상이 나타났다. 특히 1922년 12월에 종래의 여행증명제도가 폐지되고 그 대신 도항의 조건이 다소 완화된 '도항증명서'제도가 시행되면서 조선인의 도항자 수는 급증하였다. 이 점은 1923년부터 1930년까지 조선인 도항자 수가 1백만 명을 훨씬 넘고 있다는 점에서도 확인할 수 있다.[6]

조선인 도항자 수의 증가 추세는 1930년대에 들어서도 크게 다르지 않은 양상이었다. 1930년대에 이르러서 일본은 장기화된 경제 불황과 금융공황, 원자재 부족, 일본농업의 타격, 도시노동자의 실직 등과 같은 경제적 사회적 위기에 직면해 있었다. 그리고 그 위기의 영향은 고스란히 식민지 조선에도 파급되었으며, 결국 일본의 무력에 의한 대륙침략과 남방정책으로 이어지는 결과를 초래하게 되었다. 즉 1931년 만주사변을 시작으로 1937년 중일전쟁, 그 이후의 남방정책과 아시아·태평양전쟁 등으로 이어지는 일련의 침략전쟁은 당시 일본의 경제적 사회적 위기와 무관하지 않다는 점은 주지하는 바와 같다. 그런데 주목할 부분은 이 시기에 조선인의 도항자 수는 더욱 가속화되었다는 점이다. 군국주의의 심화와

6) 박경식, 박경옥 역, 『조선인 강제연행의 기록』, 고즈윈, 2008, 29쪽 참조.

침략전쟁의 영향으로 조선은 군수산업기지로서 또는 '대륙진출병참기지'로서 더욱 궁핍한 상황에 이르렀으며, 조선농민의 몰락 또한 격화되었다. 그 과정에 농민의 이촌(離村)과 소작쟁의는 끊이지 않는 상황이었으며, 해외이주 또한 급속도로 증가하였다. 국세조사 통계에 의하면 1930년에 일본 거주 조선인의 인구수가 41만 9천여 명이었던 것이 1938년에는 88만 1천여 명으로 두 배 이상 급증한 것을 고려하면 1930년대의 조선인의 도항 양상을 일정 부분 이해할 수 있을 것이다. 특히 이 시기에는 군수산업의 확대와 군사시설의 확충을 위해 조선인 노동력의 대대적인 연행이 이루어지면서 과거에 유례가 없을 만큼 많은 조선인 도항자가 발생하였다. 그리고 그 결과는, 국세조사 통계에서 알 수 있듯이, 일본 거주 조선인 수가 1백만 명을 넘게 되는데 크게 작용하였다. 또한 중일전쟁이 점점 격렬해지면서 1938년 4월에 공포된 '국민총동원법'과 1939년 7월에 공포된 '국민징용령'이 시행됨으로써 조선인의 대대적인 동원이 진행되었다. 박경식의 통계에 의하면 1939년부터 1945년까지 '조선인 징용 노동자 강제연행' 수는 72만 5천여 명에 이르며, 이 중 일본 본토로 연행된 수는 약 33만여 명으로 집계된다. 그리고 1945년 국세조사 당시 일본에 거주하는 조선인의 수는 무려 210만여 명에 달하였다.

이상에서 살펴보았듯이 조선인의 도항자 수가 크게 증가한 시기는 1920년대 이후부터 30년대, 40년대에 이르는 시기라고 할 수 있다. 여기에서 조선인의 도항이 활발하게 이루어진 1920년대 이후의 조선과 일본의 사회적 경제적 상황과 도항의 배경을 보다 구체적으로 살펴보고자 한다.

이 분야에 대한 선행연구에는 재일코리안 역사학자 박경식이 토지수탈과 생활난, 군수산업으로의 강제연행 등을 조선인 도항의 배경으로 정리한 바 있으며, 가지무라 히데키(梶村秀樹)도 농민층의 분해와 이농자의 도시집중, 식민지라는 정치적 지역적 특수성 등이 도항에 영향을 주고 있다는 점을 지적하고 있다. 또한 김광열도 재일코리안 형성에 있어서 도항 조선인들의 특질을 분석함으로써 조선인의 도항과 인구 이동의 의미를 분석하고 있다.[7] 여기에서는 이들 선행연구의 성과를 바탕으로 조선인의 도항의 배경과 과정을 개괄하는 정도에서 기술하고자 한다.

앞서 살펴본 바와 같이 조선인이 본격적으로 일본에 도항하게 되는 시기는 1910년 한일강제병합 이후라고 할 수 있다. 이 점은 식민지지배라고 하는 구도가 야기하는 정치적, 사회적, 경제적 변화가 조선인의 도항에 크게 작용하였다는 것을 짐작하게 한다. 1910년 이후 조선인의 도항에 있어서 우선 지적할 수 있는 도항 배경에는 조선 농촌사회의 붕괴와 농민의 몰락을 들 수 있다.

일본은 식민지지배 체제의 수립을 위해 1910년부터 토지조사사업에 착수하여 1918년까지 실시하였다. 일본은 토지조사사업에 대해 근대적 토지소유제도의 확립과 조선 농촌사회의 전근대적이고 봉건적인 생산관계를 정비 또는 개편한다는 명목하에 조선의 전 지역을 대상으로 진행하였다.

그러나 토지조사사업은 일본 자본을 통한 토지 매입을 적합하게 하기 위한 제도적 보장, 즉 토지 소유의 등기제도 확립이라는 목적이 강했다. 또한 식민지 통치자금의 확보를 위한 조세수입 체제의 확립과 증대도 주요 목적의 하나였다. 그 외에도 미간지 혹은 국유지를 창출함으로써 조선총독부의 재정수입을 보충하고, 나아가 동양척식주식회사나 일본인 이민자에게 불하함으로써 일본 상업자본의 유입을 원활하게 하고자 하

7) 朴慶植, 『朝鮮人強制連行の記録』, 未来社, 1965; 梶村秀樹, 「定住外国人としての在日朝鮮人」, 『思想』 第734号, 1985.8; 김광열, 「전간기 일본도항 조선인의 특질」, 『일본학보』 제46집, 2001.3 등의 연구를 참조. 이 외에도 이 내용과 관련 있는 선구적인 연구에는 朴在一, 『在日朝鮮人に関する総合調査研究』, 新紀元社, 1957 등이 있다.

는 목적도 수반되었다. 그뿐만 아니라 일본인 농업 이민자에게 불하된 토지를 다시 조선인에게 소작하게 함으로써 일본인 기업과 이민자의 소득을 보전하는 제도적 구조적 기반을 형성하는 데도 유효하였다. 그런데 토지조사사업의 실시로 인해 가장 큰 타격을 입게 된 계층은 다름 아닌 조선 농촌의 소작농들이었다. 토지조사사업은 조선의 소작농으로부터 토지의 소유권은 물론 경작권까지도 완전히 박탈해 버리는 결과를 초래하였던 것이다. 이 문제는 그야말로 조선의 농촌사회 구조를 크게 뒤흔드는 중대한 일이 아닐 수 없다. 조선의 농촌사회를 지탱해 온 대다수의 소작농은 토지의 소유권과 경작권으로부터 배제된 채 이농과 이촌을 선택할 수밖에 없는 상황에 처했으며, 일본의 산업자본이 지배하는 저임금 노동자로 전락하는 경우가 속출하였다. 즉 토지조사사업은 소작농의 몰락과 일본 상업자본의 유입으로 농촌사회의 붕괴가 가속화 되는 결과를 초래하였다. 그리고 그 결과는 경제적으로 궁지에 몰린 농민들에게 일본으로의 도항을 부추기는 양상을 만들어낸 것이다.

이 무렵 제1차 세계대전으로 일본에서는 상업자본이 막대한 이윤을 만들어내며 자본의 독점적 지위를 더욱 강화하던 시기였다. 그리고 일본 내의 노동력 부족 문제를 싼값에 해결하고자 조선의 저임금 노동자의 일본 도항을 적극적으로 추진하는 상황도 재현되었다. 1910년대 조선인의 일본 도항 배경에 대해 박경식은 '조선인은 스스로 원해서 건너간 것이 아니었다. 일제의 조선 지배를 위해 많은 일본인 자본가와 지주 및 농업 인구가 조선에 진출하게 되어 조선인이 쫓겨나게 된 것이었다'고 단호한 견해를 밝히고 있다.[8] 그러면서 조선총독부의 관리를 지낸 모리타 요시오(森田芳夫)가 제시한 이 시기 조선인의 일본 도항 배경, ①조선인 인구

8) 박경식, 박경옥 역, 『조선인 강제연행의 기록』, 고즈윈, 2008, 23쪽.

가 비정상적으로 증가했다, ②인구 증가의 중심을 이루는 남조선 농민의 생활이 심히 궁핍하여, 농사와 관계없는 농업 노동인구가 많았다, ③당시 일본 본토의 경제사회가 그 노동력을 필요로 했다는 견해에 대해 '대단히 비과학적인 견해'이며, '제국주의와 식민지의 지배와 피지배 관계를 무시한' 견해라고 일갈한 것은 시사하는 바가 크다고 할 수 있다. 이어서 박경식은 이 시기 조선인 도항자의 도항과 생활을 다음과 같이 소개하고 있다.

> 조선인 노동자가 가장 먼저 도항한 곳은 오사카(大阪)의 셋쓰방적 기즈가와(摂津紡績木津川)공장(1911년), 효고(兵庫)현의 쓰노방적 아카시(明石)공장(1912년)이며, 오카야마(岡山)현 도요칸(東洋館) 성냥공장(1913년), 오사카의 도요방적 산겐야(東洋紡績三軒屋)공장, 효고현의 가와사키(川崎)조선소(1914년) 등이 순서를 이루고 있다. 그런데 1917년 이후에는 더 많은 조선인 노동자가 오사카, 효고, 와카야마(和歌山), 오카야마 등에 있는 방적공장, 조선소, 제철소, 유리공장에서 저임금 육체노동에 종사했다.
>
> 조선인 노동자 대다수는 일본 각지의 도로, 철도, 하천공사 등에서 일하는 일용 토목 인부로, 일본인 노동자가 별로 하지 않는 난공사에 종사했다. 앞의 공장에서도 대부분 잡역부로 일했고, 불결한 환경의 중노동이었는데도 임금은 일본인의 반을 약간 넘을 정도였다.[9)]

박경식은 조선인 초기 도항자의 도항지가 주로 오사카를 중심으로 한 주변 지역이었다는 점과 저임금 육체노동자로 종사한 조선인 도항자의 노동환경과 생활상을 비교적 상세하게 소개하는 한편 식민지 조선출신 노동자의 궁핍함과 차별을 간단하지만 명료하게 기술하고 있다. 이 밖에도 1915년부터 1920년 사이에 후쿠오카와 홋카이도 지역에 조선인 토목

9) 박경식, 박경옥 역, 『조선인 강제연행의 기록』, 고즈윈, 2008, 24쪽.

노동자가 급격히 증가한 사례도 통계를 근거로 설명하고 있다. 박경식은 이 시기 조선인의 도항 배경에 ''토지조사'로 토지를 잃어버린 사람들도 많다'고 하면서 그 원인의 하나로 토지조사사업으로 인한 조선농민의 토지수탈을 지적하고 있다. 그리고 이를 뒷받침하듯 일본의 토지조사사업으로 인한 토지수탈이 도항의 요인이 된 재일코리안의 사례를 소개하기도 하였다.[10)]

앞서 기술한 바와 같이 조선인 도항자 수는 1920년대에 접어들면서 더욱 급증하였다. 1919년에 2만여 명 수준이던 도항자 수는 1925년에 13만 명, 1927년에는 18만여 명 수준으로 증가하였다. 통계에서도 알 수 있듯이 초기 도항자가 주로 농촌사회의 붕괴로 인한 몰락한 농민층이 다수 포함된 점을 고려할 때 토지수탈이라는 식민지정책의 영향은 직접적인 요인의 하나로 주목할 만하다. 그런데 토지조사사업이 일단락된 후 1920년대에 접어들면서는 이러한 정책의 결과로 빚어진 조선 농촌사회의 빈궁과 생활난이 더욱 가속화되었으며, 동시에 농민, 특히 소작농의 이농과 저임금 노동자로의 영락이 두드러지게 나타났다.

한일강제병합 당시 조선인의 도항자 수는 790명으로 집계된 반면 같은 해 조선 내의 일본인 수는 12만 6,168명으로 비교할 수 없을 만큼 큰 차이를 나타냈다.[11)] 더욱이 1922년 말 조선에 거주하는 일본인의 수는

10) 소개된 사례는 다음과 같다. "노 씨는 이런 일본인 지주가 설쳐대는 마을에서 사는 것이 싫었으며, 토지측량신고를 한 토지는 얼마 되지 않았기 때문에 토지 대부분을 빼앗겨 버린 상태였다. 노 씨나 노 씨의 형들도 모두 농사꾼으로 살아갈 수 없었다. 결국 열다섯 살 때 일본으로 돈을 벌러 갔다. 처음엔 후쿠오카현의 야하타(八幡)제철소 운반부에서 일했는데, 중노동을 견딜 수 없어 1개월가량 하고 나서 아소(麻生)탄광으로 옮겼다. 그러나 여기에서도 1개월을 못 넘기고 나서 토목건축조에 들어가 구마모토(熊本), 오이타(大分)현의 발전소 공사, 도로공사 등에서 2개월간 일했다. 열여덟 살이 되었을 때 결혼하기 위해 고향으로 돌아가 스믈두 살까지 농사를 지었다. 형은 일본인 지주가 설치는 마을 생활이 싫은데다 일할 의욕도 잃어버려 빈둥빈둥하다가 결국 조금씩 논밭을 팔아버렸다.
그 탓에 노 씨 형제가 농사를 지어도 먹고살지 못할 지경에 이르렀다. 그래서 스물두 살 때 처자를 데리고 일본에 건너가 후쿠오카현의 이즈카(飯塚)탄광에서 일했다."

약 40만여 명에 달할 만큼 급증하였다. 이 무렵 조선에 거주하는 일본인이 이렇게 급증한 것은 상당수의 일본인 농민이 조선총독부와 동양척식주식회사, 그 외 일본정부 관계기관 등이 비호한 결과일 것이다. 그 결과 일본인 지주층은 상당히 확대된 반면, 조선인 지주층은 그만큼 축소되거나 소작농 등으로 전락하게 된 것으로 추측된다. 실제로 통계를 살펴보면, 동양척식주식회사가 소유한 토지는 1910년에 1만 1,036정보에서 1924년에 9만 6,280정보로 확장되었으며, 1928년 말에 일본인 지주는 지주 총수에서는 조선인 지주의 4분의 1 수준에 불과하였지만 1백 정보 이상의 농지를 소유하는 지주 수에서는 60%에 가까운 비율을 차지할 만큼 농촌의 일본인 지주화 현상이 확연히 나타났다.[12] 조선 농촌사회에서 일본인 지주화 현상이 심화된다는 의미는 결국 그만큼 일본인 지주와 일본 자본에 조선인 농민이 예속된다는 것을 의미하며, 동시에 농민의 생활난과 유랑, 해외이주를 자극하는 요인으로 작용하였을 것이다.

1920년대 조선 농촌의 생활상을 좀 더 살펴보자. 1920년대에 이르러서 조선은 일본의 최대 식량공급기지로서 이용되었다. 이 시기 일본에서는 제1차 세계대전 이후의 급격한 경제적 불황이 지속되고 있었으며, 1918년에는 곡물가의 폭등으로 인한 전국 규모의 민중운동이라고 할 수 있는 '쌀소동'이 일어나는 사회적 경제적 변혁이 계속되었다. 이러한 와중에 조선에서는 1920년부터 일본으로의 식량공급 확대를 목적으로 산미증산계획이 추진되었다. 그러나 산미증산계획은 일본의 미곡과중 문제로 부진한 결과를 낳았으며, 결국 1933년에 중지되었다. 그런데 조선의 농촌에서는 쌀값의 폭락으로 농가수입은 급격히 감소했으며, 농민들의 경제적 궁핍과 생활난은 더욱 가중되었다.

11) 朴在一, 『在日朝鮮人に関する総合調査研究』, 新紀元社出版部, 1957, 〈표 12〉, 23쪽, 234쪽.

12) 고승제, 『한국이민사연구』, 문장각, 1973, 34쪽.

더욱이 한발이나 홍수와 같은 자연재해의 발생은 농민이 생업을 포기하고 하층민으로 전락하거나 이농을 결정하게 하는 직간접적인 요인으로도 작용하였다. 실제로 이 시기에 농민들이 자연재해로 인한 피해로 이농 또는 도일하게 되었다는 기사를 자주 확인할 수 있다. 예를 들면, 1925년 1월 1일자 『동아일보』에는 전라도의 곡창지대인 김제군 성덕면 고현리에서는 한발의 영향으로 마을 청년 모두가 일본으로 돈벌이 도항을 한 결과 여자와 어린이만이 마을에 남아 있다는 기사를 싣고 있다. 이러한 기사는 1930년대 초의 신문에서도 확인할 수 있다.

> 穀價가 폭락하여 일반 채무, 공과금 등을 변제할 방도가 없어서 수중의 양곡을 전부 팔아 부채를 갚으니 살아갈 길이 막연해져, 일본 등의 노동시장으로 가는 사람이 나날이 격증하고 있다. 최근 1개월 간 함안군내만 하더라도 일본도항자수가 2백 명에 달했다.[13]

쌀값 폭락과 자연재해는 농민들의 수입을 감소시키는 결과를 초래했을 뿐만 아니라 경작을 위한 영농자금의 부채와 그 이자의 변제에 대한 부담을 가중시키는 이중고를 안겨주었다. 그리고 그 결과 농민의 이농과 해외 이주는 점점 증가하는 악순환이 계속되는 상황이 당시의 조선 농촌사회에 빈번하게 발생하고 있었음을 짐작하게 하는 내용이다.

또한 이러한 현상은 단순히 조선 농촌의 경작 농민뿐만 아니라 각 농촌지역의 정미업 등의 식품가공업, 그 밖의 가내수공업을 비롯한 경공업에 종사하는 사람들에게도 큰 타격을 주었을 것으로 판단되며, 조선 농촌사회의 붕괴를 부추기는 요소의 하나가 되었을 것이다.

13) 『동아일보』 1931년 2월 7일자(김광열, 「전간기 일본도항 조선인의 특질」, 『일본학보』 제46집, 2001.3, 347쪽 재인용).

조선 농촌사회의 붕괴와 농민의 몰락으로 나타난 농민의 이농과 저임금 노동자로의 전락, 그리고 실업자의 증가는 당연히 이들로 하여금 해외 이주라는 선택을 종용하였을 것이다. 때마침 이러한 시기에 일본 당국의 조선인 도항자에 대한 규제도 부분적으로 완화되면서 조선인 도항자의 수는 보다 증가하였다. 앞서 국세조사 통계자료에서도 살펴보았듯이 1920년대 일본으로의 조선인 도항자 수는 꾸준히 증가하였다. 1922년 12월에는 종래에 경무총감부령으로 실시되었던 여행증명제도가 도항증명서만 발급받으면 도항이 가능하도록 완화되었다. 물론 이 조치는 1925년 10월에 일본 내의 실업문제 대책과 일본인 노동자의 압박 등을 이유로 도항자에 대한 선별관리의 형태로 변경되기도 하였다.[14] 이뿐만 아니라 이와 같은 조선인 도항자에 대한 관리 차원의 규제는 1928년 7월 24일 조선총독부 총무국이 각 도 경찰부에 하달한 통첩에도 확인되며 그 기준은 보다 강화되었다.

① 취직이 확실하다고 인정될 것.
② 배 표값과 기타 꼭 필요한 여비 외에 60엔의 여유가 있을 것(출발지에서는 목적지에서 소요될 여비 예상액과 준비금 10엔 이상을 소지할 것).
③ 아편 중독자가 아닐 것.
④ 노동 브로커의 모집에 응해 도항하는 자가 아닐 것.[15]

박경식에 의하면, 당시 대부분의 조선인 도항 희망자의 소지금은 30엔

14) 1925년 10월에 시행된 일종의 도항저지제도는 일본 내의 노동운동의 증가로 인한 일본인 노동자와 조선인 노동자의 연대에 대한 우려와 조선인 노동자의 유입이 일본인 노동자의 실업요인으로 작용한다는 이유에서 시행되었다. 그 내용을 살펴보면, ①무허가 노동자 모집에 응해 도일하는 자, ②일본에서의 취직이 불확실한 자, ③일본어를 모르는 자, ④필요한 여비 외에 소지금이 10엔 이하인 자, ⑤모르핀 환자 등은 출발항에서 도항을 허가하지 않겠다는 것이다.

15) 박경식, 박경옥 역, 『조선인 강제연행의 기록』, 고즈윈, 2008, 29쪽.

미만에 불과하였으며, 아울러 도항 수속을 거주지의 경찰 주재소에서 부산 수상경찰서 앞으로 발행한 '소개장'을 지참한 사람으로 한정했기 때문에 도항은 엄중한 경찰의 감시하에 진행되었다고 한다.[16] 그만큼 조선인의 도항은 어렵고 힘든 난관을 거쳐야 하는 문제였다는 것을 알 수 있다. 그런데 이와 같은 엄중한 규제와 정책에도 불구하고 1920년대 이후의 조선인 도항자 수는 계속해서 증가 추세를 보였다. 그리고 이들 도항자의 대부분이 농촌출신자였다는 점은 당시 조선 농촌사회의 붕괴와 경제적 피폐를 짐작할 수 있는 부분이다. 즉 조선 농촌사회의 극심한 경제적 곤궁과 생활난은 필연적으로 농민들의 해외 이주, 특히 일본으로의 도항을 유인하였다고 할 수 있다.

앞서 기술한 바와 같이 1930년대에 들어서도 조선인 도항자의 수는 계속해서 증가하였다. 이 시기에 일본은 세계적인 공황의 여파로 경제적 불황이 심화되는 상황이었으며, 고용불안과 실업자의 증가, 일본 농업의 타격 등으로 사회적 경제적 위기에 직면하고 있었다. 이와 같은 위기 상황의 타개책으로 일본은 아시아대륙에 대한 침략전쟁을 획책하였으며, 조선은 이러한 침략전쟁의 병참기지로서 이용되는 처지에 놓였다. 식량을 비롯한 지하자원과 각종 물자는 군수용 공업자원으로서 대대적으로 수탈되었으며, 조선인 노동력의 강제동원 및 징용도 본격적으로 진행되었다.

한편 일본 당국은 조선인 노동력의 대대적인 동원에 앞서 도항자 수가 계속 증가하는 조선인에 대한 규제와 단속에도 주의를 기울였다. 1934년 10월 30일 오카다 게스케(岡田啓介) 내각은 조선인의 도항을 최대한 방지하기 위한 목적으로 '조선인이주대책요목(朝鮮人移住対策要目)'이

16) 박경식에 의하면, 1927년의 조사에서 도항자의 소지금은 30엔 미만이 87%를 차지하였다고 한다.

라는 조선인 종합대책을 각의 결정하였다. 그 내용을 간단히 소개하면, ①조선인을 조선 내에 안주시킬 조치를 강구할 것, ②조선인을 만주 및 조선 북쪽으로 이주시킬 조치를 강구할 것, ③조선인의 일본 도항을 한층 감소시킬 것, ④일본에 있는 조선인에 대한 지도 향상 및 일본 융화에 힘쓸 것 등이다. 이 내용에서도 알 수 있듯이 '조선인이주대책요목'은 조선 내 노동력 수요의 창출과 조선 북쪽 혹은 만주 지역 등지로의 인력동원을 원활하게 하기 위한 목적이 내재되어 있다.

또한 일본에 거주하는 조선인에 대한 관리와 통제, 동화를 유도할 의도를 노골적으로 드러낸 결정이었다. 그리고 이러한 결정을 뒷받침하기 위해 일본 내에는 1938년부터 전국의 각 부와 현 등지에 조선인의 일본동화를 도모하고 조선인의 동향을 감시 통제할 목적으로 '협화회'가 만들어졌다. 또 이 협화회의 활동을 강화함으로써 조선인의 단속과 전시동원체제를 더욱 원활하게 만들어갔다. 동시에 침략전쟁의 수행을 위한 조선인 노동자의 강제동원과 징용을 효율적으로 추진하는 데도 일정 부분 기여하였다.

다시 말해서 1930년대 이후의 조선인 도항의 배경에도 경제적 빈곤이나 생활난은 여전히 큰 비중을 차지하였으며, 동시에 침략전쟁의 심화와 군수공장의 확대로 인한 조선인 노동자의 필요가 도항자 수의 증가에 일조하였다고 할 수 있다.

이와 같은 내용은 각 지방의 행정당국이 조선인의 생활상태 등을 조사한 사회조사에서도 확인할 수 있다. 〈표 2〉는 조사 시기는 각각 다르지만 일본 각지의 지방 행정담당 사회과에서 조선인 세대 및 독신자 등을 대상으로 도일 이유를 조사한 내용이다.

〈표 2〉에서도 알 수 있듯이 조사는 조선인 도항자 수가 급증하는 1926년부터 '국민총동원법'과 '국민징용령'이 시행되기 전인 1937년까지 비정기

〈표 2〉 재일코리안의 도일 이유[17)]

조사 연차	조사 대상	도일 이유
1926	고베시 · 유세대자	노동을 위해 61.29%, 생활곤란 28.93%, 돈벌이 3.41%, 상업 2.56%
	고베시 · 독신자	노동을 위해 61.78%, 생활곤란 23.98%, 고학 8.40%, 돈벌이 3.13%
1928	도쿄시 · 유세대자	생활난 53.25%, 노동 20.75%, 돈벌이 18.75%, 면학 7.25%
	도쿄시 · 독신자	생활난 56.28%, 노동 12.81%, 돈벌이 12.81%, 면학 11.25%, 습업(習業) 3.13%
1932	오사카시 · 세대주	농업부진 55.66%, 생활난 17.21%, 돈벌이 14.74%, 구직 2.04%, 상업부진 1.93%
1935	도쿄시 · 유세대자	돈벌이 44.04%, 생활난 37.04%, 노동 18.32%, 면학 1.35%
	도쿄시 · 독신자	돈벌이 41.36%, 생활난 26.28%, 구직 12.29%, 면학 11.79%, 노동 6.00%
1935	고베시 · 세대주	노동부진 77.76%, 생활곤란 7.55%, 상업 4.77%, 구직 2.17%, 가정사정 2.17%
1935	교토시	구직돈벌이 43.03%, 불황생활난 24.91%, 생활의 향상 14.29%, 돈벌이 10.31%, 초청 3.95%
1937	이마가사키 · 니시노미야 · 가와베 · 무코군 · 세대주	생활난 75.75%, 생활향상 8.04%, 외지로의 돈벌이 5.66%, 직공지망 3.44%, 상업경영 2.48%
	이마가사키 · 니시노미야 · 가와베 · 무코군 · 독신자	생활난 75.15%, 외지로의 돈벌이 8.18%, 생활향상 5.40%, 구직 5.04%, 수학 1.75%

적으로 이루어졌다. 조사 대상은 재일코리안 유세대자(혹은 세대주)와 독신자로 구분하고 있으며, 도일 이유는 대부분이 '생활난', '노동', '돈벌이', '구직'이 차지하였으며, 일부 독신자 중에서는 '면학'을 목적으로 도일한 경우도 확인되었다. 다만, 이 조사에서는 1938년에 공포된 '국민총동원법'이나 1939년의 '국민징용령'이 시행된 이후의 자료는 확인되지 않

17) 도노무라 마사루, 『재일조선인 사회의 역사학적 연구』, 논형, 2010, 90쪽.

고 있지만, 전시체제하에서 강제동원과 강제징용이라는 국가권력의 관여로 인한 비자발적이고 강제적인 도일도 큰 비율을 차지하였을 것으로 판단된다.

이상에서 살펴본 바와 같이 일본으로의 조선인 도항은 1910년 한일강제병합 이후부터 일본의 패전 직전까지 꾸준히 증가하는 추세였다. 특히, 1920년대 이후부터는 조선 농촌사회의 붕괴와 농민의 몰락, 소작농의 이농과 저임금 노동자로의 영락, 극심한 생활난, 침략전쟁의 심화로 인한 노동력 동원 등이 주요 배경으로 작용하였다고 할 수 있다.

2. 부관연락선을 타고

1876년에 강화도조약이라는 불평등조약이 조선과 일본 사이에 체결되면서 조선은 오랜 기간의 쇄국을 종결하고 개국이라는 문호개방의 시대를 맞이하게 되었으며, 양국 간의 인적 왕래와 물적 자원의 이동은 더욱 활발하게 진행되었다. 이 당시에 양국 간의 왕래와 이동은 주로 해상항로를 이용한 부정기선을 통해 이루어졌다. 당시의 대표적인 해상항로는 일본의 모지(門司), 고베, 오사카에서 조선의 인천을 잇는 부정기 해상항로였다. 그 후 1893년에 모지, 오사카, 인천을 연결하는 정기항로의 개설을 시작으로 1902년에는 원산, 모지, 오사카를 연결하는 항로도 개설되었다.

그런데 이 시기의 인적 왕래는 조선인의 일본으로의 왕래보다 일본인의 조선으로의 왕래가 훨씬 더 큰 비중을 차지하였다. 이 시기의 인적 왕래에 대한 정확한 통계는 불확실하다. 다만 박재일의 연구에 따르면 1910년 일본에 재류한 조선인의 수가 790명에 불과한 반면 같은 해 조선에 거주한 일본인의 수는 12만 6,168명으로 나타난 통계만 보더라도 양국 간의 인적 왕래의 규모의 차이를 어느 정도 짐작할 수 있을 것이다.[18] 그리고 무엇보다 양국 간의 인적 왕래와 물적 자원의 이동이 왕성하게 이루어진 계기에는 부산과 시모노세키(下関)를 연결하는 정기항로의 개설, 이른바 부관연락선(혹은 관부연락선)의 취항을 빼놓을 수 없다.

부관연락선(釜関連絡船)은 1905년 9월 11일, 일본의 산요(山陽)철도주식회사에 의해 개설되었으며, 아시아·태평양전쟁 말기인 1945년 6월에 미군의 공습과 기뢰공격으로 항로가 폐쇄되기까지 약 40여 년간 일본과 한반도를 오가며 양국의 인적 왕래와 물적 자원의 이동을 견인하였다.

18) 朴在一, 『在日朝鮮人に関する総合調査研究』, 新紀元社出版部, 1957, 23쪽.

일찍이 산요철도는 1901년에 고베와 시모노세키를 잇는 철도노선을 완성시킨 후, 부관연락항로의 개설을 통해 도쿄와 경성을 연결하는 인적 왕래와 물적 자원의 이동을 보다 촉진시키기 위한 계획도 모색하고 있었다. 그리고 이와 같은 계획은 러일전쟁 이후에 대륙침략을 더욱 노골적으로 드러낸 당시 일본의 정책적 방향과 궤를 같이 하는 것이었다.

> 러일전쟁 후 우리나라(인용자주－일본)가 만주의 경영에 착수하고, 착실히 그 실질적 효과를 거둘 수 있었던 것은 대륙으로 가는 유일한 육교인 조선반도의 철도에 힘입은 바 많으며, 당시 우리나라가 거액의 자본을 투자하고 막대한 희생을 참으며 장대한 간선을 부설한 것은 미개한 조선반도의 자원의 개발, 치안의 확보, 문화의 향상에 획기적 공헌을 하였을 뿐만 아니라 그 국방적 가치를 더욱 높인 것이다.[19)]

인용에서도 알 수 있듯이 일본은 한반도 내의 철도 부설이 한반도의 자원 개발과 식민정책의 효과적 시행은 물론 만주와 연해주 지역에서 획득한 많은 이권의 실질적인 활용에 크게 기여하고 있다는 점을 인식하고 있었던 것이다. 그리고 그만큼 일본과 한반도를 연결하는 연락 항로의 필요성과 중요성 또한 더욱 부각되었던 것이다.

산요철도주식회사는 1905년 경부철도주식회사에 의해 경성과 부산을 연결하는 경부선(처음에는 영등포와 초량을 잇는 구간 개통)이 개통되자 일본의 산요선과 조선의 경부선을 연결하여 양국의 인적 왕래와 물적 자원의 이동을 수월하게 하고자 하는 계획을 세웠다. 그리고 산요철도주식회사는 이 계획을 추진하기 위해 산요기선(汽船)주식회사를 설립하고 정기항로에 사용할 연락선 두 척을 미쓰비시 나가사키조선소에 발주하였

19) 金贊汀, 『関釜連絡船 海峡を渡った朝鮮人』, 朝日新聞社, 1988, 9쪽 재인용.

다. 이렇게 해서 건조된 배가 1905년 9월 11일에 부산과 시모노세키를 연결하는 정기항로에 취항한 이키마루(壱岐丸)와 같은 해 11월 1일에 취항한 쓰시마마루(対馬丸)이다.

당시의 시모노세키 지역에서 발행된 신문에는 '관부연락개항식'이 거행된 시모노세키역 주변의 광경과 내빈 상황 등을 상세하게 소개하는 기사가 실렸다. 그리고 기사에는 산요철도의 우시바 다쿠조(牛場卓蔵) 사장이 개항식에서 피력한 정기항로 개설의 목적과 의의에 관한 내용도 담고 있다.

> 시모노세키는 우리 산요철도의 종점일 뿐만 아니라 실로 일본 본토의 종점에 속하고, 부산과의 연락도 단지 부산과의 연락에 그치지 않고 유라시아 대륙과의 연락인 것이다. 그래서 장래의 시모노세키와 부산은 실로 유라시아 대륙과 일본과의 접근에 있어서 가장 밀접한 관계를 갖는 지점이 될 만한 소위 세계의 요충의 한 지점이 될 것이다. 우리 산요철도주식회사가 이를 연결하는 일에 중점을 두는 까닭이 결코 우연이 아니라는 것이다.[20]

우시바 사장은 부산과 시모노세키를 연결하는 항로가 일본이 대륙으로 침략할 수 있는 연락망으로서 중요한 역할을 할 것이라는 것을 시사하고 있다. 그리고 이 정기항로의 개설에 산요철도주식회사가 역점을 두고 있다는 내용도 강조하고 있다. 다시 말해 부산과 시모노세키를 연결하는 정기항로는 일본의 대륙침략이라는 국책의 산물로서 일본과 조선, 일본과 대륙을 연결하기 위해 개설된 것이라고 할 수 있다. 이와 같은 시각은 이 정기항로에 취항한 부관연락선의 명칭을 살펴보더라도 짐작할 수 있다.

1905년 9월에 취항한 이키마루와 쓰시마마루는 대륙으로 향하는 해협

20) 『馬関毎日新聞』 1905년 9월 12일자.

에 위치한 섬의 이름에서 유래되었으며, 한일강제병합 이후 1913년에 취항한 신예선 고마마루(高麗丸)와 시라기마루(新羅丸)는 한반도의 식민지화를 의식한 명칭이 아닐 수 없다. 또 1922년부터 취항한 게이후쿠마루(景福丸), 도쿠주마루(徳寿丸), 1923년에 취항한 쇼케이마루(昌慶丸)는 조선 왕실의 궁궐과 관련된 명칭을 사용함으로써 일본의 조선에 대한 지배권을 명확히 각인시키는 의도가 내재된 명명이라고 할 수 있다. 그뿐만 아니라 1936년에 취항한 곤고마루(金剛丸)와 1937년에 취항한 고안마루(興安丸)는 각각 조선의 명산과 중국 동북지방의 흥안령(興安嶺)에서 유래한 이름으로 조선을 거쳐 만주지역에까지 일본의 지배력이 미치고 있음을 시사한다. 그 외에도 1942년에 취항한 덴잔마루(天山丸)는 중국 북서부의 신장(新疆)웨이우얼자치구에 위치한 덴잔산맥을, 1943년에 취항한 덴잔마루의 자매선박 곤론마루(崑崙丸)는 티베트고원 북쪽에 위치한 곤론산맥으로부터 유래된 이름이다. 다시 말해서 부관연락선의 명칭은 조선에 대한 침략과 식민지지배, 만주와 중국에 대한 지배력의 행사와 침략전쟁의 확대와 함께 명명되었으며 동시에 증편, 건조된 것이다.[21]

식민지 시기에 조선과 일본을 연결하는 연락항로에는 부산과 시모노세키 간의 부관항로 외에도 제주도와 오사카 간의 항로, 여수와 시모노세키 간의 항로, 부산과 하카타(博多) 간의 항로 등이 개설되었다. 이 가운데서 부산과 시모노세키 간의 부관항로는 당시 가장 오랜 기간 운영되었으며, 동시에 가장 많은 인원을 수송하였다. 다시 말해서 부관항로에 대한 검토는 조선인의 도항 양상을 검토하는 작업이라고 할 수 있다. 특히 각 시기별 부관연락선의 운항 및 인원 수송의 과정을 살펴보는 것은 당시의 조선인의 도항과 재일코리안 사회의 형성을 확인하는 필수적인

21) 金贊汀, 『関釜連絡船 海峡を渡った朝鮮人』, 朝日新聞社, 1988, 141쪽; 최영호 외, 『부관연락선과 부산』, 논형, 2007 참조.

작업이 아닐 수 없다.

앞서 기술한 바와 같이 부관연락선은 러일전쟁에서 승리한 일본이 한반도로의 인적 왕래와 물적 자원의 이동을 용이하게 하기 위한 방편으로 개설되었다. 1905년 9월과 11월에 부산과 시모노세키를 연결하는 부관연락선 이키마루와 쓰시마마루가 각각 운항을 개시한 이후 수송 인원은 점차 증가하였으며 산요철도의 경영도 순조롭게 진행되었다. 그런데 이와 같은 부관연락선의 순조로운 운영에 더욱 박차를 가하는 조치가 진행되었다. 일본 정부는 러일전쟁의 승리 이후 1906년 12월에 철도 및 선박 교통의 중요성에 대한 인식을 바탕으로 철도국유법을 공포하였다. 이로써 산요철도가 운영하던 산요선은 국가의 운영 체제로 전환되었으며 동시에 부관연락항로도 국유화되었다.

일본은 부관항로의 국유화 이후 각각의 항만 설비를 개선하고 더 많은 여객 수송을 도모하였다. 특히 부산항에서는 방파제공사를 비롯하여 부두공사, 세관공사 등 각종 설비의 확충과 이전 공사가 대대적으로 진행되었다.[22]

〈그림 1〉 壱岐丸

(이키마루, 여객선, 1905.9~1931.5, 1680톤, 79.4m, 337석)[23]

〈그림 2〉 対馬丸

(쓰시마마루, 여객선, 1905.11~1925.12, 1679톤, 82.5m, 337석)

22) 「부산어항의 설비」, 『朝鮮新報』 1906년 12월 3일자.

23) 여기에서 사용한 부관연락선의 모든 사진은 최영호 외, 『부관연락선과 부산』(논형, 2007)

한편 증가하는 여객 수와 물자의 수송량에 대응하기 위해 부관항로에는 민간여객선이 투입되어 증편 운항하기도 하였다. 1907년에는 1,458톤급의 에게산마루(会下山丸)가, 1908년에는 1,946톤급의 사쓰마마루(薩摩丸)가 운항한 것이다. 1909년 부관연락선을 통한 수송인원은 12만 466명에 이르렀으며 1905년의 수송인원 약 3만 5,000명의 3배 이상에 달하게 되었다.(〈표 3〉 참조)

〈표 3〉 부관연락선 인원수송 실적(広島鉄道管理局 『関釜連絡船史』)[24](단위: 명)

년도	여객	년도	여객	년도	여객
1905(明治38)	약 35,000	1920(大正9)	442,027	1935(昭和11)	814,230
1906	약 95,000	1921	464,915	1936	899,688
1907	약 112,000	1922	563,107	1937	1,029,201
1908	약 116,000	1923	576,745	1938	1,353,993
1909	120,466	1924	628,036	1939	1,793,059
1910	148,254	1925	598,174	1940	2,198,113
1911	175,502	1926	583,011	1941	2,200,845
1912	200,674	1927(昭和2)	688,645	1942	3,057,092
1913(大正2)	197,403	1928	711,332	1943	2,748,798
1914	192,153	1929	729,243	1944	*1,659,500
1915	199,201	1930	625,273	1945	*499,512
1916	208,746	1931	590,164		
1917	283,557	1932	643,008		
1918	365,567	1933	743,421		
1919	431,776	1934	769,648		

단, (*)는 「鉄道技術発達史」를 참조

에서 발췌한 것임을 밝혀둔다.

24) 류교열, 「제국과 식민지의 경계와 월경－부관연락선과 「도항증명서」를 중심으로」, 『한일민족문제연구』 11권, 2006, 234쪽(재인용).

그러나 이 무렵에 부관연락선을 통한 여객인원의 대부분은 조선인이 아닌 일본인이었다. 당시 일본에는 '외국인노동자입국제한법'(칙령제352호)이 시행되고 있었던 까닭으로 조선인의 일본 도항은 주로 외교관과 같은 관료나 정치가, 유학생 등이었으며 농민이나 노동자의 일본 도항은 제한되어 있었다. 다시 말해서 부관항로가 개설된 이후부터 한일강제병합 시기까지 부관연락선을 통한 여객의 대다수는 일본인이었으며 조선인 농민이나 노동자의 부관연락선을 통한 도항은 한일강제병합 이후 급증하게 되었다.

일본은 한일강제병합 이후 증가하는 조선인의 일본 도항을 관리하기 위하여 1910년 9월 내무성이 내무성비제857호(内務省秘第857号)로 '요시찰조선인시찰내규(要視察朝鮮人視察內規)'를 각 부, 현에 하달하여 조선인의 일본 도항을 철저히 감시하는 체제를 구축하기에 이르렀다. 그러나 한반도와 일본을 잇는 연락망인 부관연락선의 여객 수송량은 매년 증가하였다. 1910년에 14만 8천여 명이던 부관연락선 여객 수는 1912년에 20만여 명을 초과하는 상황에 이르렀다. 결국 급증하는 여객 인원과 물자 수송량의 원활한 운영을 위하여 부관연락선에는 두 척의 신예선이 새롭게 투입되어 운항하게 되었다. 이 두 척의 연락선은 3,029톤의 고마마루와 3,024톤의 시라기마루로 각각 1913년 1월 31일과 같은 해 4월 5일에 운항을 개시하였다.

이 시기 일본에서는 제1차 세계대전의 발발로 인한 군수경기의 호황으로 많은 군수공장이 신설되었으며 동시에 대량의 노동력 부족 상황이 나타났다. 반면에 조선에서는 한일강제병합 이후 토지조사사업 등으로 농민의 이농현상이 심화되었으며, 소작농의 저임금 노동자로의 전락현상도 가속화되었다. 이와 같은 현상은 자연스럽게 일본 기업가의 조선인 노동력에 대한 관심으로 이어졌다. 그리고 조선인의 강인한 노동력과 저

〈그림 3〉 高麗丸
(고마마루, 객화선, 1913.1~1932.10, 3029톤, 102m, 603석)

〈그림 4〉 新羅丸
(시라기마루, 객화선, 1913.4~1945.5, 3024톤, 98.9m, 603석)

렴한 임금을 바탕으로 일본 기업가는 조선인 노동자의 조직적인 모집활동을 전개하였다.

> 일본의 탄광, 방적, 직물, 공장 등 그 밖의 토목 관련 인부, 하역부 등 다수의 수요가 발생하면서 매일 아침 부관연락선으로 시모노세키역 부두에 오르는 조선인 남녀는 80명, 100명, 150명으로 가을날의 무더위 속을 일반 승객의 맨 뒤를 따라 터벅터벅 역 대합실로 걸어간다. 남녀가 구별되어 있어 3일간 정도 남자가 오고 나면, 그사이 한 번은 여자단이 온다. 남녀 모두 거의 짐도 없으며, 특히 남자의 경우는 밥과 반찬을 섞어 먹는 조선식 커다란 밥그릇 하나만 지니는 자도 있다. 대부분이 일상적인 옷차림으로 그다지 걱정스러워하는 것처럼 보이지도 않는다. 그러나 그들에게도 희망이 있을 것임에 틀림이 없다.[25]

기사에서도 알 수 있듯이 조선인 노동자는 부관연락선을 통해 매일 100여 명 이상이 일본으로 도항을 하고 있었다. 그리고 이렇게 도항하는 대다수의 조선인 노동자는 '일본의 탄광, 방적, 직물, 공장 등 그 밖의 토

25) 『馬關每日新聞』 1917년 8월 31일자(류교열, 「제국과 식민지의 경계와 월경－부관연락선과 「도항증명서」를 중심으로」, 『한일민족문제연구』 11권, 2006, 219쪽 재인용).

목 관련 인부, 하역부' 등으로 종사하는 저임금 노동자였을 것이라는 점을 쉽게 추측할 수 있다.

이와 같이 일본과 조선의 사회적 경제적 배경으로 인해 조선인의 도항자 수는 급증하였다. 1917년의 일본 국세조사 통계에 따르면 일본 거주 조선인 인구는 1만 7,400여 명에 이르렀으며, 이 수는 전년 국세조사 통계 7,200여 명과 비교할 때 2배 이상 증가한 것이다. 물론 이러한 가운데서도 조선인의 도항자 수는, 1919년의 3.1독립운동 이후 같은 해 4월에 총독부가 경무총감부령 제3호 '조선인여행단속에관한건'(소위 도항증명서제도)을 발령하여 조선인 도항에 대한 직접적인 규제를 강화하는 한편 일본 내의 경제적 불황 등으로 증가 추세가 다소 둔화되는 양상을 나타내는듯했다.

그러나 이와 같은 도항에 대한 규제 강화조치와 일본 내의 경제적 불황에도 불구하고 조선인의 도항자 수는 꾸준히 증가하였다. 조선인 도항자 수가 꾸준히 증가한 배경에는 일본의 도일규제 강화조치나 일본 내의 경제적 불황에 대한 제약적 요소보다도 조선의 농촌사회의 붕괴와 몰락농민의 이농, 농민의 저임금 노동자로의 전락 현상이 훨씬 가속화된 것이 요인으로 작용하였다고 할 수 있다.

부관연락선을 통한 조선인의 도항은 1922년에 더욱 급증하였다. 늘어나는 인적 이동과 물적 수송량의 증가로 부관항로에는 3,600톤급의 신예선 세 척이 운항시간을 8시간으로 단축하고 3선 2왕복 체제로 증편 운항하였다. 먼저 5월 8일에는 게이후쿠마루가, 11월 2일에는 도쿠주마루가, 다음 해 3월 12일에는 쇼케이마루가 각각 취항하였다.

또 1922년 12월에는 도항증명서제도가 철폐되고 자유도항제라고 할 수 있는 '여행증명서'제도가 시행되면서 도항자 수는 더욱 증가하였다. 〈표 1〉에서 알 수 있듯이 국세조사 통계자료에 따르면 1921년 일본거주

〈그림 5〉 景福丸

(게이후쿠마루, 여객선, 1922.5~1945.6, 3620톤, 114.3m, 949석)

〈그림 6〉 德壽丸

(도쿠주마루, 여객선, 1922.11~1945.6, 3620톤, 114.3m, 945석)

〈그림 7〉 昌慶丸

(쇼케이마루, 여객선, 1923.3~1945.6, 3620톤, 114.3m, 945석)

조선인 인구가 4만 8,774명인데 비해 다음 해인 1922년에는 8만 3,693명으로 급증하였다. 그리고 부관연락선의 수송인원도 1921년에 46만 4,915명에서 1922년에는 56만 3,107명으로 크게 증가하였다.

이와 같이 조선인 도항자 수가 지속적으로 증가함에 따라 일본 당국은 일본과 조선을 연결하던 부관연락선에 대해 조선인의 승선을 엄격히 금지하거나 규제 또는 감시하려는 제도적 조치를 자주 시행하였다. 1923년 9월 1일에 관동지방 일대에서 발생한 대지진으로 시모노세키에는 학살을 피하거나 귀국을 위해 모인 조선인들로 큰 혼란이 일어났다.[26] 이때 일본 치안당국과 총독부는 일본 내의 정보통제와 질서유지 등을 이유로

26) 「부산부두는 귀국동포로 혼잡」, 『동아일보』 1923년 9월 11일자.

조선인의 도항을 전면금지하기도 하였다. 이후 1924년 6월에 도항금지 조치는 해제되었지만 조선인의 일본도항은 더욱 까다로워졌다. 조선인에 대한 도항은 일본 국내 기업에 취직이 결정된 사람으로 소위 취로증명서를 제시하는 자에 한해서 허가가 이루어졌다. 하지만 이 조치는 불황기에 저임금 노동자를 확보하고자 하는 일본 기업의 조선인 노동자 선호와 노동자 모집활동 등으로 큰 효과를 거두지 못하고 또다시 새로운 도항저지책을 강구하였다. 새로운 도항저지책은 일본어를 못하는 자, 소지금을 필요여비 외에 10엔 이상 소지 하지 않은 자 등에게는 부산에서 부관연락선의 승선을 원천 봉쇄한다는 조치였다. 그러나 이러한 도항저지책도 그다지 실효를 거두지 못하고 실상은 형식적인 수속을 거치는 정도에서 도항 허가가 발급되었으며, 동시에 밀항을 통한 도항자 수도 증가함으로써 조선인 도항자 수는 여전히 증가하였다.

다이쇼14(1925)년 9월 조선인 노동자의 내지 도항제한을 개시한 이래 이 조치의 부산물로서 조선인 노동자가 내지로 밀항해서 도래하는 자가 매년 상당수에 이르고 있다. 특히 최근에 조선 내의 일반 경제계 불황으로 인하여 내지 도항을 지망하는 자가 많은데 도항 소개서의 입수가 곤란하여 밀항에 의해 그 목적을 달성하려고 하는 상황이라고 한다. 한편 해운계의 부진에 의해 화물운반선 등을 통해 밀항자를 모집해서 이익을 도모하는 자가 있는 등의 이유로 최근 현저하게 그 수가 증가하고 있는 실정이다. 쇼와7(1932)년에 본 현(야마구치현)에 집단적으로 밀항하여 도래하는 자는 실로 20회 503명, 올해 7월 말까지 30회 263명 이상에 달하고 있다. 이들 조선인의 대부분은 내지에서 노동자로 종사할 목적으로 도래하는 자로서 지능이 저급하고 사상수준도 낮으며, 종래의 용의인물을 발견한 사례는 드물다. 하지만 이들은 관려여객선(시모노세키－여수 항로)과 그 밖의 여객선으로 도래하는 자들과 달리 전혀 경찰의 감시망 밖에 있는 자로서 불령도배(不逞徒輩)의 밀항으로 내지에 잠입하는 일은 상상하기 어렵지 않은 점이 있어 그들의 시찰발견은 특고경찰 업

무상 실로 중요한 업무라고 할 수 있다.[27)]

인용은 야마구치현 경찰부가 1933년 조선인 밀항자에 관한 상황을 기술한 보고서이다. 이 보고서에는 1925년에 조선인 노동자에 대한 도항제한 조치가 취해진 이후에도 조선인 밀항자 수가 계속 증가하고 있다고 기술되어 있다. 아울러 이들 조선인 밀항자들에 대한 감시와 경계에 주의를 기울일 필요가 있다는 내용을 담고 있다. 그러나 이와 같은 도항억제정책, 감시와 통제 조치에도 불구하고 도항을 희망하는 조선인은 계속해서 증가하였으며, 1935년 국세조사 통계 기준으로 일본거주 조선인 인구는 72만 818명까지 증가하였다.

부관항로에는 1936년부터 대형 연락선시대가 도래하였다. 1936년 11월 16일에 곤고마루가, 1937년 1월 31일에는 고안마루가 각각 운항을 개시하였다. 이들 여객선은 각각 7,082톤 규모로 운항시간도 약 7시간 정도로 단축되었다.

〈그림 8〉 金剛丸

(곤고마루, 객화선, 1931.11~1945.5, 7082톤, 134.1m, 1384석)

〈그림 9〉 興安丸

(고안마루, 객화선, 1937.1~1945.6, 7080톤, 134.1m, 1746석)

27) 山口県警察部, 「報告書」, 金贊汀, 『関釜連絡船 海峡を渡った朝鮮人』, 朝日新聞社, 1988, 104~105쪽 재인용.

곤고마루와 고안마루는 '만주국' 수립 이후에 증가하는 일본인 여객과 물자 수송에 대응하고 동시에 1934년에 조선의 부산과 만주지역의 창춘(長春)을 연결하는 직통 철도망이 개설되면서 그에 따른 여객 수송의 수요에 부응하고자 하는 목적에서 취항이 추진되었다. 특히 1937년에 발발한 중일전쟁의 영향으로 부관연락선의 수송량은 폭발적으로 증가하였다. 그와 함께 일본 내의 노동력 부족현상도 심화되었다. 이러한 가운데 일본 내에서는 노동력 부족에 대한 불만과 조선인 노동자의 도항억제조치 완화를 요구하는 진정이 빈번히 등장하였다.[28] 다시 말해서 일본 내에서는 노동력 부족에 대한 불만과 조선인 노동자에 대한 도항억제조치의 완화 요구가 끊이지 않는 한편 조선에서는 계속해서 일본 도항을 희망하는 노동자 계층이 등장하는 상황이었다. 이 때문에 비합법적인 방법의 도항, 즉 도항허가증의 위조나 밀항 등의 방법이 동원되는 상황까지 나타나게 되었다.

결국 일본정부는 1938년 4월에 '국가총동원법'을 공포하고 아울러 1939년 7월에는 '국민징용령'을 시행하게 됨으로써 조선인의 도항억제조치를 사실상 전면 해제하는 결정을 내리게 되었다. 그리고 일본정부는 '조선인 노무자 내지이주에 관한 건'을 발령하고 조선인 노동자 약 8만 5,000명을 탄광이나 광산, 토목 등의 기업이 '모집'할 수 있도록 허가했다. 탄광, 광산, 토목 등의 노동자모집인은 조선의 각지를 돌아다니며 조선인 노동자를 모집하기 시작했다. 특히 이들 노동자모집인은 조선의 농촌을 돌며 수많은 조선인 노동자를 모집하였다. 당시 조선의 농촌은 경제적으로 피폐

28) 『門司新報』 1937년 2월 26일자에는 온가군(遠賀郡) 농회에서 조선인 노동자의 도항을 허가해 줄 것을 진정하는 궐기대회가 1937년 2월에 열렸다는 기사를 싣고 있다. 또 1938년 1월 29일자 『芸備日日新聞』에는 노동력 부족으로 중단된 토목공사의 재개를 위해 임시방편으로서 조선인 노동자의 보강과 조선인 도항완화를 요구하는 진정이 속출하고 있다는 기사를 싣고 있다.

한 상태였으며 극심한 가뭄까지 겹쳐 생활고를 호소하는 농민이 속출하였다. 이러한 상황 속에서 그동안 돈벌이를 위한 일본으로의 도항이 쉽지 않았던 농민들에게 노동자모집인의 선전과 권유는 커다란 희망과도 같았을 것이다. 당연히 수많은 농민이 노동자모집인의 '모집'활동에 응하였으며 부관연락선을 타고 일본 각지의 탄광과 광산, 토목공사장 등으로 보내졌다.

1941년 일본의 전쟁은 중일전쟁에서 태평양전쟁으로 확전되었다. 그와 함께 일본 내의 노동력 부족현상은 더욱 심화되었다. 그 때문에 조선인 노동자에 대한 동원 필요성도 당연히 더욱 높아졌다. 일본정부는 1942년에 조선인 노동자의 원활한 동원을 위해 '노무동원계획'을 수립하고 13만 명의 조선인 노동자의 연행을 계획하였다. 그리고 조선인 노동자의 연행 업무를 보다 신속하고 수월하게 진행하기 위해 1942년 2월 13일에 '반도인 노무자 활용에 관한 방책'을 각의결정하고 행정력과 경찰력을 동원한 조직적이고 강제적인 조선인 노동자의 연행을 시행하였다. 이 결정에 발맞추어 조선총독부는 '선인내지이입알선요강(鮮人内地移入斡旋要綱)'을 제정하였으며, 소위 '관알선' 방식을 통한 조선인 노동자의 대대적 연행을 전개하였다.

'관알선'이란 각지의 관공서나 주재소 등이 알선이라는 명목으로 조선인 노동자를 모집한 후 일정한 직업 훈련을 거쳐 단위별 조직을 편성하여 일본인 사업주에게 넘겨주는 형태를 말한다. '관알선' 방식은 강원도와 황해도를 포함해 전국 9개도에서 확대 실시되었으며, 모집 업종도 금속, 항공, 화학, 운수 등의 업종으로 확대되었다. 이렇게 모집된 조선인 노동자들은 부관연락선을 통해 일본의 각지로 연행되었다.

김찬정은 '관알선'을 통해 일본의 탄광으로 연행된 조선인 노동자 안용한(安龍漢)의 회상을 기술한 바 있다. 부관연락선에 승선하여 시모노세키에 도착하기까지의 장면을 살펴보면 다음과 같다.

> 부산에 도착하자 그대로 여관으로 보내졌는데 금세 2층 방 하나에 20명이나 꽉꽉 들어찼습니다. 거기에서의 식사량이 너무 적어서 요깃거리는 안 되었기에 무서웠지만 모집인에게 밥을 조금 더 주라고 부탁하자 갑자기 뺨을 때리며 '반인 취급받는 놈이 건방지게'라고 말하는 겁니다. 무슨 말인지 잘 몰랐는데 성난 얼굴에 겁이 나서 아무 말 못하고 말았습니다. 다음 날 부산에서 배를 탔습니다. 연락선에는 일반 승객은 거의 보이지 않았고, 승객은 푸른색 옷을 입고 있는 사람들로, 그 사람들의 행렬이 물결처럼 움직였습니다. 그 물결이 파도처럼 보였습니다. 푸른색 옷을 자세히 보니 색은 같아도 형태는 통일된 것이 아니었으며, 회사에 따라 조금씩 다른 것 같았습니다. 시모노세키에 배가 도착하자 선착장에는 이미 각 회사의 노무계 일테죠, 양측에 도열하듯이 우리들을 기다리고 있었습니다. 그들은 손에 손에 벚나무 방망이를 들고 있었으며, 그곳은 엄숙하고 위압적인 분위기로 아주 긴장하고 있는듯 했습니다.[29]

조선인 노동자 안용한은 '관알선' 방식의 모집인을 통해 부산항에 도착하였으며, 부산항에 도착해서는 굶주림과 비인간적인 차별을 받으며 부관연락선에 승선하였다. 그리고 시모노세키항에 도착해서는 각 회사의 노무계 직원들의 엄숙하고 위압적인 분위기를 경험했다고 한다. 이 무렵 부관항로에는 최신예 연락선 덴잔마루와 곤론마루가 취항하였다. 1942년 9월 27일에 덴잔마루가, 1943년 4월 12일에는 곤론마루가 각각 취항하였는데 이 두 척의 여객선은 8,000톤급 규모로 일본으로 연행될 조선인 노동자를 매일같이 부산에서 도항시키는 역할을 하였다.

---

29) 金贊汀, 『関釜連絡船 海峡を渡った朝鮮人』, 朝日新聞社, 1988, 163~164쪽.

〈그림 10〉 天山丸
(덴잔마루, 객화선, 1942.9~1945.6, 7907톤, 143.4m, 2048석)

〈그림 11〉 崑崙丸
(곤론마루, 객화선, 1943.4~1945.10, 7908톤, 143.4m, 2030석)

또한 부관연락선은 조선인 노동자뿐만 아니라 징병제와 해군특별지원병제도의 실시(1943년 8월), 학도지원병제도의 실시(1944년 10월) 등으로 조선에서 동원된 전시요원의 수송에도 한몫을 하였다. 즉 이 무렵의 부관연락선은 단순한 여객선이 아닌 일종의 '전시노예선'과도 같은 역할로 전환된 것이라고 할 수 있다. 한편 일본 정부는 '결전비상조치요강(決戰非常措置要綱)'에 따른 여객수송 제한으로 1944년 4월부터 부관연락선에 여행증명서제도를 부활시켰다. 이 제도는 동시에 일본 거주 조선인이 귀국을 위해 '일시귀선증명서'를 발급받아야 하는 상황도 재현하는 결과가 되었다. 그 후 1944년 말 점점 패색이 짙어지는 상황에서 일본정부는 병역과 징용의 원활한 수송과 안정적인 노동력의 제공을 위해 조선과 대만에 '내지도항제한제도의 폐지'를 각의 결정하였고, 조선에서는 1945년 3월부터 내지도항제한제도가 폐지되었다.

하지만 1945년에 부관연락선을 통한 수송인원은 49만 9,512명으로 수송인원이 최대를 기록한 1942년의 305만 7,092명의 16% 정도로 급감하였다. 물론 부관연락선이 미군의 공습과 기뢰 등으로 인한 격침으로 1945년 6월에 부관항로가 봉쇄되어 운항이 중단된 관계로 수송인원의 단순한 비교는 무리가 따르겠지만, 분명한 것은 조선에서 일본으로의 도항자 수

는 급감했다는 사실이다. 이와는 반대로 일본에서 조선으로 귀국하려는 조선인은 점점 증가하였다.[30)]

부관연락선은 1905년 취항 이후 일본제국의 정치적 경제적 영향력하에서 조선인에 대한 감시와 경계, 차별과 폭력을 고스란히 반영한 역사적 산물이 아닐 수 없다. 토지를 잃고 절박한 생존을 위해 현해탄을 건너간 농민과 도시 저임금 노동자, 그리고 강제동원과 연행, 그리고 징용과 징병으로 부관연락선에 승선한 수많은 조선인, 이들이 결국 재일코리안 사회의 형성에 중심적인 역할을 한 것은 간과할 수 없는 사실이며, 이들 한 사람 한 사람의 사연이 곧 재일코리안의 도항의 역사라고 할 수 있다.

이러한 의미에서 부관연락선은 조선과 일본을 연결하는 통상의 교통수단이 아닌 일제강점기 조선인의 애환과 상처, 울분과 고뇌, 기쁨과 희망을 상징적으로 투영하는 집단적 기억의 유산이라고 할 수 있다. 실제로 부관연락선에 대한 이러한 기억은 동시대의 유행가에서도 쉽게 확인할 수 있다.

1937년 중일전쟁이 발발한 이후 일본 거주 조선인의 수가 82만 명을 넘고 조선에서는 농민과 노동자 계층의 도항이 급증하던 시기에 부관연락선을 소재로 한 노래가 등장하였다. 박영호가 작사하고 김해송이 작곡한 장세정의 노래 「연락선은 떠난다」가 그 노래이다.

「연락선은 떠난다」는 「타향살이」(1934년), 「목포의 눈물」(1935년), 「짝사랑」(1936년) 등 매년 최고의 히트곡을 발표한 오케이(OK)레코드가 1937년 2월에 신인 여성가수 장세정의 노래로 발표한 곡이다. 「연락선은 떠난다」

30) 당시의 『特高月報』(1945년 1~6)에는 조선인 귀국자의 증가에 대해 다음과 같이 기술하고 있다. '올해 3월 이후 5월까지 피폭지역의 귀선자(歸鮮者) 22,468명에 달하며, 더욱 증가할 것으로 보이기는 하나, 당국의 적절한 지도와 한편 대륙 교통사정의 악화 등으로 점차 감소하고 있다'

의 가사는 다음과 같다.

쌍고동 우러우러 연락선은 떠난다
잘가소 잘있소 눈물저진 손수건
진정코 당신만을 진정코 당신만을
사랑하는 까닭에
눈물을 생키면서 떠나갑니다
(아이 울지 마세요) 울지를 말어요

파도는 출렁출렁 연락선은 떠난다
정든님 껴안고 목을놓아 웁니다
오로지 그대만을 오로지 그대만을
사랑하는 까닭에
한숨을 생키면서 떠나갑니다
(아이 울지 마세요) 울지를 말어요

바람은 살랑살랑 연락선은 떠난다
뱃머리 부딪는 안타까운 조각달
언제나 임자만을 언제나 님자만을
사랑하는 까닭에
끝없이 지향없이 떠나갑니다
(아이 울지 마세요) 울지를 말어요

가사에서 알 수 있듯이 「연락선은 떠난다」는 남녀 간의 애틋한 사랑과 눈물어린 이별을 연락선을 통해 애절하고 비통하게 표현하고 있다. 그런데 이 곡은 당시의 대중들에게 단순히 남녀 간의 사랑과 이별을 노래한 것이 아니라 부관연락선에 대한 민족적 기억과 비감이 동시에 내재된 노래로 동시대의 사회적 상황과 식민통치의 울분을 적절하고 실감나게 표현한 곡으로 받아들여졌다. 이 때문에 「연락선은 떠난다」는 음반이 출시되자마자 크게 히트하였고 폭발적인 인기를 끌었다.

〈그림 12〉「연락선은 떠난다」, 『조선일보』 1937년 2월 14일자 광고내용

부산항에서 사랑하는 가족과 연인 또는 지인과 동료를 떠나보내는 사람, 그리고 반대로 사랑하는 가족과 연인 또는 지인과 동료의 배웅을 받으며 부관연락선을 타고 떠나는 사람, 이들의 사연과 애환이 「연락선은 떠난다」의 가사에 오버랩 되면서 노래에 대한 대중들의 감성적 공감대는 극대화되었을 것이다.

더욱이 10년 전인 1926년 8월 3일, 이바노비치의 곡 「다뉴브강의 푸른 물결」에 가사를 붙인 「사의 찬미」를 도쿄에서 녹음하고 부관연락선 도쿠주마루(德壽丸)를 타고 시모노세키에서 부산항으로 귀국하던 가수 윤심덕이 연인관계였던 극작가 김우진과 현해탄에 투신하는 정사사건을 기억하는 당시의 대중들로서는 더욱 감회가 남다른 곡으로 인식했을 것이다.

또 「연락선은 떠난다」의 음반에는 음반 판촉을 위해 노래가 시작되기 전에 인기 변사 서상필의 노래의 분위기를 고조시키는 대사를 함께 수록하였다. 그 대사는 다음과 같다.

여기는 항구, 추억의 보금자리
진정코 사랑하는 까닭에 떠나가는 그대여,
오! 내 얼굴엔 눈물이 퍼붓소이다,
잘 가시오, 안녕히 계세요, 그리고 이것은 선물이오니
변변치 못한 손수건이오나/ 이것으로 눈물을 씻어 주세요,
언제나 잊지 마시고 영원히, 영원히
고맙소이다, 안타까운 이별에 주고받는 선물이
내 장부의 가슴을 쥐어뜯는구려,
그대 성공하시어 조선의 디아나더빈이 되기를 바라오.

변사 서상필이 읊는 이 대사는 대중들을 「연락선은 떠난다」에 더욱 몰입하게 만들었으며 노래가 전달하고자 하는 이미지와 분위기를 적절하게 표출하는 효과를 거두었다.

「연락선은 떠난다」에 투영된 동시대 대중들의 부관연락선에 대한 감정은 다음의 에피소드를 통해서도 보다 구체적으로 짐작할 수 있다. 당시에 「연락선은 떠난다」는 개사곡으로도 많은 대중들에게 불려졌다. 개사곡의 가사를 살펴보면, '무엇을 원망하나 나라가 망하는데/ 집안이 망하는 것도 이상할 게 없구나/ 실어만 갈 뿐 실어만 갈 뿐/ 돌려보내 주지 않네/ 눈물을 삼키면서 떠나갑니다/ 연락선은 지옥선'이라는 내용이다. 개사곡의 내용은 망국의 슬픔과 강제동원의 비통함이 실감나게 배어난다. 즉 대중들은 부관연락선을 통해 당시의 정치적 울분과 사회적 암울함을 실감한 것이다.

이와 같은 부관연락선에 대한 감성과 기억은 1967년에 강사랑이 편찬한 『한국레코드가요사』(제2집)의 「연락선은 떠난다」를 소개한 기록에서도 확인할 수 있다. 기록에는 다음과 같은 성우의 대사가 소개되어 있다.

현해탄, 그곳은 한 많은 해협이었습니다. 일본사람들은 여기를 드나들면서 마음대로 실어가고 또 마음대로 실어다 팔았습니다. 부산항, 그 한 많은 부두에는 뼈에 사무치는 원한의 한숨이 점점이 서려 있고, 관부연락선 그 연락선 갑판 위에는 피눈물로 얼룩진 한 많은 사연들이 서리서리 젖어 있습니다. 우리 한국인이 일본을 가려면 먼저 본적지나 거주지에서 도항증명서를 내야했습니다. 이 도항증명서도 부산경찰국에서 인정하지 않으면 되돌아가야 했습니다. 오로지 '조센징'이라는 이유로 도항증명서의 확인을 받아야 하고, 보따리나 몸수색을 당해야 했으며, 심지어는 구둣발로 차이며 따귀를 얻어맞아야 했습니다. 사랑하는 남편을, 단 하나뿐인 아들을 '산 설고 물 선' 일본 땅으로 떠나보내야 했으니, 여기 이 노래는 그야말로 만인의 심금을 울리지 않을 수 없었던 것입니다.[31)]

성우의 대사는 부관연락선에 얽힌 조선인의 사연과 감정, 그리고 기억이 고스란히 투영되어 있다. 그리고 동시에 이면에는 해방 이후에도 귀국하지 못한 채 일본에 정주해 있을 수많은 재일코리안에 대한 비감도 내재되어 있음에 틀림없다. 그야말로 부관연락선은 민족의 애환과 울분, 기쁨과 희망, 차별과 고통으로 점철된 한국근대사의 단면을 노정하는 역사적 유산이 아닐 수 없다.

31) 강사랑 편저, 『韓國레코드歌謠史』 제2집, 1967년(인용은 「이동순 가요이야기. 18 관부연락선의 비애를 노래한 장세정」, 『영남일보』 2007년 11월 15일자).

〈참조〉 주요 부관연락선의 종류와 운항내역

선명	운항기간	규모 (총톤수)	길이 (m)	정원 (명)	적재량 (t)	속도 (Knot)
이키마루 (壱岐丸)	1905.9~1931.5	1680	79.4	337	300	15
쓰시마마루 (対馬丸)	1905.11~1925.12	1679	82.5	337	300	15
고마마루 (高麗丸)	1913.1~1932.10	3029	102	603	930	16
시라기마루 (新羅丸)	1913.4~1945.5	3024	98.9	603	930	16
게이후쿠마루 (景福丸)	1922.5~1945.6	3620	114.3	949	430	20
도쿠주마루 (徳壽丸)	1922.11~1945.6	3620	114.3	945	430	20
쇼케이마루 (昌慶丸)	1923.3~1945.6	3620	114.3	945	430	20
곤고마루 (金剛丸)	1931.11~1945.5	7082	134.1	1746	3170	23.2
고안마루 (興安丸)	1937.1~1945.6	7082	134.1	1746	3170	23.2
텐잔마루 (天山丸)	1942.9~1945.6	7907	143.4	2048	2223	23.3
곤론마루 (崑崙丸)	1943.4~1943.10	7908	143.4	2050	2223	23.4

3. '기미가요마루(君が代丸)'를 타고 제주도에서 오사카로

근대 이후 조선인의 일본으로의 도항은 물론 재일코리안의 역사를 논의할 때 빼놓을 수 없는 지역 중 하나는 제주도이다. 한반도의 서남단에 위치한 섬 제주도는 한일강제병합 이후 한때는 전 도민의 4분의 1이 일본에 거주하고 있다고 할 만큼 많은 사람들이 일본으로 도항한 지역이다.[32] 특히 일본으로 도항한 제주도 출신자들은 오사카를 중심으로 한 긴키(近畿)지방을 주요 거주 지역으로 생활하였다. 그 결과 재일코리안을 출신지역 별로 살펴보면, 제주도 출신 재일코리안은 일본 전국적으로는 소수일지 모르지만, 오사카에서는 그 비율이 현저히 높다는 특징이 있다.[33]

제주도와 일본과의 교류는 근대 이전에도 종종 행해졌다고 알려지고 있다. 근대 이후의 제주도민의 일본 도항은 한일강제병합 이후 해녀와 어업종사자를 중심으로 먼저 이루어졌다. 마스다 이치지(枡田一二)에 따르면 1903년 김병선 씨가 도쿄의 미야케지마(三宅島)에 해녀 여러 명을 데리고 돈벌이를 위해 왔다고 한다. 또 이 무렵에는 남성 어부들도 종종 일본 어선에 승선하여 조업을 하는 경우도 있었다고 전하고 있다.[34]

32) 제주도청 『濟州島勢要覽』(1937年), 枡田一二(『地理学論文集』, 弘詢社, 1976)에 따르면 재일제주도출신자가 가장 많은 수를 기록한 것은 1934년이며, 남자가 29,365명, 여자가 20,688명으로 합계 50,053명이다. 이 수는 같은 해 제주도에 거주하는 조선인의 총인구 188,410명의 4분의 1을 넘는 기록이다.

33) 1934년의 통계에 따르면, 전국의 재일코리안 537,695명(내무성) 중 제주도 출신자는 50,053명이다. 이 가운데 오사카에 거주하는 조선인만을 기준으로 하면, 전체 오사카 거주 조선인은 171,160명, 이 중에 제주도 출신자는 37,938명으로 22.2%에 해당한다. 또 1974년의 통계에 따르면, 전국의 재일코리안 638,806명 중 제주도 출신자는 101,378명이었다. 이 중 오사카에 거주하는 재일코리안은 178,720명이고 제주도 출신자는 63,972명으로 35.8%에 달하였다.

34) 枡田一二, 『地理学論文集』, 弘詢社, 1976, 83쪽, 108쪽; 杉原達, 『越境する民一近代大阪の朝鮮人史研究』, 新幹社, 1998, 80쪽 참조.

〈표 4〉 재일제주도 출신자 수 및 제주도내 조선인 인구 추이[35)]

구분	일본에 재류하는 제주도출신자			재일코리안			제주도내의 조선인 인구		
	남	여	계	남	여	계	남	여	계
1930	24,252	7,534	31,786	215,633	82,458	298,092	92,938	105,366	198,304
1931	23,735	9,288	33,023	220,759	90,488	311,247	91,410	102,200	193,610
1932	25,048	11,077	36,125	265,498	125,045	390,543	93,892	105,377	199,269
1933	28,415	18,856	47,271	305,999	150,218	456,217	87,868	100,641	188,509
1934	29,360	20,685	50,045	348,081	189,614	537,695	87,557	100,853	188,410
1935	27,701	20,667	48,368	390,284	235,678	625,678	91,412	106,131	197,543
1936	26,403	20,060	46,463	426,551	263,950	690,501	91,308	103,970	195,278

그러나 근대 이후 제주도민이 공업노동자로서 일본으로 도항을 개시한 것은 주로 오사카를 중심으로 한 방적회사의 노동자 모집이 계기가 되었다. 1911년에 셋쓰방적(摂津紡績) 기즈가와(木津川)공장에서, 1914년에 동양방적(東洋紡績) 산겐야(三軒家)공장에서 노동자 모집을 위해 사무원이 제주도를 방문하였다. 물론 이때는 제주도 전 지역을 대상으로 하는 노동자 모집은 아니었지만, 제주도민의 공업노동자로서의 일본도항이 시작된 것을 짐작할 수 있다. 그 이후 제1차 세계대전이 발발하자 당시 아시아 최대의 상공업도시였던 오사카에는 각지의 노동자들이 모여들기 시작하였다. 당시 식민지지배하에 있었던 조선에서도 다수의 노동자들이 오사카 지역으로 도항하였다. 제주도에서도 한신공업지대의 노동자 모집활동이 계속되었다. 또 1919년에는 후쿠오카현 소재의 미쓰비시탄광이 광부 모집을 위한 활동을 전개하기도 하였다.

이와 같은 일본 기업의 제주도민에 대한 노동자 모집활동은 당시의 제주도 당국이 알선 역할을 하며 더욱 활발하게 진행되었다. 그 결과 제

35) 杉原達, 『越境する民一近代大阪の朝鮮人史研究』, 新幹社, 1998, 84쪽 참조.

주도민의 일본도항은 점점 증가하였으며, 1922년에 일본도항자 수는 남자 3,198명, 여자 305명으로 총 3,502명에 달하였다. 그리고 이후에도 제주도민의 일본도항은 꾸준히 증가하였다.

〈표 5〉 제주도오사카항로를 통한 조선인의 도항과 귀환 추이[36)]

구분	제주도→오사카			오사카→제주도		
	남	여	계	남	여	계
1922	3,198	305	3,502	(800)	-	-
1923	(4,500)	(690)	-	(2,630)	(520)	-
1924	(11,900)	(2,370)	14,278	(4,200)	(730)	5,107
1925	(13,100)	(2,760)	15,906	(8,000)	(1,640)	9,646
1926	11,724	4,120	15,862	10,029	3,471	13,500
1927	14,479	4,745	19,224	12,015	4,848	16,863
1928	11,745	5,017	16,762	10,100	4,603	14,703
1929	15,519	4,903	20,418	13,326	4,334	17,660
1930	12,029	5,861	17,890	15,175	6,251	21,426
1931	11,635	7,287	18,922	12,152	5,533	17,685
1932	11,695	9,714	21,409	10,382	7,925	18,307
1933	15,723	13,485	29,208	12,356	5,706	18,062
1934	9,060	7,844	16,904	8,115	6,015	14,130
1935	4,327	5,157	9,484	5,986	5,175	11,161
1936	4,739	4,451	9,190	6,037	5,058	11,096

제주도민의 일본도항이 지속적으로 증가한 요인으로는 무엇보다 제주도의 경제적 빈곤을 들 수 있다. 한일강제병합 이후 일본 당국이 실시한 토지조사사업의 여파는 제주도의 농촌사회에도 여실히 나타났다. 토지조사사업의 영향으로 지주와 소작농의 관계는 점차 붕괴되었으며, 소작농과 화전민은 그동안의 경작지를 잃고 절대적 빈곤층으로 전락하는 경

36) 杉原達, 『越境する民ー近代大阪の朝鮮人史研究』, 新幹社, 1998, 81쪽 참조.

우가 속출하였다. 그뿐만 아니라 어업 분야에서는 제주도 근해에 일본인의 조업이 시작되면서 해산물의 어획량이 급감하였으며 어업 종사자들의 경제적 빈곤을 부추기는 원인이 되었다. 또 가내수공업이라고 할 수 있는 면직업 분야에서도 일본의 방적공장으로부터 값싼 면직물이 대량 유입되면서 면직물 생산의 사양화가 가속화되었으며 종사자들은 경제적 위기에 봉착하였다.

이와 같이 한일강제병합 이후 제주도에 더욱 극심한 경제적 빈곤이 지속되는 가운데 오사카를 중심으로 한 한신지역의 노동자 수요의 증가는 자연스럽게 제주도민의 일본도항을 자극하였다. 그리고 이러한 현상에 발맞추어 제주도 당국은 기본적으로는 조선총독부의 도항규제정책을 수용하면서도 실질적으로는 제주도민의 일본도항을 장려하는 입장을 보였다.[37] 이상의 일련의 사항들은 제주도민이 일본도항을 선택할 수밖에 없는 주된 요인이 되는 한편 일본도항을 자극하는 간접적인 배경으로도 작용하였다. 그런데 제주도민의 일본도항은 이와 같은 직간접적으로 영향을 준 경제적 사회적 요소만으로 나타난 현상은 아니다. 이들 제반 요소와 함께 제주도민의 일본도항을 현실화하고 나아가 가속화시키는 데 큰 역할을 한 것은 다름 아닌 제주도와 일본을 연결하는 정기항로였다.

앞서 살펴본 바와 같이 조선과 일본을 연결, 특히 조선을 통한 대륙으로의 연결은 부관항로의 역할을 빼놓을 수 없다. 즉 한반도와 일본을 연결하는 부관연락선의 취항은 인적 왕래는 물론 물적 자원의 이동을 수월하게 하는 한편 그 빈도도 종래와는 비교할 수 없을 만큼 왕성하게 만들었다. 이 점은 제주도와 일본을 연결한 정기항로인 제주도오사카항로의 개설, 그리고 그 정기항로를 운항한 연락선 '기미가요마루(君が代丸)'의

37) 杉原達, 『越境する民一近代大阪の朝鮮人史研究』, 新幹社, 1998, 93쪽 참조.

역할에서도 확인할 수 있다.

제주도오사카항로는 오사카에 거점을 둔 민간 선박회사 아마사키기선부(尼崎汽船部)에 의해 1923년 2월 정기항로로 개설되었으며, 정기연락선으로 '기미가요마루(君が代丸)'가 취항하였다.[38] 1923년에 취항한 '기미가요마루'는 1891년 네덜란드에서 건조된 669톤 규모의 선박이었다. 그러나 이 선박은 1925년 9월 운항 중에 태풍으로 제주도 근해에서 좌초되어 새로운 선박으로 바뀌었다. 소위 '제2기미가요마루(第二君が代丸)'로서 취항한 선박은 소비에트정부로부터 매입한 구식 군함 '만주르호(Mandjur)'였다. 아마사키기선부는 만주르호(1,213톤)를 매입하여 오사카의 독에서 수리 및 개조 공사를 마친 후 1926년부터 운항을 개시하였다. '제2기미가요마루'(이하, '기미가요마루')는 전장길이가 62.7미터에 919톤 규모로 1945년 오사카 아지가와(安治川) 하구에서 공습으로 침몰하기 전까지 제주도와 오사카를 왕래하며 제주도민의 도항과 귀국, 일본인의 제주도 왕래를 견인하는 역할을 하였다. 부관연락선에 비하면 '기미가요마루'는 민간 선박회사가 운영한 소형 여객선에 불과하지만 여객선 이용자는 압도적으로 제주도민이 다수를 차지하였다.[39] 즉 제주도오사카항로는 제주도민 전용의 도항 및 귀국 항로라고 볼 수 있다.

---

38) 오사카시사회부조사과에서 1925년에 정리한 자료(「内鮮間鮮人専用汽船発着状況」, 『朝鮮人労働者問題』)에 따르면, 제주도오사카항로는 1922년부터 부정기항로로서 일부의 사업자가 운항을 한 것으로 기록되어 있다. 자료에는 아마사키기선부 외에 제우사(濟友社)라는 사업자가 1922년 2월부터 6월에 걸쳐 오사카제주도 간을 11회 운항하였으며, 오사카에 도착한 인원 2,160명과 오사카에서 출발한 인원 442명을 수송했다고 기록되어 있다. 또 오사카에 거주하는 조선인 김 모 씨가 같은 해 2월에 제주도로 1회 운항하였으며 오사카에서 182명이 출발하였다고 기록되어 있다(朴慶植編, 『在日朝鮮人関係資料集成』 第1巻, 三一書房, 1975, 339~396쪽).

39) 枡田一ニ의 연구에 따르면, 1934년 8월 1일에 오사카축항(築港)에서 제주도로 출항한 기미가요마루에는 563명의 승객이 있었는데 이 중에 상등객 7명 중 겨우 2명과 사복 경찰관 2명만이 일본인이었다고 기록되어 있다(枡田一ニ, 『地理学論文集』, 弘詢社, 1976, 28쪽; 杉原達, 『越境する民ー近代大阪の朝鮮人史研究』, 新幹社, 1998, 113쪽 참조).

〈그림 13〉 기미가요마루(君が代丸)(1925년)[40]

〈그림 14〉 제2기미가요마루(第二君が代丸)[41]

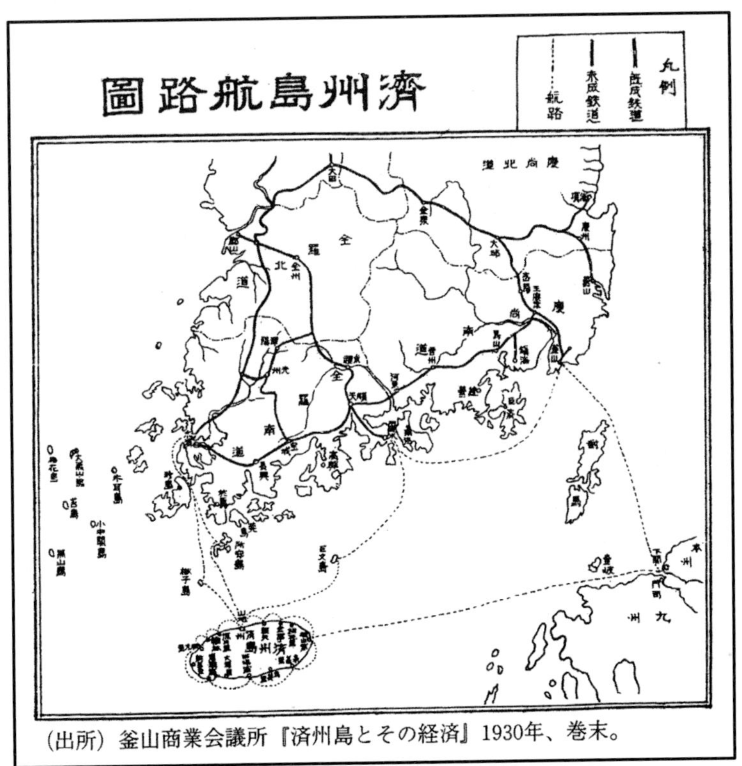

(出所) 釜山商業会議所『済州島とその経済』1930年、巻末。

〈그림 15〉 제주도 항로도[42]

40) 杉原達,『越境する民ー近代大阪の朝鮮人史研究』, 新幹社, 1998, 110쪽.

41) 杉原達,『越境する民ー近代大阪の朝鮮人史研究』, 新幹社, 1998, 49쪽.

제주도오사카항로에는 부관항로와는 다른 또 하나의 특징이 있다. 부관항로는 1906년 12월에 시행된 국유화 정책으로 국가에 의해 운영된 반면 제주도오사카항로는 아마사키기선부를 비롯하여 민간 선박회사가 정기항로의 운항을 담당하였다. 제주도오사카항로에는 1924년부터 식민지 조선의 최대 선박회사 조선우선(朝鮮郵船)도 운항을 개시하여 1935년까지 자유항로로 운항하였다.

조선우선은 원래 1913년부터 목포와 제주도 간을 시작으로 1915년에는 부산과 제주도 간을 조선총독부 명령항로로서 운항하였다. 조선우선은 초기에는 749톤의 함경마루(咸鏡丸)를 투입하여 운항하였으며, 나중에는 1,033톤 규모의 경성마루(京城丸)가 그 뒤를 이어 운항하였다. 이외에도 제주도오사카항로에는 1929년 3월에 가고시마우선(鹿児島郵船)주식회사가 취항을 개시하였으며, 1930년 4월 21일에 결성된 동아통항조합(東亜通航組合)도 1931년 12월부터 제주도오사카항로의 운항에 참여하였다.[43] 즉 제주도오사카항로는 민간 선박회사 주도로 운항이 이루어진 항로로 그만큼 각 선박회사 간의 자유운항으로 운임경쟁이 격렬하게 일어나기도 하였다. 하지만 제주도오사카항로를 운항한 선박회사들의 운영에 있어서 가장 중요한 요소는 결국 제주도민과 제주도 출신의 재일코리안이었다는 사실은 간과할 수 없는 사실이다.

---

42) 杉原達,『越境する民一近代大阪の朝鮮人史研究』, 新幹社, 1998, 77쪽.

43) 동아통항조합은 오사카 거주의 조선인들이 덴노지(天王寺)공회당에서 제주도민대회를 개최하고 제주오사카항로의 운임인하와 승객에 대한 대우개선을 요구하였으나 아마사키기선부와 조선우선으로부터 거절당하자 제주도 내의 119개 부락과 오사카거주 조선인, 제주도민 4,500여 명이 출자하여 결성되었다. 동아통항조합은 기존에 편도 12엔 50전이었던 제주오사카항로의 운임을 6엔 50전으로 인하하여 운항을 개시하였다. 이를 계기로 제주오사카항로에는 4개의 선박회사 사이에 격렬한 운임경쟁이 발발하였다. 결국 운임경쟁에서 가고시마우선주식회사와 동아통항조합은 누적채무 등으로 제주도오사카항로의 운항을 중단하기에 이른다. 그 후 1935년에는 조선우선도 경성마루의 노후화를 이유로 휴항을 한 후 운항을 재개하지 않았다.

〈그림 16〉 오사카축항에 상륙하는 조선인[44)]

여기에서 당시 제주도민들이 제주도오사카항로를 통해 일본으로 도항하는 경위와 풍경, 그리고 도항자들의 심정 등을 간단히 살펴보고자 한다. 사실 이와 관련한 자료는 제주도에서 일본으로의 도항 경험이 있는 제주도민이나 재일코리안의 구술 자료를 살펴보면 쉽게 접할 수 있을지도 모른다. 하지만 대부분의 구술 자료는 도항에 관한 배경과 경위는 결여된 채 도항 그 자체에 대한 사실관계에만 집중하여 기술되고 있는 경향이 강하며, 동시에 그 내용 또한 상세하게 구성되었다고는 보기 어려운 점이 있다. 그래서 본고에서는 이와 같은 구술 자료의 결락된 부분을 보완하고 이해를 용이하게 하기 위하여 문학적 상상력이 만들어낸 제주도오사카항로의 담론을 동원하고자 한다.

1981년 자신의 택시운전사 경험을 그린 『タクシー狂躁曲』로 데뷔한

44) 재일한인역사자료관 홈페이지(http://www.j-koreans.org/index.html, 朝鮮総督府編, 『朝鮮の人口現象』, 1927).

재일문학가 양석일(梁石日)은 제주도 출신의 재일코리안의 군상을 종종 자신의 작품 속에 묘출하고 있다. 제주도의 전근대적인 가부장제도하에서 가혹한 결혼생활을 하던 젊은 여성이 일본으로 도항을 결심하게 되는 1995년의 작품 『雷鳴(천둥소리)』, 양석일 자신의 아버지를 모델로 삼아 전전과 전후의 재일코리안의 삶과 공동체를 그려낸 1998년의 작품 『血と骨(피와 뼈)』는 모두 제주도 출신 등장인물을 조명하고 있다. 이 두 작품에는 식민통치하의 제주도민의 일본도항에 관한 양상이 비교적 상세하게 그려져 있다. 먼저 『雷鳴(천둥소리)』에 그려진 제주도민의 일본도항 경위를 살펴보자.

> 누군가가 뒤쫓아 오는 것 같았다. 뒤돌아봐서는 안 된다고 춘옥(春玉)은 스스로 다짐하면서 달빛에 이끌려 어두운 밤길을 무턱대고 걸었다. 2월에 취항한 '기미가요마루'는 제주도를 순회하면서 각 항(港)에서 오사카로 가는 사람들을 승선시켰다. 윤가(尹家)네로부터 가장 가까운 항은 모슬포이다. '기미가요마루'는 오늘 오전 10시에 모슬포에 입항할 예정이었다. 모슬포까지의 거리는 꽤 남아있다. 가능하면 오전 7시까지 도착했으면 좋겠다고 생각했다. 왜냐하면 춘옥은 오사카에 가서 어떻게 할지 정하지 않고 있었기 때문이다. 가면 어떻게든 되겠지 라고는 생각하지만 역시 불안했다. '기미가요마루'에는 항상 일본의 회사 사람들이 있는데 일할 사람을 모으고 있다고 들었다. 그 회사 사람을 만나서 일자리를 얻어 보자고 생각했다.[45]

작품은 '기미가요마루'가 제주도오사카항로에 취항한지 얼마 지나지 않은 시점을 배경으로 그리고 있다. 등장인물 춘옥은 가세가 기운 제주도 양반 집안(윤종현 일가)에서의 가혹한 생활을 피해 무작정 일본으로 도항할 결심으로 그 해(1923년) 2월에 취항한 '기미가요마루'에 승선하였

45) 梁石日, 『雷鳴(천둥소리)』, 徳間書店, 1995.

다. 작품에는 식민지지배의 정치적 영향과 전근대적인 가부장제의 인습으로부터 자신의 주체적인 삶을 추구하려는 인물이 일종의 탈출구로서 선택한 것이 일본으로의 도항으로 그려지고 있다. 작품을 통해 어느 정도 추측이 가능하겠지만 춘옥의 도항처는 일본 오사카 주변의 한신공업지대에 있는 회사, 그것도 1923년 무렵에 공장노동자를 모집하기 위해 제주도로 사무원을 파견한 회사 중 하나일 것이다.

다음은 양석일의 또 다른 작품 『피와 뼈』를 살펴보자. 『피와 뼈』는 1923년 4월 '기미가요마루'에 승선하여 오사카로 돈을 벌기위해 간 제주도 출신의 조선인 노동자들의 생활과 갈등이 어묵공장과 조선인 공동체를 중심으로 그려지고 있다. 먼저 제주도 출신의 조선인들이 일본으로 도항하는 배경에 대해 살펴보자.

> 동방산업에는 김준평을 포함하여 네 명의 조선 사람이 일하고 있었다. 넷 다 제주도 출신인데, 어묵 직공들 중에는 제주도 출신들이 많았다.
>
> 1923년 4월에 오사카와 제주를 잇는 연락선 '기미가요마루'가 취항한 뒤, 제주도 각지에서 혈연과 지연, 친구나 친지를 믿고 오사카로 돈 벌러 오는 사람이 급증하였다. 오사카 행정당국에서도 오사카와 고베(神戶)지역을 중심으로 한 한신(阪神)공업지대가 발전함에 따라 노동력을 확보할 필요에 쫓기고 있던 터라, 제주도에서 돈 벌러 건너오는 노동자를 얼씨구나 하고 받아 들였다.
>
> 그러나 혈연과 지연, 친구와 친지를 믿고 돈 벌러 오긴 하지만, 현실은 냉엄했다. 손에 익힌 기술이 따로 없는 조선 사람들은 저임금을 받고 장시간 중노동에 종사할 수밖에 없었다. 늘상 일손 부족에 시달리고 있는 어묵공장들로서는 이런 처지의 조선 사람들이야말로 안성맞춤의 해결책이었다.[46)]

1923년에 '기미가요마루'가 취항하자 제주도민의 일본 도항은 급증하

46) 양석일저, 김석희 역, 『피와 뼈① 오사카 아리랑』, (주)자유포럼, 1998, 21~22쪽.

였다. 이들 도항자들의 대부분은 혈연과 지연, 친구나 친지를 믿고 오사카주변의 한신공업지대로 돈을 벌기위해 가는 사람들이다.

작품에서도 알 수 있듯이 제주도민의 도항에는 제주도의 경제적 빈곤과 오사카 지역의 노동력 부족에 따른 수요와 공급의 경제적 논리가 크게 작용하였다. 물론 경제적 논리를 지적하기 이전에 제주도의 경제적 빈곤을 더욱 심화시킨 일본의 다양한 식민지지배 정책을 간과할 수 없다. 이 점에 대해 작품은 돈벌이를 위해 도항한 대다수의 제주도민들이 '손에 익힌 기술이 따로 없는' 경제적 빈곤층이라는 것을 암시하며 식민통치하의 정치적 요소가 제주도민의 도항 배경에 관여하고 있다는 것을 시사한다. 그리고 이들 제주도 출신의 도항자들이 일본에서 '장시간의 중노동에 종사'함에도 불구하고 저임금 노동자로서 생활하게 되는 점을 지적하고 있다.

작품에는 '기미가요마루'의 취항과 좌초, 제주도민들에게 '큰대환'으로 불려지는 '제2기미가요마루'의 취항에 관해서도 비교적 상세하게 그려져 있으며, 제주도민의 일본 도항에 대한 심정도 나타난다.

> 1923년 4월에 취항한 '기미가요마루'는 1925년 9월에 태풍을 만나 서귀포와 표선사이의 얕은 바다에 좌초했다. 아마가사키기선은 급히 다음 취항선을 찾다가, 러일전쟁 때 빼앗은 러시아 해군 제1태평양 함대 소속 포함(砲艦)인 '만지르'호를 '제2기미가요마루'로 쓰기로 했다. 그리고 오사카의 독에서 반 년 동안 '만지르'호를 개조하여, 1926년에 화물과 여객을 실어나르는 배로 오사카 –제주도 항로에 취항시켰다.
>
> '제2기미가요마루'는 919톤에 불과한 소형 선박이지만, 제주도민들 사이에서는 그냥 큰 배라는 뜻으로 '큰대환'이라고 불렸다. 포함의 면모가 남아있는 '제2기미가요마루'의 위풍당당한 모습을 보면, 고신의는 그 배를 타고 하루라도 빨리 오사카에 가고 싶어서 가슴이 두근거렸다.[47]

작품 속 등장인물 중 한 명인 고신의는 '기미가요마루'를 보면 '하루라도 빨리 오사카에 가고 싶어서 가슴이 두근'거릴 정도이다. 다시 말해 제주도민의 일본 도항은 현실적 고난으로부터의 탈피와 희망으로의 탈출구적 의미가 내포되어 있다고 할 수 있다.

여기에서 작품 속에 등장하는 주요 인물들의 일본 도항과 생활양상을 보다 상세하게 살펴보자. 작품 속에 등장하는 제주도 출신의 주요 인물에는 김준평, 이영희, 고신의 등이 있다. 먼저 김준평의 도항 경위는 다음과 같이 그려지고 있다.

> 김준평은 이 떠들썩한 조선시장을 지나가는 게 싫었다. 거의 어김없이 아는 사람을 만나게 되기 때문이다. 하지만 공장에서 큰길로 나가려면 이곳을 지날 수밖에 없었다. 좌우로 건들거리며 걷고 있는 김준평의 어깨가 군중의 머리 위로 솟아올라 더욱 눈에 띈다.
>
> "아이고, 너 준평이 아니냐, 나 기억남시냐?"
>
> 그러면서 한 노파가 다가왔다. 고향이 있을 때 이웃에 살던 신선할망이었다.
>
> "예 기억남수다."
>
> 김준평이 고개를 끄덕였다.
>
> "넌 어릴 적부터 덩치가 컷주만, 그 후로도 더 컸구나."
>
> 신선할망은 김준평을 쳐다보았다. 고향에 있을 때라면 김준평이 열다섯 무렵이다. 고향마을 떠나 부산에서 경성으로 떠돌다가 일본에 건너온 게 10년 전이니까 햇수로 15, 6년 전이다. 하지만 신선할망의 기억 속에 김준평은 마을의 소문난 악동으로밖에 남아있지 않았다.
>
> "서리질에 싸움질만 줄창 해대서 어멍 속을 무던히도 썩이더니……그런 널 이런 데서 만날 줄은 꿈에도 몰랐져. 어멍하곤 연락이라도 햄시냐?"
>
> 어머니 이야기가 나오자 김준평은 말문이 막혔다. 고향을 떠난 뒤 한 번도

47) 양석일 저, 김석희 역, 『피와 뼈① 오사카 아리랑』, (주)자유포럼, 1998, 260~261쪽.

편지를 보낸 적이 없었다. 까막눈이라 해도, 편지를 보내려고 마음만 먹었더라면 대필을 부탁할 수도 있었을 테지만, 오늘까지 소식불통인 채 지내왔다.[48]

제주도의 고향에서 제대로 된 학교교육을 받은 적이 없으며, 서리질과 싸움질만 하며 '마을의 소문난 악동'으로 알려진 김준평이 부산과 경성 등을 떠돌며 생활하다 선택한 것이 일본 도항이다. 일본 도항이 김준평 스스로의 의지에 의한 선택이었는지, 도항 출발지가 제주도였는지 혹은 부산이었는지 등은 명확하지 않다. 다만 고향에 계신 어머니와도 고향을 떠난 이후 한 번도 연락을 하지 않았을 만큼 고향에 대한 김준평의 태도에는 냉정함이 엿보인다. 그리고 다른 대다수의 제주도 출신의 도항자들이 그러하듯이 김준평 또한 오사카의 조선시장 근처에 있는 어묵공장에서 저임금 노동자로 종사한다는 점에서 당시 조선인 도항자의 일상을 단적으로 보여주는 인물이라고 할 수 있다.

다음은 등장인물 이영희의 도항 경위와 일본에서의 생활을 살펴보자.

12년 전 제주도 대포리(大浦里) 마을의 윤씨 집안으로 출가했지만, 열 살이나 어린 남편과 시어머니의 구박을 견디다 못해, 이태 뒤에 고향을 떠나 일본으로 건너왔다. 그리고는 기시와다(岸和田)의 방적공장에서 일했다. 당시 조선 땅에는 일본의 방적공장이나 탄광이나 항만 공사장에서 일할 값싼 노동력을 찾는 브로커들이 많았는데, 사정은 제주도도 마찬가지였다. '인신매매꾼'이라고 불린 이들 브로커의 감언이설에 넘어가 수많은 젊은 남녀들이 일본으로 돈을 벌러 건너갔다. 사정은 좀 다르지만 영희도 그중 한 사람이다.[49]

이영희의 일본 도항 경위는 앞서 『雷鳴(천둥소리)』에 등장한 춘옥의

48) 양석일저, 김석희 역, 『피와 뼈① 오사카 아리랑』, (주)자유포럼, 1998, 33~34쪽.
49) 양석일저, 김석희 역, 『피와 뼈① 오사카 아리랑』, (주)자유포럼, 1998, 36~37쪽.

경우와 크게 다르지 않다. 전근대적인 가부장제의 인습하에서 이루어진 가혹한 결혼 생활은 이영희의 도항의 계기가 되었다. 즉 이영희의 일본 도항은 전근대적인 가부장제에 반기를 든 근대 여성의 주체적 선택이었다고 할 수 있다. 그런데 주목할 부분은 이영희가 일본으로 도항할 무렵 육지는 물론 제주도에도 도항을 둘러싼 부정적인 시각이 확산되어 있었다는 점이다. 값싼 노동력을 모집하고자 일본에서 건너온 브로커를 '인신매매꾼'으로 칭하고 있었고, 일본에서의 취업과 생활을 '감언이설'로 포장하여 수많은 젊은 남녀들의 일본 도항을 자극하고 있었다는 것이다. 실제로 작품 속에는 일본으로 도항한 조선인 여성들의 방적공장에서의 일상을 다음과 같이 그리고 있다.

> 공장장이나 작업반장을 빼고는 모두 젊은 여자들이었다. 개중에는 나이가 차지 않은 열대여섯 살의 소녀도 몇 명 있었다. 칠십 명의 종업원 가운데 3분의 1이 조선 여자이고, 나머지 3분의 2는 일본의 지방 출신 여자들이었다. 말하자면 밑바닥 생활을 하고 있는 젊은 여성 집단이었다. 그런 가운데서도 조선인은 가장 차별대우를 받고 있었다. 급료는 일본인의 절반도 안 되고, 게다가 전액을 강제로 저금해야 했다. 조금이라도 돈을 주면 그 돈을 모아서 도망칠 우려가 있었기 때문이다. 식사도 일본인과는 따로 먹어야 했다. 아침에 정어리 두 마리에 단무지와 된장국, 점심은 잡탕죽, 저녁에는 우동과 밥이 고작이었다. 이따금 조리한 음식도 나왔지만, 일본 음식에 익숙하지 않은 조선인 여공들에게는 식사시간이 고통스러웠다. 게다가 12시간 노동은 당연하고 때로는 15시간이나 일할 때도 있었는데, 그 동안 식사가 나오지 않기 때문에 배고픔과 피로로 쓰러지는 사람도 적지 않았다. 새벽부터 한밤중까지 일하고 기진맥진한 몸을 끌고 잠자리에 드는 생활의 연속이었다.[50]

50) 양석일저, 김석희 역, 『피와 뼈① 오사카 아리랑』, (주)자유포럼, 1998, 136~137쪽.

기시와다의 방적공장에 취업한 이영희는 매일 12시간 이상의 장시간 노동과 열악하고 익숙하지 않은 식사, 일본인 종업원의 절반에도 미치지 못하는 급료 차별, 그마저도 전액을 강제 저금해야 하는 가혹한 노동환경하에서 일본에서의 하루하루를 보내고 있다. 이러한 생활은 비단 이영희만의 일상이 아니라 당시 일본으로 도항하여 방적공장 등에 취업한 대부분의 조선인 여성의 생활의 전형이었을 것이다. 그야말로 '감언이설'의 이면에는 '밑바닥 생활', 차별대우, 장시간 노동, 배고픔, 피로 등이 연속하는 고통스런 생활이 자리하고 있었던 것이다.

다음으로 김준평과 같은 어묵공장에서 일하는 인물 고신의의 도항과 생활을 살펴보자.

> 고신의가 일본에 건너온 것은 1926년 가을이다. 당시에는 아직 그렇게 많은 제주 사람들이 오사카에 건너와 있었던 것은 아니다. 그래도 오사카에 건너가 일하면서 1, 2년에 한 번 설날에 고향으로 돌아오는 사람들의 모습은 옷차림부터 달랐다. 남자들은 대개 양복에 중절모를 썼고, 여자는 하얀 치마저고리를 입고 있었다. 그리고 개중에는 손목시계를 찼거나 금반지를 낀 사람은 별로 없었다. 오사카에서 귀향한 이들은 여봐란 듯 마을을 활보하며 다니고, 친척들을 초대하여 잔치를 열었다. 그것이 허영심 때문이라 해도, 고신의의 욕망을 자극하기에는 충분했다. 자기도 어떻게든 오사카에서 새로운 운명을 개척하고 싶었다.[51)]

고신의가 1926년 가을에 일본으로 도항한 것이라면 분명 1926년에 새롭게 운항을 개시한 아마사키기선부의 연락선 '제2기미가요마루'를 이용해서 오사카로 건너갔을 것이다. 작품 속 고신의의 도항은 그 당시 먼저 일본으로 도항한 제주도출신의 재일코리안의 귀향이 자극제가 되었다.

51) 양석일저, 김석희 역, 『피와 뼈① 오사카 아리랑』, (주)자유포럼, 1998, 260쪽.

고신의는 제주도출신의 재일코리안이 귀향했을 때의 모습에서 일본에 대한 일종의 희망을 품게 되었으며 그 희망은 부에 대한 '욕망'으로 이어진 것이다. 즉 고신의의 도항은 고신의가 생활하던 당시 제주도의 경제적 빈곤이 계기가 된 것이라고 추측할 수 있다. 이러한 경위로 오사카에 건너간 고신의의 생활은 다음과 같이 그려지고 있다.

> 고신의가 오사카에 건너올 수 있었던 것은 이곳에 거주하고 있는 제주 사람들 사이에 자연발생적으로 생겨난 계(契)조직이 도와준 덕분이었다. 당시 오사카의 쓰루하시(鶴橋)나 나카모토초(中本町) 일대에는 제주도 출신이 많이 모여 살고 있었는데, 이들은 상호부조적인 조직을 만들었다. 싸구려 여인숙도 이카이노(猪飼野)나 모리마치(森町) 일대에 수십 개나 있어서, 일본으로 건너온 제주 사람들을 돌봐주고 있었다. 갓 결혼한 고신의는 오사카에 있는 친지에게 부탁하여 나카모토초의 제주도 출신으로 구성된 계에 들어가, 두 달째에 곗돈을 타서 도항비를 마련하고, 김영자(金榮子)가 운영하는 나카모토초의 싸구려 여인숙에 신세를 졌다. 그리고 여인숙 주인인 김영자의 소개로 어묵공장 견습공으로 취직했다. 아내 명실도 모리마치 시장의 조선인 잡화점에 취직하여, 둘이서 밤낮을 가리지 않고 열심히 일했다.[52)]

작품에 따르면 고신의는 부인과 함께 일본으로 도항한 경우이다. 오사카로 건너간 고신의는 제주도 출신들이 많이 모여 생활하는 나카모토초 일대의 싸구려 여인숙에서 생활하였다. 이 여인숙도 오사카에 먼저 도항해 있던 제주도 친지의 소개로 들어가게 되었다. 그뿐만 아니라 제주도 출신으로 구성된 상호부조적인 계 조직에도 들어가 도움을 받기도 하였다. 그 후 고신의는 여인숙 주인의 소개로 어묵공장에 취직하였고 부인은 조선시장의 잡화점에 취직하여 부부가 함께 일본 생활을 영위하게 된다.

52) 양석일저, 김석희 역, 『피와 뼈① 오사카 아리랑』, (주)자유포럼, 1998, 261~262쪽.

이상의 내용에서 알 수 있듯이 제주도민의 일본 도항은 주로 '기미가요마루'의 취항 이후 본격적으로 증가하였으며, 혈연과 지연을 통한 이른바 연고도항의 성격이 강하다. 그리고 도항 이후에는 제주도 출신의 공동체를 통해 상호부조하는 양상도 강하게 나타난다는 점을 알 수 있다. 제주도민의 일본으로의 도항이 연고도항의 성격이 강하고 동시에 제주도 출신의 공동체가 도항자들의 생활안정에 큰 역할을 한 점은 현재도 오사카 일대에 제주도 출신의 재일코리안이 집중하여 거주하게 된 배경으로 작용할 것이다. 그리고 또 하나 제주도오사카항로의 '기미가요마루'의 승객은 대부분이 제주도 출신자들이라는 점이다.

일본에 거주하는 제주도 출신자의 수가 50,045명으로 가장 많았던 1934년에 오사카축항에서 제주도로 향하는 '기미가요마루' 선실 내의 모습을 기술한 자료에는 다음과 같이 기록되어 있다.

> 손님은 젊은이가 많았고 17, 8세부터 30세 전후의 사람이 대부분이다. 그중에는 상투를 틀고 말 꼬리로 만든 갓을 썼으며, 턱수염을 기른 사람이나 노파도 있다. 또 사람머리의 세 배가 넘을 듯한 바가지와 나무를 둥글게 휘어 틀 속에 고정시킨 큰 광주리 등을 옆에 두고 아기에게 젖을 먹이는 사람 등 아주 혈색이 좋고 다부진 몸의 여자들도 저쪽에 셋, 이쪽에 다섯이 보였다. 그들은 휴대품이나 햇볕에 타서 혈색이 좋은 다부진 몸으로 보아 돈벌러 갔던 해녀 귀환자들이라는 것을 알 수 있다. 그 외에도 겨우 걸음마를 뗀 아기를 데리고 있는 부부, 일가가 총출동하여 돈벌러 나온듯한 사람, 해녀와는 너무도 다른 모습을 한 창백한 얼굴의 여공같은 여성이나 청년도 있었다. 563명의 승객 중 어린이 무료 승객이 80여 명이나 있다고 듣고는 부부가 함께 돈벌이를 하는 사람이 상당수 타고 있다는 것을 짐작할 수 있다.……(중략)……선실 내는 옆으로 누울만한 틈도 볼 수 없다. 그래서 통로든 갑판이든 화물 위도 거리낌 없이 공간이 있는 곳, 그늘이 드는 곳, 그야말로 아무데나 드러누운 모양새다. 이른 아침 선교(船橋)에서 내려다 본 갑판 위는 엄청나게 지저분해 있었다.[53]

제주도로 향하는 '기미가요마루'에 승선한 일본인 승객은 겨우 4명에 불과하였다. 이 중의 한 명으로 보이는 일본인의 시각으로 본 선실 내의 조선인 승객들의 모습이다. 젊은 층의 승객이 많긴 하지만 노인과 여성, 어린 아기를 동반한 부부도 다수 확인된다. 총 승객 563명 중 어린이 승객이 80여 명이나 탑승하고 있다는 점은 가족 단위의 도항이 빈번했음을 짐작할 수 있다. 그리고 이들 귀향자의 도항은 대부분이 돈벌이를 위한 목적이었다는 것을 시사하고 있다는 점에서 제주도가 아닌 일본에서 경제적 빈곤에 대한 탈출구를 찾으려고 한 계층으로 판단된다. 분명한 것은 제주도 출신의 도항자들은 각각의 도항지에서도 제주도 출신의 커뮤니티를 형성하며 상호부조를 위한 혈연 혹은 지연의 네트워크를 중요시하는 경향이 강했다는 점이다. 그리고 그 결과 제주도출신의 조선인 집주지역에는 사람의 정주는 물론 제주도의 풍속과 문화가 침투하고 나아가 정착하는 계기가 되었다.

53) 枡田一二, 『枡田一ニ地理学論文集』, 弘詢社, 1976(인용은, 杉原達, 『越境する民ー近代大阪の朝鮮人史研究』, 新幹社, 1998, 113~114쪽).

4. 뉴커머의 등장

앞서 살펴본 바와 같이, 재일코리안의 일본 도항은 1910년 일본의 한반도 강제병합을 계기로 본격적으로 시작되었으며, 일본의 식민지정책 등으로 인한 한반도 내의 경제적 궁핍과 사회적 혼란이 조선인의 일본 도항에 큰 요인으로 작용하였다. 그뿐만 아니라 1930년대 후반에는 일본의 침략전쟁이 심화되면서 전시체제로 전환된 국가권력은 강제동원과 강제징용이라는 강제력을 발동하여 많은 조선인을 일본으로 동원하였다. 이 시기에 일본으로 강제동원이나 강제징용된 조선인의 수는 약 70만 명 이상에 달한다. 강제동원과 강제징용으로 일본으로 건너간 조선인은 대부분 일본 전역의 광산이나 탄광, 건설공사, 각종 군수공장 등으로 배치되어 노동력 착취와 민족적 차별을 감내해야 했다.

1945년 일본이 패전하기 직전에 일본에는 약 210만 명 정도의 조선인이 거주하고 있었다. 일본의 패전과 함께 해방을 맞이한 일본 내 조선인은 1946년 말까지 약 150만 명이 한반도로 귀국을 하였다. 그리고 약 60만여 명의 조선인은 당시의 연합군총사령부(GHQ)와 일본 당국의 소극적인 귀국정책, 귀국 시의 소지품 제한, 귀국 후의 생활기반의 부재, 한반도 내의 정치적 경제적 사회적 혼란 등의 사유로 귀국을 일시 보류하거나 일본 잔류를 결정하기에 이르렀다. 또 일부에는 한반도로 귀국했던 조선인이 정치적 경제적 이유로 다시 일본으로 되돌아가는 사람도 나타나게 되었다. 이렇게 해서 해방 이후에 일본에 남게 된 재일코리안을 이른바 올드커머라고 부른다. 그리고 해방 이후부터 현재까지 일본에 이주한 한반도 출신자를 올드커머와 구별하여 뉴커머라고 칭한다. 따라서 뉴커머는 이주의 시기와 배경에 있어서 올드커머와는 역사적 연원을 달리한다고 할 수 있으며, 체류의 형태와 집단의 형성 등도 한일양국의 정치적,

경제적, 사회적 조건에 따라 변화되어 왔다.

뉴커머의 이주와 집단의 형성은 네 시기로 구분할 수 있다.[54] 먼저 해방 후부터 1965년 한일기본조약 체결까지, 두 번째는 1965년 한일기본조약 체결 이후부터 1980년대 후반까지, 세 번째는 1980년대 후반부터 2000년경까지, 그리고 마지막으로 2000년 이후부터 현재까지로 구분할 수 있다. 하지만 해방 이후부터 1965년 한일기본조약 체결 전까지는 한일 양국 간의 국교가 단절된 시기였던 만큼 인구 이동은 그다지 많지 않았다. 다만, 이 시기에 한국에서 일본으로의 이주는 주로 밀입국(밀항)의 형태로 이루어졌으며 한국 내의 정치적 혼란(예를 들면, 제주4.3사건, 한국전쟁 등)과 경제적 빈곤 등이 주요 요인으로 작용하였다.[55] 다음으로 1965년의 한일기본조약이 체결된 이후부터 1980년대 후반까지도 실질적인 인구이동의 비중은 높지 않았다. 한국인이 일본으로 이주하는 비중이 높아진 것은 1980년대 후반부터이다. 1985년 플라자합의 이후의 엔고현상과 일본의 경제호황, 1989년 출입국관리법의 개정과 그에 따른 외국인노동자 수용의 증가, 한국의 '해외여행 전면 자유화' 조치 등이 시행되면서부터라고 할 수 있다. 이 시기에는 주로 노동자층의 이주가 큰 비중을 차지하였다. 그리고 마지막 시기인 2000년대 이후에는 이들 뉴커머의 집주지역이 형성되기 시작하였으며, 주로 자영업자나 유학생, 주재원, 종교인 등의 이주가 눈에 띄게 증가하였다. 특히 2000년도 중반부터는 한류 붐의 영향으로 코리아타운을 중심으로 한 지역에 한류상점과 뉴커머 자영업자와 그 종업원 등의 이주가 크게 증가하였다. 즉 뉴커머의 실질적인 유입과 본격적인 증가는 1980년대 후반부터 현재에 이르는 시기라고 볼

54) 정진성, 「재일한국인 뉴커머 형성과정과 집주지역의 특징－오쿠보 코리아타운을 중심으로」, 『사회와 역사』 제90집, 한국사회사학회, 2011, 324쪽.

55) 해방 이후 일본으로 밀입국한 한국인은 1965년까지 매년 1,500여 명 정도였으며, 대부분은 일본 내의 올드커머와의 유대관계를 가진 사람들이었다.

수 있다. 따라서 뉴커머에 대한 논의는 사실상 1980년대 후반부터 일본으로 이주한 사람들을 대상으로 한다고 할 수 있다.

다음 〈표 6〉은 1995년부터 2016년까지 재일코리안의 인구구성 및 그 추이를 나타내고 있다.

〈표 6〉 재일코리안의 인구구성 및 추이[56)]

연도	한국·조선적		올드커머		뉴커머	
	등록자 수	전년대비 증감	등록자 수	전년대비 증감	등록자 수	전년대비 증감
1995	666,376	-	557,921	-	108,455	-
1996	657,159	-9,217	548,968	-8,953	108,191	-264
1997	645,373	-11,786	538,461	-10,507	106,912	-1,279
1998	638,828	-6,545	528,450	-10,011	110,378	3,466
1999	636,548	-2,280	517,787	-10,663	118,761	8,383
2000	635,269	-1,279	507,429	-10,358	127,840	9,079
2001	632,405	-2,864	495,986	-11,443	136,419	8,579
2002	625,422	-6,983	485,180	-10,806	140,242	3,823
2003	613,791	-11,631	741,756	-13,424	142,035	1,793
2004	607,419	-6,372	461,460	-10,296	145,959	3,924
2005	598,687	-8,732	447,805	-13,655	150,882	4,923
2006	598,219	-468	438,974	-8,831	159,245	8,363
2007	593,489	-4,730	426,207	-12,767	167,282	8,037
2008	589,239	-4,250	416,308	-9,898	172,930	5,648
2009	578,495	-10,744	405,571	-10,738	172,924	-6
2010	565,986	-12509	395,234	-10,337	170,752	-2,172
2011	545,401	-20,585	385,232	-10,002	160,169	-10,583
2012	530,046	-15,355	377,350	-7,882	152,696	-7,473
2013	519,740	-10,306	369,249	-8,101	150,491	-2,205
2014	501,230	-18,510	354,503	-14,746	146,727	-3,764
2015	491,711	-9,519	344,744	-9,759	146,967	240
2016	453,096	-38,615	303,337	-41,407	149,759	2,792

*올드커머 재일코리안은 특별영주자 수로, 뉴커머는 특별영주자 이외의 수로 계산.

이 〈표 6〉에 따르면 재일코리안의 총 수는 매년 감소하고 있으며, 특히 특별영주자라고 할 수 있는 올드커머의 수는 1995년 이래 2016년 현재까지 지속적으로 감소하여 약 30만여 명으로 축소되었다. 반면 뉴커머의 수는 2009년까지 17만 2천여 명까지 증가하였다가 그 이후부터는 다소 감소하는 추세를 보이고 있다.

뉴커머의 일본 이주 배경을 보다 상세하게 살펴보자. 먼저 1980년대 후반 이후에 노동자층을 중심으로 이루어진 일본 이주는 저개발국가로부터 선진산업국가로의 노동력 이동으로 규정할 수 있다. 이 시기 뉴커머의 유입을 노동력의 이동이라는 관점에서 흡인 요인(pull factor)과 배출 요인(push factor)으로 구분하여 살펴보면, 먼저 흡인 요인으로는 일본의 노동력 부족, 엔고현상에 따른 경기호황, 일본인의 3D업종 기피, 일본 내의 업종별 임금격차의 심화 등을 들 수 있다. 그밖에도 일본 정부의 외국인 수용 정책, 예를 들면 1994년 4월 일본정부의 '워킹 홀리데이(working holiday)' 비자 발급 실시, 2001년 1월의 'e-japan'프로그램을 통한 IT관련 우수 인재의 수용, 2006년부터 실시된 한일 양국 간의 무비자 입국 체결 등의 요인이 복합적으로 작용하였다고 할 수 있다.

다음으로 배출 요인으로는 한국과 일본의 높은 임금격차, 지리적 접근과 취업의 용이, 1989년의 '해외여행 자유화' 조치 시행, 1997년 외환위기 이후 한국의 취업난 등을 들 수 있다. 특히 '해외여행 자유화' 조치 이후에는 도쿄를 중심으로 여성과 유학생, 그리고 일본 주재원의 이주가 증가하였다. 그리고 외환위기 이후에는 한국 내의 실직자와 구직자의 취업을 목적으로 한 이주자도 증가하였다.

한편 한국인 뉴커머의 일본사회 유입을 촉진한 또 다른 요인으로는

56) 재일본대한민국민단 통계자료, 손미경, 「'문화플랫폼'으로서 도쿄·오사카 코리아타운 연구」, 한국외국어대학교대학원 박사학위논문, 2013, 40쪽 참조.

올드커머와의 '연결 끈'을 이용한 연고 이주(chain migration)를 들 수 있다.[57] 뉴커머의 상당수는 올드커머가 경영하는 사업장에서 종사하였으며, 올드커머의 네트워크를 통한 협력을 받으며 일을 하는 경우가 많았다. 특히 비숙련 단기 노동자 뉴커머의 경우는 올드커머의 협력에 의존하며 주로 일본의 대도시를 중심으로 생활하는 경향이 강했다.

뉴커머는 올드커머와 비교해서 일본으로의 이주의 목적이나 연령, 직업 등이 다양하며 주로 단독이주의 형태가 많다. 또 뉴커머는 취업과 비즈니스, 유학과 국제결혼 등과 같이 자발적인 이주형태를 취하는 경우가 많다.

이상의 내용을 바탕으로 뉴커머의 특징을 간단히 정리하면[58] 첫째, 고학력과 경제력을 지닌 한국의 중산층 계층이 다수를 차지한다. 둘째, 일본에 친척이나 지인과 같은 인적 네트워크를 보유하였거나 형성이 가능한 경우가 많다. 셋째, 입국 목적에 있어서 자영업, 매니저, 비즈니스, 교육, 유학, 문화예술 활동, 산업연수생 등으로 다양해졌으며, 동시에 성별과 연령도 다양해졌다. 넷째, 다른 국가의 뉴커머에 비해 한국인 뉴커머는 1990년대 후반에 급증하였다. 다섯째, 뉴커머 중에 상당수는 대학생으로 졸업과 함께 일본에서 창업을 하는 자영업자의 경우가 많다. 여섯째, 코리아타운이라는 한국인 뉴커머 집거지를 중심으로 취업과 경제활동을 영위하는 경우가 많다.

한편 뉴커머는 기본적으로 올드커머의 인적 네트워크에 의존하며 협력관계를 유지하는 측면이 강했지만, 그 목적이나 연령, 업종이나 활동분야 등이 다양화되면서 두 집단 사이에 갈등이 발생하는 경우도 종종

57) 정진성, 「재일한국인 뉴커머 형성과정과 집주지역의 특징－오쿠보 코리아타운을 중심으로」, 『사회와 역사』 제90집, 한국사회사학회, 2011, 328쪽.

58) 지충남, 「재일한인 뉴커머 타운의 형성과 발전, 그리고 변용」, 『전남대학교 세계한상문화연구단 국제학술회의』, 전남대학교 세계한상문화연구단, 2016, 28쪽.

나타났다. 올드커머의 사업장에 고용된 뉴커머가 열악한 노동조건이나 부당한 대우, 임금체불 등의 피해를 호소하며 올드커머를 비난하거나 반대로 뉴커머의 증가로 자신들의 상업 활동에 심각한 지장이 초래되었다고 불만을 드러내는 올드커머도 등장한 것이다. 물론 올드커머와 뉴커머 사이의 이와 같은 갈등이 일반적인 현상은 아니다. 근래의 뉴커머는 올드커머와 상당한 정도로 독립성을 유지하면서 자족적인 집거지로서 코리아타운의 형성과 발전에 기여하고 있으며, 나아가 다문화공생을 지향하는 에스닉타운으로의 변화를 모색하는 역할을 하기도 한다.

제2장

조선인 부락의 형성과 생활

제2장
조선인 부락의 형성과 생활

1. 조선인 부락의 형성

1910년 일본의 한반도 강제병합을 계기로 조선인의 일본 도항이 본격적으로 진행됨에 따라 일본 내의 조선인 수는 지속적으로 증가하였다. 특히 1920년대에 들어서서 일본의 오사카, 도쿄, 후쿠오카 등의 대도시를 중심으로 조선인 노동자가 급증하였다. 〈표 7〉은 각각 1920년대, 1930년대, 1940년대에 조사된 재일코리안의 일본 내 지역별 분포를 조사한 것이다. 〈표 7〉에서도 알 수 있듯이 오사카, 도쿄, 후쿠오카, 아이치, 효고, 교토 등이 조선인이 많이 거주하는 지역으로 나타났다.[1)]

1) 일본 법무성이 공표한 2018년 6월 29일에 공표한 자료에 의하면, 2017년 12월 현재 일본 내의 한국인 분포가 높은 지역은 오사카 102,147명, 도쿄 92,550명, 효고 40,384명, 아이치 30,397명, 가나가와 28,030명, 교토 24,312명 순으로 나타났다. 일본법무성 통계 공개자료(2018년 6월 29일), http://www.moj.go.jp/housei/toukei/toukei_ichiran_touroku.html(검색일: 2018.7.25).

〈표 7〉 해방 이전 재일코리안의 일본 내 지역별 분포도(상위 10위)[2)]

1928년			1938년			1943년		
지역	인원(명)	비율(%)	지역	인원(명)	비율(%)	지역	인원(명)	비율(%)
오사카	55,209	23	오사카	241,619	30	오사카	395,380	21
도쿄	28,320	12	도쿄	78,250	10	후쿠오카	172,199	9
후쿠오카	21,042	9	후쿠오카	64,321	8	효고	135,170	7
아이치	17,928	7	아이치	61,654	8	야마구치	132,526	7
효고	16,701	7	효고	60,105	8	아이치	126,325	7
교토	14,322	6	교토	53,446	7	도쿄	123,126	7
가나가와	10,207	4	야마구치	45,439	6	홋카이도	82,950	4
야마구치	8,839	3	홋카이도	24,878	3	교토	74,079	4
홋카이도	6,446	2	가나가와	16,663	2	히로시마	68,274	4
히로시마	5,827	2	히로시마	12,063	2	가나가와	54,795	3
총수	238,102		총수	799,878		총수	1,882,456	

앞서 살펴본 바와 같이 1920년대 재일코리안의 일본 이주의 가장 큰 이유는 한반도 내에서의 생활난으로 인한 돈벌이와 노동, 또는 구직이었다. 이 때문에 일본으로 이주하는 조선인의 대다수는 단신의 노동자 계층이었다. 이들 노동자들이 일본으로 이주하여 가장 먼저 찾는 곳은 다름 아닌 조선인 노동자들이 많이 모여 생활하는 숙소였다. 1920년대 초에 조선인 노동자들이 주로 거주하던 곳은 노동자합숙소(飯場)나 간이숙박소, 인부방 등이었다. 물론 극히 일부에서는 방이나 집을 빌려 생활하는 사람들도 있었지만, 거의 90%는 노동자합숙소나 간이숙박소에서 거주하는 형태였다. 1920년대 초에 오사카시에서 조사한 재일코리안의 주

2) 선봉규, 「근 · 현대 재일한인 디아스포라의 이주와 재영토화 연구:오사카와 도쿄를 중심으로」, 『한국동북아논총』 60집, 2011, 183쪽 재인용(1928년 통계는 朴慶植, 『在日朝鮮人運動史一八 · 一五解放前』, 三一書房, 1979 자료, 1938년과 1943년 통계는 姜在彦 · 金東勳, 『在日韓国 · 朝鮮人一歴史と展望』, 労働経済社, 1989 자료 인용).

택문제에 대한 기술을 살펴보면 당시 조선인 노동자들의 주택사정을 짐작할 수 있다.

> 주택문제는 조선인에게 심각한 문제였다. 일본인은 조선인에게 셋집 놓기를 싫어하여 '셋집 문제'가 빈번히 발생했다. 하는 수 없이 조선인은 여기저기 노천에다 텐트를 치고 극히 원시적인 생활을 했다.
>
> 조선인 노동자 중 집을 가진 자는 극히 적었고, 공장 노동자는 사택이나 공장 내 기숙사에서 합숙하거나 조선인이 경영하는 하숙에 기거했다. 일용 토목인부 등은 대부분 합숙소 우두머리의 자금을 받아 지은 '바라크'라는 가건물이나 토목공사장 방에서 생활했다. 그들은 다다미 6장(2평) 넓이에 보통 6~7명, 많을 때는 10명도 함께 지냈다. 미장이는 이동이 많아, 여기저기에 비를 피할 정도의 가건물이나 천막을 치고 십 수 명 또는 수십 명이 같이 지내기도 했다. 오사카 쓰루하시(鶴橋) 오이마자토(大今里) 주변에서는 "전혀 햇볕이 들어오지 않는 작은 집에 남녀 수 십 명이 우글거리며 살고 있고, 한 번 비가 오면 하수가 마루 밑까지 흘러들어 나막신과 대야가 둥둥 떠다녔다"[3]

조선인 노동자들의 대부분은 일본인들이 방이나 집을 임대하기를 싫어해서 어쩔 수 없이 노천에서 텐트 생활을 하거나 공장노동자의 경우는 사택이나 기숙사에서 합숙하기도 하였다. 또 조선인이 경영하는 하숙이나 바라크라고 하는 가건물에도 많은 조선인 노동자가 좁은 공간에서 공동으로 생활하였다. 특히 이동이 잦은 노동자들은 가건물이나 천막 등에서 수십 명이 함께 지낼 정도로 열악한 주거환경 속에서 생활하였다는 것을 알 수 있다.

1920년대 중반 이후에는 대도시를 중심으로 단신으로 도항한 조선인 노동자를 대상으로 하는 값싼 노동자숙소인 노동 하숙이 많이 등장하기

[3] 朴慶植,『在日朝鮮人運動史一八・一五解放前』, 三一書房, 1979 40~41쪽.

시작하였다.

노동 하숙은 주로 조선인이 운영하고 숙박자도 거의 대부분 조선인 노동자들이 모여 있는 값싼 숙소였다. 이 노동 하숙은 주로 단신으로 도항한 조선인들을 숙박시키고 하숙집 주인은 종종 이들에게 일자리를 소개하며 운영되었다. 하지만 당시의 노동 하숙은 조선인이 운영하는 곳이었지만, 조선인이 토지를 구입하고 건물을 지어 운영한 곳이 아니라 일본인에게 빌린 집을 다다미(畳) 1장(90cm×180cm)에 약 2명 정도의 비율로 조선인 노동자에게 재임대하거나, 공터와 같은 곳에 판잣집을 지어 조선인 노동자가 공동으로 생활하도록 한 형태이다. 이미 1924년 시점에 오사카에는 '조선인 일용직 노동자 전문지숙소(止宿所)가 약 230곳 있었다'고 한다.[4)]

노동 하숙은 일반 셋집에 비해서는 집값이 조금 비싼 편이었다고는 하지만 일본사회의 편견과 차별, 그리고 언어문제를 일정 부분 해소하고 노동이나 취직과 관련된 정보를 얻을 수 있다는 점에서 단신의 노동자 계층의 조선인 도항자들이 이용하는 경우가 많았다. 그리고 이와 같은 노동 하숙은 일부 지역에서는 출신지 마을별로 생겨나기도 하였다. 그래서 거주자들 사이에는 지연과 혈연 등을 매개로 한 상호부조가 강하게 작용하였다.

앞서 제시했던 재일문학가 양석일이 작품『피와 뼈』에서 당시의 노동 하숙에 대해 묘사한 바에 따르면, 등장인물 고신의는 제주도 출신의 조선인들이 많이 생활하는 '나카모토초의 싸구려 여인숙', 즉 노동 하숙에서 도항 초기를 보낸 것으로 묘사되어 있다. 그리고 고신의는 노동 하숙의 운영자 김영자의 소개로 어묵공장에 취직하였으며, 제주도 출신자들

4) 杉原達,「在阪朝鮮人の渡航過程一朝鮮・済州島との関連で」,『大阪/大正/スラム』, 新評論, 1986, 228쪽(도노무라 마사루,『재일조선인 사회의 역사학적 연구』, 논형, 2010, 123쪽 재인용).

의 상호부조를 위한 계 조직을 통해 도항 이후의 생활 기반을 갖추게 되었다. 즉 노동 하숙은 1920년대에 일본으로 도항한 조선인 노동자들이 도항 초기의 생활을 확립해 가기 위해 의존할 수밖에 없었던 공간이었다는 것을 알 수 있다.[5)]

이 당시 재일코리안 노동자들은 고용의 형태는 불안정했으며, 동시에 노동자 보호정책의 대상자도 되지 못했다. 따라서 실직이나 노동재해, 질병 등에 취약할 수밖에 없었던 조선인 노동자들 사이에는 자연스럽게 지연이나 혈연을 매개로 한 상호부조가 필요하게 된 것이다.[6)] 조선인 노동자들의 상호부조의 필요성은 다음의 기사에서도 확인할 수 있다.

> 오사카부의 조사에 따르면 오사카부에 거주하는 조선인의 총수는 1만 8,000명이라고 계산되어 있으나, 사실은 적어도 4만 명 이상에 달하고 있습니다. 이들 다수의 조선인 중 대부분은 무직자여서 그날그날 생활하기가 힘든데, 우리가 아무리 내지 쪽에 구제책을 의뢰하여도 여러 가지 이유를 들어 구제해 주지 않고, 경찰 쪽에는 단속에는 아주 엄하지만 조선인의 지도 구제에 대해서는 거의 아무 생각도 없는 것 같습니다. 그래서 결국 우리는 우리의 힘으로 자신의 운명을 개척해 나가는 것밖에 살 길이 없다는 것을 깨달았습니다. 그러려면 우선 단결을 확고히 할 필요가 있기 때문에 사설 자치촌을 세우기로 한 것입니다. 종래에도 내지인과는 융화는커녕 거의 교섭도 없고 이제 곧 촌을 만드는 총회를 열 오이마사토 마을 등 촌의 관공서, 경찰과도 교섭이 없는 상태이기 때문에 새롭게 설립되는 마을 가운데는 내지의 행정에 복종하지 않는 곳도 있을 것이라고 생각됩니다.[7)]

5) 도노무라 마사루, 『재일조선인 사회의 역사학적 연구』, 논형, 2010, 122~123쪽.

6) 도노무라 마사루는 1920년대 전반의 조선인의 독자적인 사회적 결합과 그에 기반을 둔 활동을 하는 단체는 '전국적으로 43개 단체, 지역적으로는 도쿄, 교토, 오사카, 효고, 가나가와, 야마구치, 후쿠오카 등 조선인이 많은 부현을 비롯하여, 16개 부현에서 확인할 수 있으며'(내무성 사회국 제1부의 보고서 『조선인 노동자에 관한 상황』), '명확한 규약이 없는 모임에서도 자연발생적으로 상호부조나 계몽활동을 하고 있었을 것이므로' 여기에서 파악된 자료는 극히 일부일 것이라고 추정하고 있다.

1923년 4월에 오사카에서 이선홍(李善洪)을 중심으로 한 조선인협회라는 단체가 오사카 변두리 지역에 조선인 마을을 만들어 자치단체로서 상호부조와 인격향상, 그 외에 적당한 사업 등을 시행할 계획을 세운다는 내용의 기사이다. 기사에서도 알 수 있듯이 이선홍은 조선인에 대한 일본 당국의 구제나 보호에 대한 무관심으로 인해 어쩔 수 없이 조선인 스스로의 자립과 단결이 필요하다는 입장을 기술하고 있다. 그리고 조선인의 자립과 단결을 위해 자치촌 설립을 계획하기에 이르렀다고 기술하고 있다. 물론 조선인 자치촌의 설립이 일본의 행정당국의 관리와 통제를 벗어나서 실행되었을 가능성은 없다. 하지만 무엇보다 점점 증가하는 재일코리안의 생활안정과 노동환경의 개선을 위해 조선인 스스로 상호부조와 자치활동을 지향하고 있었다는 점은 주목할 만한 부분이다.

이와 같은 조선인끼리의 상호부조는 이주의 형태가 단신에서 연고 이주, 특히 가족을 동반한 이주가 점차 증가하면서 보다 조직적이고 그 규모도 확대되는 양상이 나타났다. 가족을 동반하여 이주하게 된 조선인은 그동안의 노동자합숙소나 노동 하숙과 같은 주거형태와는 달리 주택을 빌려야 하는 상황이 되었다. 그러나 당시에는 조선인이 일본인에게 집을 빌리는 일은 대단히 어려웠다. 조선인 노동자들의 수입으로 감당하기 어려운 월세도 문제지만, 일본인들은 조선인 노동자들이 주택을 험하게 사용하고 월세를 체납한다는 생각을 갖고 있었다. 또한 이사할 때 비용을 청구해야 하는 불상사가 발생할 수 있다는 등의 이유로 조선인들에게 집을 빌려주기를 싫어하였다. 그밖에도 조선인이 일본인으로부터 집을 빌리기 위해서는 일본인 보증인이 있어야 하는 점, 일반적인 임대계약 내용과는 별도의 특별계약사항이 부가되는 점 등도 집을 구하는 조선인에

7) 「오사카시의 주위는 선인(鮮人)마을로 둘러싸이다」, 『오사카마이니치신문』 1923년 4월 24일자(도노무라 마사루, 『재일조선인 사회의 역사학적 연구』, 논형, 2010, 129~130쪽 재인용).

게는 어려움이 아닐 수 없었다. 다음은 1930년대 도쿄에서 일본인이 조선인에게 주택을 임대하면서 제시한 특별계약사항의 사례이다.

〈특별계약사항〉

1. 가옥 임대 중에 이가 발생했을 때는 수시로 구제해야 한다. 가옥을 넘겨준 뒤 1개월 이내에 당사자 입회조사 결과 이가 발생한 것을 인정할 경우에는 그 손해를 부담해야 한다. 인정하지 않을 때는 가옥의 손해금을 반환한다. 또 임대인이 가옥을 빈 집으로 둔 뒤 6개월 이내에 이가 발생했을 때는 임차인이 그 손해를 부담해야 한다.
2. 보증금은 100엔이다. 임대인은 가옥의 손해금으로 100엔을 수령한다.
3. 본 계약은 5년으로 한다. 5년 이후는 가옥의 손해금을 반환한다.
4. 본 계약을 맺은 뒤 1개월 이내에 이사할 때는 2개월분의 월세를 지불해야 한다.
5. 임차인이 체불할 때는 보증인이 가스, 수도, 전기요금을 연대하여 지불해야 한다.[8)]

시기적으로 1920년대보다는 늦은 1930년대에 조선인이 일본인으로부터 주택을 임대하는 경우이지만 조선인에게 있어서 일본인으로부터 주택을 임대하는 일은 결코 쉬운 일이 아니라는 점을 알 수 있다. 그리고 이 특별계약사항에는 단순히 손해와 배상이라는 금전적인 이해관계뿐만 아니라 조선인의 위생관념 등을 이유로 주택임대를 기피하려는 일본인의 조선인에 대한 민족적 차별의식이 반영되어 있다.

이러한 상황에서 노동자합숙소나 노동 하숙에 들어갈 수 없는 가족동반의 조선인들이 점차 증가하고 더욱이 주택임대라는 난관에 봉착하자 조선인 노동자들은 스스로의 생활안정과 일자리 확보, 상호부조 등을

8) 朴慶植編, 『在日朝鮮人関係資料集成』 第三巻, 三一書房, 1975, 1052쪽.

위해 공동의 생활공간이 필요했다. 그리고 이 필요는 조선인 부락(집거지)을 형성하게 되는 계기가 된 것이라고 할 수 있다.

이 당시 조선인들이 자신들의 부락을 형성해 가는 형태에 대해 히구치 유이치(樋口雄一)는 ①조선인합숙소, 노동 하숙, 공장의 조선인을 대상으로 한 기숙사를 거점으로 그 주위에 다른 조선인들도 살기 시작하고, ②토지 소유자가 명확하지 않은 저지대, 습지, 하천부지 등에 자력으로 판잣집을 만들어 살며, ③일본인이 살지 않게 된 가옥을 점거하고, ④조선인이 입주한 연립주택에 점차 다른 조선인들도 이사하는 등의 형태로 조선인이 뭉쳐서 사는 공간이 형성되었다고 지적하고 있다.[9)]

1920년대 무렵 일본의 대도시 주변을 중심으로 형성되기 시작한 조선인 부락은 '조선인부락', '조선인집주지(集住地)', '다주(多住)지구', '조선인촌(村)', '조선정(町)' 등의 다양한 호칭으로 불려졌다. 이들 지역의 대부분은 중소 영세공장이 많은 지역이거나 빈집, 하천 주변의 공터, 토목공사장의 노동자합숙소 주변 등에 형성되었다. 1920년대, 30년대 일본 주요 도시의 대표적인 조선인 부락의 형성 상황은 아래 〈표 8〉과 같다.

〈표 8〉 1920년대, 30년대 주요 조선인 부락의 형성 상황[10)]

지역 및 장소		형성 시기	호수	거주 인구	형성 배경	별칭
大阪府	西成郡 鶯州町大仁	1922.9	13	44	원래 시장이었다가 불경기로 빈집이 된 지역	兼頭市場
	泉北郡 北掃村春木	1922년봄	19	76	기시와다(岸和田)방적이 한인 직공용으로 건설	朝鮮町
	東成区 東小橋町	1907	55	585	낡은 나가야(長屋) 임대	
	東成区 猪飼野町	-	162	1,577	〃	
	港区 船町	1923	45	347	빈터에 스스로 지은 판잣집	

9) 樋口雄一, 「在日朝鮮人部落の成立と展開」, 『在日朝鮮人』, 新人物往來社, 1978, 553쪽.

	港区 小林町	1923	45	333	〃	
	東成区 生野國分町	1924	15	117	닭장 개조	
京都市	中京区 壬生神明町	1920년대 중반	28	184	쓰지(辻)방적 노동자를 위해 세운 한인주택 터	
	下京区 東九條岩本町	〃	77	564	나가야. 내선융화단체의 아파트가 세워져 한인이 증가한 곳	
	中京区 西京南原町	〃	49	336	나야(納屋), 마구간, 창고 등을 개조	
	下京区 吉祥院道登町	〃	35	189	가쓰라가와(桂川) 모래채취를 위해 업자가 한인을 살게 한 곳	
東京都	小石川区 戶崎氷川下町	1924년경	101	349	센가와(千川) 주변에 지은 나가야. 도쿄의 대표적 빈민지구	햇빛이 없는 마을
	豊島区 西巢鴨	〃	120	400	-	水久保
	荒川区 三河島町	1923	350	700	부근에 공장이 많아 취업이 용이. 나가야	
	城東区 大島町	1919	247	909	운하개통으로 모인 사람들이 만든 곳	
横浜市	鶴見区 潮田町隣保館 내	1920년대 중반	14	70	사창가 조성을 위해 세웠으나 허가가 나지 않아 빈집이 된 곳	
	鶴見区 鶴見町소방서 부근	1925	30	160	아사노(淺野)조선소 확장공사 한인노동자용 바라크를 중심으로 형성	
	中区 宮川町	1924	45	230	토목업자가 지은 3채의 바라크를 중심으로 한인들이 세운 마을	
	中区 山手町	1924	37	170	모래채취 작업을 위해 세운 바라크를 중심으로 한인들이 세운 마을	
	神奈川区 神奈川町	1929	15	84	매립공사 노동자들이 사용하던 보통주택	

〈표 8〉에 의하면 오사카지역에는 다른 지역에 비해 상대적으로 이른 시기에 조선인 부락이 형성되고 있었음을 알 수 있으며, 거주인구의 규

10) 도노무라 마사루, 『재일조선인 사회의 역사학적 연구』, 논형, 2010, 139~149쪽.

모면에서도 히가시나리구(東成区)에 집중되어 있기는 하지만 가장 많은 수를 나타내고 있다. 이들 부락의 위치를 살펴보면, 시장, 빈집, 공터, 공사장이나 작업장에서 운영하는 노동자숙소, 하천부지, 빈민지구 등을 중심으로 형성되었다는 것을 알 수 있다.

일본 내 대도시 주변의 조선인 부락은 1930년대에 이르러서 더욱 증가하였다. 이와 관련한 통계자료는 시기와 지역별로 차이가 나지만 다음의 〈표 9〉와 같다.

〈표 9〉 1930년대 주요 지역의 조선인 부락의 형성 실태[11)]

지역 및 장소	조사시기	부락 수	세대수(호)	세대원/인구수(명)	거주한인수 비율(%)
오사카부	1933	89	5,602	29,739	26.6
요코하마시	1935	14	264	749(*)	-
교토시	1935	31	862	5,898	14.0
도쿄부	1939	26	1,468	5,740	10.71

*미확인 세대원수 다수 포함

먼저 오사카부의 경우를 살펴보면, 1933년 시점에 조선인 부락은 89곳에 이른다. 이 수는 1928년 24곳에서 급격히 증가한 것이다. 그리고 세대수와 거주인구도 1928년의 882호, 8,776명에서 1933년에는 5,602호, 2만 9,739명으로 증가하였다. 오사카부의 주요 조선인 부락은 히가시나리구의 중소영세공장지역 주변, 니시나리구의 공장지대 및 빈민지구 주변, 미나토구와 다이쇼구의 임해지구와 요도가와강 주변의 저지대와 매립지 등에 형성되었다.

다음으로 도쿄부의 경우를 살펴보자. 도쿄부는 1930년대 중반과 후반에 두 차례에 걸쳐 조선인 부락에 대한 조사를 실시하여 통계를 정리한

11) 도노무라 마사루, 『재일조선인 사회의 역사학적 연구』, 논형, 2010, 139~149쪽.

바 있다.12) 1934년에 도쿄부가 조사한 주요 조선인 부락('밀주지역')은 다음과 같다.

〈표 10〉 1934년의 도쿄의 조선인 집단거주지13)

구분	위치	조선인인구	총인구	백분율
小石川区	戸崎町, 久堅町, 白山御殿町, 永川下町	349	26,119	1.34%
豊島区	西巣鴨1丁目ー2丁目	400	4,400	9.09%
	日ノ出町	400	4,150	9.64%
荒川区	南千住1, 6, 7丁目	459	27,054	1.70%
	三河島町5, 7, 8丁目	700	21,866	3.20%
城東区	大島町2~6丁目, 8丁目	909	15,969	5.69%
	南砂町1, 2丁目北砂町1~5丁目	642	8,524	7.53%
本所区	錦糸町4丁目	417	450	92.67%

고이시가와구(小石川区)의 경우는 속칭 '햇빛이 없는 마을'이라는 센가와 일대의 공장지대 주변을 중심으로 조선인 부락이 형성되었다. 이 지역은 도로는 물론 상하수도가 제대로 정비되지 않은 저습지였다. 조사 내용에 따르면, 이 지역은 '20여 년 전 맑은 개천을 끼고 비교적 생활하기 좋은 하천변에 작은 집을 짓고 거주하는 자가 생겨났고, 그 뒤 공동인쇄 등의 공장이 설립되면서 다수의 직공이 이곳으로 이주해 와 가건물 연립주택을 집단적으로 세웠다'고 한다. 도시마구(豊島区)의 조선인 부락은 도심부에 거주하던 조선인 노동자가 관동대지진 이후 임대료가 저렴한 주택을 찾아 이주해 오면서 형성되었다고 한다. 그밖에 조토구(城東区)는 공장지대 주변을 중심으로 조선인이 많이 거주하였다. 시바구(芝

12) 도쿄부가 실시한 조사통계는 1934년에 정리된 「東京府下における朝鮮人の密住地域に関する調査」(朴慶植編, 『在日朝鮮人関係資料集成』 第三巻, 三一書房, 1975, 1081~1088쪽)와 1939년에 도쿄시가 조사하고 정리한 「半島出身労働者集団地区調査」를 통해 확인할 수 있다.

13) 도노무라 마사루, 『재일조선인 사회의 역사학적 연구』, 논형, 2010, 141쪽.

区)는 항만노동 등 일자리의 확보가 용이하였으며, 매립지역으로 판잣집을 세우기 쉬운 지역에 조선인 부락이 만들어졌다. 1934년의 조사 자료에서는 도쿄부의 5개 구(区)에 형성된 주요 조선인 부락에 대해서 정리하고 있지만 1939년 조사 자료에서는 12개 구(区) 26개 지역 1,468세대의 조선인 부락에 대해 정리하고 있다.[14]

다음으로 요코하마시의 경우는 쓰루미구(鶴見区) 우시오다초(潮田町) 일대에 조선인 부락이 형성되어 있었다. 이곳은 공장 등이 많아 잡역부 일자리의 확보에 유리한 지역이었다. 그리고 쓰루미구와 인접한 곳에 위치한 가와사키시의 임해부에도 조선인 부락이 형성되어 있었다고 한다.[15]

다음으로 교토시의 경우는 1935년 시점에 조사된 통계 자료에 따르면, 7개 구 31개 지역에 조선인 부락('朝鮮出身同胞密集箇所')이 형성되어 있었다는 것을 알 수 있다.[16] 또 1937년 조사 자료에 따르면 조선인 인구 비율이 10%를 넘는 조선인 부락은 총 6곳으로 확인된다. 6곳 중 시모교구(下京区) 깃쇼인(吉祥院) 학구(学区)에서는 시모교구의 총 조선인 수 6,557명 중 1,251명, 비율로는 19.1%의 조선인이 부락을 형성하여 생활한 것으로 조사되었다. 교토시의 조선인 부락은 주로 하천부지나 그 외 공터, 또는 도시 외곽의 지저분한 지역에 판잣집이나 단층연립을 지어 형성되었다고 한다.

이상의 내용에서도 알 수 있듯이 조선인 부락은 주로 공장이나 공사장의 주변이거나 하천부지나 매립지와 같은 저지대나 습지대가 대부분이다. 또 일본인은 별로 거주하지 않는 도시 주변부의 빈민지구 등을 중심으로 형성되었다. 부덕주(夫德柱)는 조선인 집주지역의 성격을 다음의

14) 도노무라 마사루, 『재일조선인 사회의 역사학적 연구』, 논형, 2010, 141쪽.
15) 도노무라 마사루, 『재일조선인 사회의 역사학적 연구』, 논형, 2010, 146쪽.
16) 도노무라 마사루, 『재일조선인 사회의 역사학적 연구』, 논형, 2010, 145쪽.

5가지 형태로 구분하여 설명하고 있다.[17)]

1. 불량 주택지 유입형 부락이다. 불량 주택지 유입형은 정비가 되지 않은 저지대나 습지대, 노후주택지 등 당시 일본인이 거주하기를 꺼려하던 지역으로, 이곳에 조선인이 유입되면서 형성된 집거지이다.
2. 빈터점거 · 무단차용형 부락이다. 현이나 시에서 소유하는 도시주변부지에 무허가로 임시가건물(판잣집)을 만들어, 노동자들이 살게 되면서 형성된 집거지 형태이다.
3. 자연발생형 부락이다. 전답지대 등 강 주변에서 형성된 집락적 집거지로 토사 채굴업에 종사하던 조선인 노동자에 의해 형성된 집거지 형태이다.
4. 땅 소유 차용형 부락이다. 토지 소유주와 교섭을 통해 토지 임대를 허가 받은 후 합법적으로 형성된 집거지이다.
5. 도시 설계형 부락이다. 행정기관에 의해 계획적으로 특정지역에 강제집단 이주로 형성된 집거지이다. 쓰레기 매립지에 연립주택을 건설하여 조선인 노동자를 강제 이주로 형성된 집거지이다.

그러나 위에 제시된 5가지 형태 중에서도 1920년대, 1930년대의 조선인 부락의 형태는 대부분이 저지대나 습지대 등에 형성된 '불량 주택지 유입형'이거나 도시 주변부의 무허가 건물을 이용한 '빈터점거 · 무단차용형'이었으며, 그 밖의 형태는 상대적으로 그 수가 적었다고 할 수 있다.

17) 夫徳柱, 「日本国内におけるエスニックマイノリティグループの住居環境に関する研究一大正後期に始まる東京府内に散在した'朝鮮部落'を事例として」, 『日本建築学会大会学術講演梗概集』, 2003(손미경, 「'문화플랫폼'으로서 도쿄 · 오사카 코리아타운 연구」, 한국외국어대학교 대학원 박사학위논문, 2013, 44~45쪽 재인용).

2. 조선인 부락과 주택문제

1920년대 이후 일본으로 도항하는 조선인 노동자의 수가 급증하면서 재일코리안 사회에는 다양한 사회문제가 등장하였다. 그 가운데에서도 재일코리안 사회에 가장 심각한 문제로 대두된 것 중의 하나는 주택문제(주택난)였다. 이 무렵 조선인 노동자들의 대부분은 단신의 남성 노동자로서 공장이나 공사장 주변의 기숙사, 임시 숙소, 천막이나 가건물 등과 같은 열악한 주거환경 속에서 공동으로 생활하는 경우가 많았다. 그리고 1920년대 중반 이후에는 대도시를 중심으로 조선인 노동자를 대상으로 한 값싼 노동자 숙소인 노동 하숙이 등장하면서 많은 조선인 노동자들이 모여들어 공동으로 생활하기도 하였다.

그런데 1920년대 후반부터 1930년대에 이르면서 재일코리안 사회의 주택문제는 더욱 심화되었다. 그 배경은 한반도 내의 경제적 불황과 생활난으로 돈벌이와 구직 등을 위해 일본으로 도항하는 조선인 노동자의 수가 급증한 것과도 무관하지 않다. 그리고 이 시기부터 일본으로 도항하는 조선인 노동자는 종래의 단신의 남성 노동자가 대부분이었던 것과는 달리 점차 가족을 동반하여 정주하는 조선인 노동자가 증가하면서 세대용 주택의 임차가 불가피한 상황도 크게 작용하였다. 게다가 일본지역 대도시의 인구증가와 함께 주택수급의 불균형이 가속화되면서 재일코리안의 주택문제는 절실한 사회문제로 대두되었다.

재일코리안 주택문제는 일본 내의 대표적인 조선인 집주지역인 오사카의 경우 특히 심각한 상황이었다고 할 수 있다. 이러한 상황은 이 시기 오사카지역의 재일코리안 인구변화 추이를 살펴보면 일정 부분 추정이 가능하다. 1928년의 인구통계에 따르면 오사카지역에는 전체 재일코리안 수 238,102명의 약 23%에 해당하는 55,209명이 거주하고 있었으나 그 후 10년 뒤인 1938년의 인구통계에서는 전체 재일코리안 수 799,878명의 약 30%에 해당하는 241,619명이 거주하는 것으로 나타난다.[18] 단순히 오사카지역의 재일코리안 인구수의 증감 비율만을 보더라도 10년 사이에 약 4.3배 이상의 증가를 나타내고 있다. 또 세대용 주택에서 한 세대(혹은 가족)가 거주하는 비율도 1925년 6월 말의 조사에서 12.4%에 불과하던 것이 1935년 12월 말의 조사에서는 77.4%로 급증하였다.[19] 즉 1920년대 후반부터 1930년대 후반까지의 오사카지역의 재일코리안 인구는 가족을 동반한 세대의 증가와 함께 급증한 것을 알 수 있다.

다시 말해서 이와 같은 재일코리안의 인구변화는 재일코리안의 주거형태에도 큰 영향을 주었을 뿐만 아니라 동시에 주택의 임차(차가－借家)를 둘러싼 문제도 빈번하게 발생하였을 것으로 추정할 수 있다.

그런데 주목할 부분은 이 시기 재일코리안의 주택문제는 단순히 대도시의 인구증가와 주택수급의 불균형이 원인으로 작용한 것만은 아니라는 점이다. 이와 같은 지적의 근거는 이 시기 재일코리안의 주택문제에 관한 다양한 담론을 살펴보면 보다 명확하게 알 수 있다.

오사카부 내선협화회의 미키 세이치(三木正一)는 1920년대 말의 재일코리안의 주택문제에 대해서 다음과 같이 기술하고 있다.

> 오늘날 오사카에서 조선인에게 집을 임대한다는 집주인은 거의 없다고 해도 좋을 것이다. 집주인 측에서는 조선인에게 집을 임대하면 집세를 주지 않는다, 좁은 집에 다수의 가족이나 동거인이 함께 생활하면서 집이 엉망으로 파손된다, 불결하게 된다, 근처의 일본인 거주자에게 불만이 들어온다, 그리

18) 朴慶植, 『在日朝鮮人運動史一八・一五解放前』(三一書房, 1979)과 姜在彦・金東勳, 『在日韓国・朝鮮人一歴史と展望』(労働経済社, 1989)을 참조.

19) 外村大, 「一九二〇~三〇年代在日朝鮮人の住宅問題一大阪を中心に」, 『民衆史研究』 41, 1991.5, 21쪽 참조.

고 이웃 사람이 다른 곳으로 이사를 가면 그곳은 빈집이 되고 그 후에는 집을 빌리려는 사람이 오지 않는다는 이유에서 조선인에게 집을 임대하지 않는다.[20]

먼저 미키 세이치는 일본인 주택소유자가 재일코리안에게 집을 임대하는 경우는 거의 없다고 기술하면서 그 배경과 원인을 조선인 측의 문제로 지적하고 있다. 여기에서 지적한 조선인 측의 문제는 집세의 체납, 다수인의 잡거로 인한 주택 파손, 비위생, 이웃 주민과의 마찰 발생, 주택의 지속적 임대에 지장 등이다. 그러나 이와 같은 지적은 이미 선행연구에서도 지적했듯이 실증적이고 객관적인 근거를 바탕으로 한 사항이 아니며 오히려 조선인에 대한 편견이 개입된 관점이라는 점을 알 수 있다.[21] 다시 말해서 일본인의 재일코리안에 대한 주택임대 기피는 저임금으로 인한 재일코리안의 경제적 궁핍, 비싼 임대료, 민족적 차별과 편견 등이 작용한 결과라는 점에서 재일코리안의 주택문제를 재일코리안 측의 책임으로 전가하는 것은 무리가 있다는 것을 알 수 있다.

그러나 이와 같은 문제점에도 불구하고 동시대의 재일코리안의 주택문제에 대한 담론, 특히 일본 당국의 공적기록이 재일코리안의 주택문제를 재일코리안 측의 책임으로 치부하는 담론을 지속적으로 재생산하고 확산시키고 있었다는 점은 주목할 필요가 있다.

1930년에 제출된 오사카시 사회부조사과의 「사회보고」에는 재일코리안의 주택문제에 대해 다음과 같이 기록하고 있다.

---

20) 三木正一, 「在阪朝鮮人の住宅問題について」, 『大大阪』, 1930年1月号(外村大, 「一九二〇~三〇年代在日朝鮮人の住宅問題一大阪を中心に」, 『民衆史研究』 41, 1991.5, 24쪽 재인용).

21) 이 시기의 일본인의 재일코리안에 대한 주택임대 기피문제에 대해서는 樋口雄一, 「在日朝鮮人に対する住宅差別」(『在日朝鮮人史研究』 第2号, 1978.6), 金賛汀, 『異邦人は君ヶ代丸に乗って一朝鮮人街猪飼野の形成史』(岩波新書, 1985), 外村大, 「一九二〇~三〇年代在日朝鮮人の住宅問題一大阪を中心に」(『民衆史研究』 41, 1991.5) 등에서 지적한 바 있다.

> 특히 생활선상에서 배회하는 다수의 재일조선인 노동자에게 있어서는 어떻게 해서 어디에 일자리를 얻어야만 하는가 보다도 어떻게 어디에서 오늘밤을 보낼 것인가가 더 절신한 문제이다. 요컨대 재일조선인의 주택난 즉 차가난, 임대난은 그들의 급증에 의해 점점 사회적 색채를 강하게 나타내고 있는 문제라고 관측할 수 있다. (중략) 재일조선인의 주택문제는 과밀주거와 주택과밀, 차가난과 집세난, 거주의 불안정에 의한 부랑자의 증가 등이 원인으로 앞으로 더욱 심각해질 것이며 재일조선인의 고유한 특종원인은 이를 더욱 가속화 시킬 것으로 짐작된다.[22)]

이 「사회보고」에는 재일코리안의 주택문제가 '사회적 색채'를 나타낼 만큼 '절실한 문제'라는 점을 지적하면서 재일코리안의 주택문제의 원인을 인구증가와 주택수급의 불균형이라고 제시하고 있다. 그런데 한편에서는 이와 같은 주택문제의 또 다른 원인으로 '재일코리안의 고유한 특종원인'도 제시하고 있다. 「사회보고」에 기술된 '재일코리안의 고유한 특종원인'은 '1.집세를 체납하는 것, 2.가옥의 사용이 난폭하고 불결하다는 것, 3.한 집에 많은 사람이 잡거한다는 것' 등이다. 이상의 내용은 앞서 제시한 미키 세이치의 기술과 크게 다르지 않으며 오히려 세부적인 내용을 답습하고 있다는 인상마저 들게 한다. 물론 일본 당국의 공적기록이 특정 개인의 견해를 답습하였을 것으로는 보지 않는다.

그러나 재일코리안의 주택문제를 둘러싼 일본 당국의 기본적인 입장은 반복되고 있었으며 동시에 동일한 맥락의 담론이 재생산되고 있었다는 점은 부정할 수 없는 사실이다. 예를 들면, 내무성경보국이 편찬한 1932년판 『사회운동의 상황(社会運動の状況)』에는 일본인이 재일코리안에게 주택임대를 기피하는 이유에 대해 '첫째, 비위생적이고 다수가 잡

22) 大阪市社会部調査課(社会報告一二〇号), 「本市に於ける朝鮮人住宅問題(一九三〇年)」(朴慶植 編, 『在日朝鮮人関係資料集成』, 第二巻, 三一書房, 1975, 1190~1198쪽).

거를 해서 집을 파손하는 경우가 심하다. 둘째, 집세를 체납하고 퇴거에 응하지 않으며 분쟁을 일으켜 퇴거비용을 요구하는 경우가 많다. 셋째, 다수가 잡거하는 관계로 서로 소동을 일으켜 근처에 폐를 끼치거나 이웃 사람이 집주인에게 불만을 제기하는 일이 빈번하다'고 정리하고 있다.[23)]

또 일정 기간이 지난 1936년에 도쿄부사회과가 간행한 『사회과조사자료』(제25집)에는 '과거에 조선인 노동자가 주택 사용방법이 조잡하다거나 차가난으로부터 촉발된 갖가지 집주인과의 대립적 감정 및 집세의 체납, 이사 비용의 청구 등의 불상사가 누적되어 조선인에게는 집을 임대하지 않는다, 또는 임대하지 말라는 경향이 농후해졌다'는 조사내용이 확인된다.[24)] 즉 1930년대 재일코리안의 주택문제에 대한 일본 당국의 입장은 앞서 제시한 재생산된 담론을 반복적으로 활용하고 있었다는 점을 알 수 있다.

그뿐만이 아니다. 1934년에 발족되어 재일코리안의 관리와 통제, 동화정책을 견인한 오사카부내선융화사업조사회의는 1936년에 다음과 같은 조사내용을 제시하고 있다.

> 한 호에 평균 8명 정도가 밀주해 있으며 더욱이 집단적으로 거주한다. 조선 전래의 특이한 풍속과 습관을 보유하고 있고 저급한 생활을 영위하는 자가 대다수를 점하고 있다. (중략) 가옥 또는 토지의 불법점거, 집세의 체불, 도박, 절도, 탁주 밀조 등은 아무렇지 않게 행하고 있다.[25)]

23) 樋口雄一, 「在日朝鮮人に対する住宅差別」, 『在日朝鮮人研究』 第2号, 在日朝鮮人運動史研究会, 1978.6, 70쪽 재인용.

24) 東京府社会課, 「社会調査資料」 第二十五輯, 「在京朝鮮人労働者の現状(一九三六年)」(朴慶植編, 『在日朝鮮人関係資料集成』 第三巻, 三一書房, 1976, 1051쪽).

25) 大阪府内鮮融和事業調査会, 「在住朝鮮人問題ト其ノ対策(一九三六年)」(朴慶植編, 『在日朝鮮人関係資料集成』 第三巻, 三一書房, 1976, 913쪽).

이 조사내용은 재일코리안의 주택문제와 관련된 '집단적 거주', '저급한 생활', '가옥 또는 토지의 불법점거', '집세의 체불' 등과 같은 민족적 차별과 편견의 담론을 재활용함은 물론 부정과 불법의 이미지까지 추가된 재일코리안의 스테레오타입을 확대 재생산하고 있다.

이와 같이 1920년대 말부터 1930년대까지 재일코리안의 주택문제에 대한 일본 행정당국(혹은 유사한 입장의 일본인)의 입장과 대응은 주로 민족적 차별과 편견으로 점철된 담론을 지속적으로 재생산하고 확산시키는 양상으로 전개되고 있었다고 할 수 있다.

그렇다면 동시대의 주택문제를 가장 심각하고 절실하게 체감하고 있었을 재일코리안은 자신들의 주택문제에 대해 어떠한 입장과 대응책을 강구하고 있었는가를 살펴볼 필요가 있다. 이 점은 재일코리안의 주택문제를 둘러싼 동시대의 일본 행정당국의 담론을 보다 구체적이고 객관적으로 검토할 수 있는 장을 제공할 뿐만 아니라 재일코리안이 스스로의 생활권 확보를 위해 전개한 주체적 활동의 양상을 살펴보는 계기가 될 것이다.

동시대 재일코리안의 주택문제에 대한 입장과 대응책을 가장 손쉽게 살펴볼 수 있는 자료의 하나로 1935년 6월에 오사카를 기반으로 재일코리안의 생활권 확립과 옹호에 기여하고자 창간된 한글신문 『민중시보(民衆時報)』를 들 수 있다. 비록 『민중시보』는 1936년 9월 21일에 총 27회 발간을 마지막으로 폐간된 신문이지만 동시대 재일코리안의 생활문제, 특히 주택문제에 대한 입장과 대응책, 그리고 재일코리안의 생활권 확보를 위한 주체적 활동의 양상을 효율적으로 고찰할 수 있는 미디어 공간이자 담론의 장이었다는 점에서 연구 가치는 충분하다.

『민중시보』에 대해서는 이미 도노무라 마사루(外村大)가 1930년대 재일코리안의 민족운동의 연장선상에서 『민중시보』의 활동과 역할을 고찰한 바 있다.[26] 또 양영후(梁英厚)는 『민중시보』의 발간과 폐간, 그리고 각 분야별 주요기사 등을 소개하면서 1930년대 게이한신(京阪神)지역의 재일코리안의 시대기록으로서 『민중시보』의 가치를 평가하였다.[27] 그밖에도 김찬정(金贊汀)은 동시대의 신문미디어에 대한 일본 당국의 규제와 탄압, 민족주의적 활동이라는 관점에서 『민중시보』를 재조명하였으며,[28] 김인덕은 『민중시보』의 기사를 통해 1930년대 재일코리안의 생활과 상호부조의 양상을 분석하였다.[29]

여기에서는 이상의 선행연구를 염두에 두면서 『민중시보』에 나타난 1930년대 재일코리안의 주택문제에 대한 입장과 대응, 그리고 더 나아가 생활권 투쟁의 양상을 살펴보도록 하겠다.

1) 『민중시보』의 등장과 담론지형

앞서 기술한 바와 같이 1920년대 말부터 재일코리안 사회는 가족을 동반한 정주형태의 세대가 크게 증가하였다. 그 때문에 재일코리안 사회에는 취업문제, 주택문제, 교육문제, 도항문제, 생필품의 구매문제, 의료위생문제, 법률문제 등과 같은 일상생활과 직결된 제반 문제의 해결이 당면과제로 부각되었다. 실제로 이 시기에 오사카와 같은 대도시의 재일코리안 집주지역을 중심으로 제반 생활문제의 해결을 위해 각종 친목회, 소비조합, 민족교육기관, 의료기관 등이 속속 등장하거나 그 수가 크게

26) 外村大, 「一九三〇年代中期の在日朝鮮人運動一京阪神地域・『民衆時報』を中心に」, 『民衆史研究』 28号, 朝鮮史研究会, 1991.

27) 梁英厚, 『1930年代の在阪朝鮮人のジャーナリズム(1), (2)一『民衆時報』を中心に」, 『戦争と平和一大阪国際平和研究所紀要』, 9号(2000), 11号(2002).

28) 金贊汀, 『検証・幻の新聞『民衆時報』—ファシズムの台頭と報道の原点』, 三五館, 2001.

29) 김인덕, 「1930년대 중반 오사카 재일조선인의 삶과 상호부조」, 『자율과 연대의 로컬리티』, 부산대학교 한국민족문화연구소, 2016.

증가하였다. 특히 1929년에 약 1만 명 이상의 조합원으로 구성된 동아통항조합을 만들고 오사카와 제주도를 연결하는 선박을 운항함으로써 조선인의 권익향상, 운임인하, 대우개선을 도모한 '자주운항운동', 그리고 1930년에 오사카지역에 거주하는 조선인을 치료하고 의료권을 보장받기 위해 설립된 오사카조선무산자진료소의 활동은 당시 재일코리안의 생활권 확립과 권익보호에 바탕을 둔 대표적인 활동이라고 할 수 있다.

이와 같이 1930년대에 이르러 재일코리안 사회에서는 생활상의 문제가 시급히 해결해야 할 과제로서 집중적인 관심을 모으는 가운데 재일코리안에 의해 간행되거나 출판되는 신문잡지의 주요 테마나 보도기사에도 많은 변화가 일어났다.

1920년대에 재일코리안에 의해 간행되거나 출판된 신문·잡지가 주로 독립운동이나 정치문제에 비중을 둔 테마나 기사를 많이 다루었다고 한다면 1930년대에 등장하는 재일코리안의 신문·잡지는 생활상의 문제, 즉 취업문제, 주택문제, 교육문제, 의료위생문제, 법률문제 등과 같은 다양한 사회적인 문제에 대해서도 많은 관심과 해결책의 모색을 지향하고 있었다고 할 수 있다. 특히 1935년을 전후해서 발간된 한글신문에는 이러한 변화가 잘 나타난다.

이 시기에 발간된 대표적인 한글신문에는 『도쿄조선민보(東京朝鮮民報)』(1934.11), 『민중시보』(1935.6), 『조선신문(朝鮮新聞)』(1935.12) 등이 있다. 『민중시보』에 대해서는 상세하게 후술하는 것으로 하고 우선 『도쿄조선민보』와 『조선신문』에 대해서 간단히 살펴보자.

먼저 『도쿄조선민보(東京朝鮮民報)』는 1934년 11월에 공산주의 노동운동가인 김호영(金浩永)이 도쿄에서 창간한 신문으로 1936년 9월부터는 『도쿄조선신보(東京朝鮮新報)』로 명칭을 바꾸어서 발행되었다. 내무성경보국의 자료에 따르면 이 신문은 '(1)총독시정의 비판, (2)내지도항문제,

(3)조선어폐지문제, (4)조선인차지차가(借地借家)문제, (5)조선인사상운동자의 소식, (6)재외불령선인의 소식' 등을 다루고 있으며, '완곡적으로 민족적 반감을 유발·선동하는데 힘쓴다'고 보고되어 있다. 물론 『도쿄조선신보』는 조선인의 민족의식을 유발·선동한다는 이유로 종종 발금처분을 받았으며 1937년 8월 무렵에 김호영의 검거와 함께 결국 폐간되었다.[30] 내무성 당국의 보고 내용에만 의존하는 것은 다소 문제의 소지가 있다는 점을 전제하더라도 분명한 것은 『도쿄조선신보』는 동시대 재일코리안 사회의 생활문제, 예컨대 도항문제, 아동교육문제, 토지 및 주택문제 등에 대한 내용을 자주 다루고 있었다는 점이다.

다음으로 당시의 또 다른 한글신문 『조선신문』에 대해서 살펴보자. 『조선신문』은 1935년 6월에 오사카에서 『민중시보』가 발간되고 얼마 지나지 않은 12월에 도쿄에서 박태을(朴台乙), 이운수(李雲洙), 김학의(金鶴儀, 김천해) 등이 창간 준비호를 발행하고 이듬해 2월에 창간호가 발행된 신문으로 '재일코리안 특히 노동자의 문화 향상과 이들에게 사회적·계급적·민족적 자각을 환기시키는 것'을 목표로 발행된 한글신문이다. 내무성경보국의 자료에 의하면 매호의 지면에는 주로 (1)아동의 교육문제, (2)도항문제, (3)주택문제, (4)차별대우문제, (5)취직(실업)문제 등 재일코리안에게 가장 절실한 생활문제와 관련한 기사를 많이 다루었다고 한다. 도쿄를 중심으로 각 지역에 11개 지국이 설치되고 월 1회 약 4,000부가 발행되던 『조선신문』은 결국 치안당국의 경계의 대상이 되었고, '분산되는 좌익분자의 규합과 통일'을 시도하고 나아가 '융화 친목 단체 내에 잠입해서 민족의식의 유발 앙진을' 도모함으로써 공산주의의 '재대두의 토대를 구축'하고 있다는 이유로 박태을, 이운수, 김학의, 김두용 등

30) 内務省警保局, 「特高月報(1937年8月分)」(朴慶植, 『在日朝鮮人関係資料集成』 第三巻, 三一書房, 1976, 796~797쪽) 참조.

관계자 17명의 검거와 함께 1936년 9월 4일자로 폐간되었다.[31] 비록 발행된 것은 제7호까지였지만 1936년 시점의 도쿄지역 재일코리안의 활동과 생활상을 살펴볼 수 있는 기초자료로서의 가치는 충분할 것이다. 그리고 『조선신문』이 재일코리안의 생활문제에 관심을 가지고 많은 지면을 할애했다는 점은 일종의 동시대 재일코리안 신문의 담론지형의 변화라고 할 수 있다.

이와 같이 1935년을 전후해서 재일코리안이 발간한 한글신문에는 당시 재일코리안의 생활문제가 중요한 화두가 되었으며, 그에 대한 재일코리안 사회의 관심과 대응도 고조되었을 것으로 판단된다.

특히 재일코리안의 생활문제에 대한 관심과 대응을 견인한 것은 『민중시보』라고 할 수 있다. 1935년 6월에 창간해서 1936년 9월에 폐간된 『민중시보』는 동시대 오사카지역 재일코리안의 생활권 옹호와 문화적 향상을 도모하고자 하는 민족주의적 경향의 투쟁조직의 성격을 띠고 있었다.

잘 알려진 바와 같이 『민중시보』는 오사카지역에서 노동운동가로 활동한 김문준(金文準), 한신소비조합회장 김경중, 대동소비조합회장 정재영, 센슈(泉州)일반노동조합의 김달환, 고베합동노동조합의 박봉주, 교토조선인친목회 집행위원장 정태중, 신간회 오사카지회의 홍순일, 조선일보 오사카지국장 김광수, 동아일보 오사카지국장 김정국, 매일신보 오사카지국장 이호태, 중앙일보 오사카지국장 박윤석 등의 동인들에 의해 발간되었다. 『민중시보』는 6페이지에서 8페이지 정도의 타블로이드판으로 처음에는 월 2회 발행하였으나 7월부터는 월 3회 발행으로 증간되었으며, 배포부수는 게이한신(京阪神) 지역의 지국과 판매소를 기반으로 약

31) 内務省警保局, 「社会運動の状況(1936)」(朴慶植, 『在日朝鮮人関係資料集成』 第三巻, 三一書房, 1976, 521~523쪽) 참조.

2,500부 정도였다.

『민중시보』는 창간에 앞서 발표한 「발행취지 및 강령」에서 '언어습속의 상이와 무지와 문맹과 빈곤과 분산과 무권리와의 특수성에 따르는 생활문제에 있어서 조선인 자체로서의 언론기관을 요구함이야말로 실로 절실한 것'이라고 밝히고 있다. 즉 재일코리안의 생활문제에 대한 권익의 옹호를 위해 조선인이 주체가 된 언론기관의 필요성을 피력한 것이다. 그리고 이와 같은 발행취지와 함께 제시된 강령은 다음과 같다.

1. 우리는 일본 내에 거주하는 조선인 민중의 생활 진상(眞相)과 여론을 보도하는 불편부당적(不偏不黨的) 언론기관으로의 존립과 성장발전을 기(期)함.
2. 우리는 일본 내에 거주하는 조선인 민중의 생활개선과 문화적 향상을 촉진함을 기함.
3. 우리는 일본 내에 거주하는 조선인 민중의 생활권 확립과 그 옹호신장에 자(資)함을 기함.[32]

이 강령은 『민중시보』가 재일코리안의 생활개선과 생활권 확립, 그리고 문화적 향상을 위한 언론기관을 지향하고 있다는 것을 천명한 것으로 재일코리안의 생활문제와 민족문제의 해결에 적극적인 역할을 담당하고자 하는 의지를 담고 있다.

실제로 『민중시보』의 주요 기사에는 재일코리안의 생활권 옹호를 위한 내용, 예를 들면 도일 후의 취업문제와 주택문제, 생필품의 공동구매문제와 소비조합의 이용, 의료위생문제와 법률문제 등에 대한 기사를 자주 다루고 있으며, 경우에 따라서는 생활에 필요한 사항을 문답식이나 기고의 형식으로 보도하기도 하였다. 특히 주택문제에 대해서는 관련 사

32) 「창간사」, 『민중시보』 창간호, 1935년 6월 15일자, 1면.

항이나 내용을 상세하게 보도함으로써 재일코리안이 직면한 차가문제(주택난)의 어려움과 해결책을 강구하고자 하였다. 그밖에도 반봉건적 유습의 철폐를 위해 미신 타파와 조혼금지 등을 보도하거나 재일코리안의 민족적 단결과 동화단체의 배격, 한반도의 사회적 동향과 국제정세 등에 대한 보도도 주요 기사로 다루고 있다. 즉 『민중시보』는 당시의 재일코리안의 생활권 확립과 민족의 대동단결을 도모하는 한편 일본 당국의 내선융화(동화)정책에 대한 비판과 대항적 입장을 분명히 하고 있었다.

당연히 이와 같은 『민중시보』의 활동과 입장은 일본 당국의 경계와 규제의 강화로 이어졌다.

오사카시 히가시나리구 히가시오바세 기타노초(大阪市東成区東小橋北之町) 소재의 표기의 신문사는 요주의 인물 김문준을 중심으로 지난해 6월 15일 민중시보사 창간호를 발간하고 오로지 재오사카 좌익조선인의 지원 하에 전국적 민족운동의 기관지로서 그 지도적 역할을 담당하고자 도모하였으며, 그 후 가장 교묘한 전술을 채용하고 있다. 신문기사에 의한 선전활동은 그 이면에 동 회사의 조직 활동과 함께 조선인 각 층에 그 마수(魔手)를 뻗치고 있는데 금년 5월 25일에 김문준이 사망한 후에는 이신형(李信珩)이 대신 주간이 되었다. 그 활동이 점점 노골적이 되었고, 각 친목단체, 노동단체 등의 대동단결을 계획하고 민족운동의 주체를 결성하기 위해 광분하기에 이르렀다.

이렇게 해서 그들은 도항문제, 차가문제 그 밖의 조선교풍회의 동화정책의 폭로 등으로 민족주의 단체를 결성함과 동시에 소비조합운동, 노구(인용자-일본노농구원회) 등을 통해서 공산주의운동에 의한 대중 획득을 바탕으로 민족운동으로 귀결되도록 광분하고 있는 바, 지난 9월 25일 이후 오사카에서 이신형과 한진섭, 이면호 등의 수뇌부를 검거하여 현재 조사 중인데 이들은 모두 민족운동의 한 단계로서 대동단결에 의한 각종 조선인에 대한 피압박문제를 내세워 투쟁을 감행하고 정치적 목적의 획득을 획책하고 있다는 것을 진술하고 있다. 따라서 이들을 검거함으로써 그들의 운동도 좌절되었으며, 금월 1일에는 기관지 『민중시보』도 폐간 신고서를 제출하게 되었다.[33)]

이 내용은 내무성경보국의 보고내용으로 『민중시보』에 대한 경계와 감시가 노골적으로 드러나 있다. 그리고 『민중시보』가 민족의 대동단결과 민족운동의 주체를 결성하고자 하는 한편 도항문제, 차가문제, 동화정책의 비판 등을 다루고 있다고 보고하고 있다. 또 수뇌부의 검거와 조사를 통해 '민족운동의 한 단계로서 대동단결에 의한 각종 조선인에 대한 피압박문제를 내세워 투쟁을 감행하고 정치적 목적의 획득을 획책하고 있다'는 보고도 기술하고 있다. 그만큼 일본 당국이 『민중시보』의 보도내용과 대중적 역할에 대해 우려와 탄압을 지속적으로 진행하고 있었다는 것을 짐작할 수 있는 것이다. 비록 『민중시보』는 일본 당국의 감시와 탄압으로 결국 폐간되었지만 재일코리안의 생활권 옹호와 문화적 향상이 민족문제의 해결과 직결된다는 관점에서 재일코리안 신문의 담론지형의 변화를 견인하고 나아가 민족운동의 공고화를 도모한 획기적인 시도였음에 틀림없다.

2) 『민중시보』에 나타난 주택문제의 양상

내무성경보국의 보고 자료 「특고월보」(1934년 2월분)에는 재일코리안의 거주권확립운동과 관련하여 다음과 같은 내용이 보고되어 있다. 1933년 12월 7일에 효고현(兵庫県) 아마가사키시(尼崎市) 의회에서 사가와 요시타로(佐川吉太郎) 의원이 회의 중에 '조선인이 거주하는 것으로 인해 그 지방의 발전을 저해한다'고 발언한 것에 대해 같은 시의회의 조선인 박병인(朴炳仁)이 강하게 반박하는 일이 일어났으며, 그 후 박병인은 한신지방에 거주하는 조선인을 선동하여 사가와 의원에 대한 규탄운동과 사

33) 内務省警保局, 「在阪諺文新聞民衆時報社の策動」(「特高月報」(朴慶植, 『在日朝鮮人関係資料集成』 第三巻, 三一書房, 1976), 1936年11月分).

직을 권고하는 한편 효고현 조선인회의 명의로 재일코리안의 거주권의 확립과 차별철폐방안을 논의하기 위해 교섭위원을 구성하여 상애회(相愛会)총본부, 탁무(拓務)대신, 내무대신 등의 관계 각 기관에 진정을 제기하였다고 한다. 그리고 자료의 마지막에는 이러한 운동이 재일코리안의 거주권의 법적 확인에 관한 새로운 형태의 운동으로 앞으로 상당히 주의할 만한 것이라고 지적하고 있다.[34)]

이 보고 자료는 재일코리안의 거주권확립운동의 발단의 기저에 그야말로 재일코리안에 대한 편견과 차별의식이 작동하고 있다는 것을 묵시적으로 자인하고 있다. 그리고 그와 함께 재일코리안의 거주권확립운동의 조직적 전개에 대한 우려를 엿볼 수 있다. 즉 일본인의 편견과 차별에 의한 재일코리안의 거주권과 생활권 침해에 대한 조직적 투쟁의 경계를 나타낸 것으로 볼 수 있다.

이 무렵 일본 당국의 재일코리안의 조직적 투쟁에 대한 경계는 일본반제동맹이 발행하는 중앙 기관지의 한글판 발행에 관한 보고 자료에서도 확인할 수 있다. 1934년 1월분 「특고월보」에는 일본반제동맹에 재일코리안의 가맹이 급증하고 있고 이들의 조직적 지위도 상당히 우수하며 장래에 조선인 말단조직의 획득을 위한 방법의 하나로 기관지의 한글판 발행과 유포가 진행된 것에 대해 상당한 주의가 필요하다는 내용을 보고하고 있다. 여기에서 주목할 부분은 일본반제동맹에 가맹한 재일코리안이 대중의 계몽과 조직적 투쟁의 일환으로 기관지의 한글판 발행을 주도하였다는 점이다. 이러한 점은 앞서 살펴본 재일코리안의 한글신문이 민족의 단결과 대중의 조직적 투쟁을 도모하고자 한 것이라는 점에서 궤를 같이한 것이라고 할 수 있다.

34) 内務省警保局, 「兵庫県在住朝鮮人の居住権確立運動」(「特高月報」(朴慶植, 『在日朝鮮人関係資料集成』 第三巻, 三一書房, 1976), 1934年2月分).

다만, 재일코리안의 한글신문이 대중의 계몽과 민족의 단결을 위한 연장선상에서 재일코리안의 생활권확립과 권리옹호에 많은 관심과 대응의 자세를 보였다는 점은 특이할 만하다. 특히 『민중시보』는 재일코리안의 여러 가지 생활문제 중에서도 주택문제에 대해서 사설, 평론, 칼럼, 보도기사, 문답식 기고문, 문예작품에 이르기까지 다양한 장르로 관련 정보와 문제점, 그리고 대응책 등을 보도하고 있다. 여기에서는 『민중시보』에 나타난 재일코리안의 주택문제의 원인과 대응을 보다 상세하게 고찰하고자 한다.

『민중시보』에서 재일코리안의 주택문제(주택난)를 처음으로 보도한 것은 1935년 7월 15일에 발간한 제2호 7면의 「한평 · 만평 주택난문제에 대해서－브로커를 구축하자」라는 기사이다. 이 기사는 '李, 高, 朴, 崔'라는 성(姓)을 가진 네 명의 재일코리안이 동시대의 주택문제에 대한 각자의 소회를 주고받는 형식으로 구성되어 있다. 이 중에 '李'는 재일코리안의 주택문제에 대해 다음과 같이 지적하고 있다.

> 일본내지에 거류하는 조선인사회의 문제 중 실로 중대한 문제 중 하나가 있다. '우리에게도 주택을 달라!', '우리에게도 집을 지을 기지를 달라!' 이것은 현재 일본 내에 거주하는 백의민족의 절규하는 목 메인 부르짖음이 아닙니까? 그런데 이 문제를 해결하기 위하여 어떠한 대책이 수립되어 있어야 할 것이요. 또 그에 따른 투쟁이 전개되어 있어야 당연할 것인데 아직까지 그에 대한 하등의 소식을 듣지 못하였다 말이외다.

'李'는 재일코리안의 주택문제의 절실함을 호소함과 동시에 문제의 해결을 위한 대책의 수립과 투쟁의 필요성을 지적하고 있다. 또 '李'는 주택문제의 원인의 하나로 주택브로커의 문제를 제기하며 참가자의 공감을 얻기도 하였다. 여기에서 지적한 주택브로커는 재일코리안이 일본인의 주택(혹은 토지)을 직접 임차하기 어려운 경우에 일본인의 명의를 사용한 계약이나 주택의 임차과정에 개입하여 관련 비용에 대해 사기를 일삼는 사람이나 조직을 일컫는다. '李'의 지적은 동시대 재일코리안의 주택문제에 있어서 주택브로커의 문제의 심각성을 짐작하게 한다. 실제로 『민중시보』 제7호에는 주택브로커의 사기사건으로 곤란을 겪게 된 재일코리안의 상황에 대한 기사도 확인된다.[35] 기사에는 재일코리안이 자신들의 거주 지역에 대한 입퇴(立退) 문제와 관련하여 행정 당국과 교섭하던 중 조선인으로 추정되는 인물 이장호(李長浩)와 주택브로커에 의해 사기를 당한 사정을 소개하며 주의를 환기시키고 있다.

『민중시보』는 주택문제의 원인을 보다 명확하고 객관적으로 규명하고자 지속적으로 보도기사를 제공하고 있다. 먼저 『민중시보』는 주택문제의 원인으로 조선인에 대한 민족적 차별을 지적하면서 일본인의 조선인에 대한 주택 임대 기피문제를 상세하게 설명하는 기사를 다루고 있다. 『민중시보』 제10호의 신문사설에는 다음과 같이 기술되어 있다.

> 주택문제를 둘러싼……이 땅의 조선인 민중의 공황은 갈수록 심화하고 있다.(중략) 차가문제(借家問題)에 있어서 가주(家主)계급의 조선인에 대한 민족적 차별에 의한 것으로 이외의 다른 것이 아니며 동시에 그는 조선인 민중으로 하여금 극도의 주택난에 빠지게 하는 근본적 조건인 것이다. (중략) 대차(貸借)관계에 있어서 자본가 계급은 창고한 민족적 차별 관념에 교착하여 조선인 민중의 생활권을 무시함이 이렇듯 심혹하다. 그러나 재래로부터 오사카 지방의 가주(家主)협회와 같은……조선인 배척의 전당(殿堂)에 대해서도 다만 추종적 태도를 취해 온 그만큼 민족적 차별정책에 입각한 위정당국은 한갓 조선인 민중에 대하여 교풍(矯風)운운의 어용단체 가입을 강제할 따름이요. 자본가 계급의 이러한 폐풍악습에 대해서는 아무런 교정도 가하지 못하고 있

35) 「조선인별장촌에 돌연한 입퇴명령」, 『민중시보』 제7호, 1935년 10월 1일자, 3면.

> 다. 여기에서 우리들이 강조하고자 하는 것은 위정당국의 조선인 민중에 대한 차별정책의 철폐, 그것이 아니고서는 조선인 민중에 대한 이러한 차별대우는 갈수록 더할지언정 덜하지 않을 것이며 따라서 주택문제의 해결은 기대할 수 없는 까닭이다. 말하자면 위정당국의 조선인 민중에 대한 차별정책과 조선 민중의 주택문제와는 밀접 불가분의 관계가 있기 때문이다.[36)]

이 사설은 조선인의 주택문제(=차가문제)의 근본적인 원인이 '가주(家主)계급의 조선인에 대한 민족적 차별'이라는 점을 명시하고 있으며, 동시에 문제 해결을 위해 '위정당국의 조선인 민중에 대한 차별정책의 철폐'를 강조하고 있다. 여기에 등장하는 '가주협회'는 조선인에게 주택을 임대하지 않을 것을 결의한 일본인 단체를 지칭하는 것이며 행정 당국은 이들의 단체행동에 대해 방관할 뿐 오히려 재일코리안의 풍습과 습관을 교화·동화시킬 목적으로 관변단체의 가입을 강제한다고 비판하고 있다. 즉 재일코리안의 주택문제가 단순히 주택의 수급불균형이나 재일코리안의 문제로부터 발생한 것이 아니라 '가주계급'과 일본 행정당국의 문제라는 점을 지적함으로써 일본인 주택 임대자와 행정 당국이 주택문제의 해결에 책임이 있다는 것을 환기시키고 있다.

『민중시보』는 여기에서 그치지 않고 종래의 일본 당국이 주택문제의 원인으로 제기한 '재일코리안의 고유한 특종원인'에 대해서도 분명한 입장을 제시하고 일본인 임대자와 행정당국의 부당성을 지적하고 있다. 『민중시보』 제14호에는 「재판조선인의 제문제(2) 3. 조선인과 주택문제」라는 제목의 기사가 확인된다.

> 민족적 편견, 노동조건의 불리, 그 외 특수적 조건은 직접 간접으로 조선인

36) 「사설 차별정책과 주택문제」, 『민중시보』 제10호, 1935년 11월 15일자, 1면.

생활에 막대한 영향을 주고 있다는 것을 약술하였거니와 그중에도 가장 긴급하고 목전에 절박한 문제는 조선인의 주택문제 즉 차가난이다. 이것은 조선인으로서는 다 같이 절실히 느끼는 바이다. 보라! 조선인의 명의로 차가계약을 체결할 수 있는가! 집주인 측은 조선인이라면 몇 달씩 빈집으로 내버려둘지언정 차가를 제공하지 않는다. 집주인 측의 조선인과의 차가계약을 기피하는 이유를 들으면 이리하다. 1. 조선인은 가옥을 불결하게 한다는 것. 2. 조선인에게 차가를 제공하면 근처의 일본인들이 싫어한다는 것. 3. 조선인은 집주인의 승낙 없이 임차권을 매매한다는 것. 4. 집세를 잘 지불하지 않는다는 것 등이 대표적 이유이다.[37)]

이 기사는 표제에서도 알 수 있듯이 당시 오사카에 거주하는 조선인의 다양한 현안 문제 중에 주택문제를 중점적으로 다루고 있다. 필자 김추수(金秋水)는 재일코리안의 주택문제의 절박함을 강조하면서 일본인이 조선인에 대해 차가계약을 기피하는 이유를 제시하고 있다. 여기에 제시된 이유를 살펴보면 앞서 기술한 오사카시 사회부조사과가 재일코리안의 '고유한 특종원인'으로 보고한 내용과 대동소이하다는 것을 알 수 있다.

그런데 이 기사는 제시된 각각의 이유에 대한 문제점도 지적하고 있다. 먼저, '조선인은 가옥을 불결하게 한다는 것'에 대해서는 조선인으로서 반성할 부분이 있다는 점을 인정하면서도 모든 책임을 조선인에게 전가하는 것에 대해서는 부당하며 결코 조선인의 태만에서 야기된 문제가 아니라는 입장을 밝히고 있다. 그 이유로는 조선인의 열악한 근로조건, 즉 저임금과 장시간 노동으로 인한 시간적 여유의 부족, 주택난의 발생으로 인한 다세대의 불가피한 잡거 등을 제시하고 있다. 다음으로 '조선

37) 김추수, 「재판조선인의 제문제(2) 3. 조선인과 주택문제」, 『민중시보』 제14호, 1936년 1월 11일, 4면(재일코리안연구자 양영후는 앞의 논문에서 김추수라는 이름은 『민중시보』의 편집발행으로 활약한 김문준의 필명이라는 의견을 제시한 바 있다. 그밖에도 양영후는 김문준이 목우(木牛), 임만리(林萬里) 등의 필명도 사용하였다고 기술하고 있다).

인에게 차가를 제공하면 근처의 일본인들이 싫어한다는 것'에 대해서는 문제의 소재가 조선인이 아니라는 점과 근처 일본인들의 이해력 부족을 지적하고 있다. 다음으로 '조선인은 집주인의 승낙 없이 임차권을 매매한다는 것'에 대해서는 고의적인 행동이 아니라 주택난의 산물이며 생존을 위한 거주권의 정당방어의 수단이라는 입장을 제시하고 있다. 마지막으로 '집세를 잘 지불하지 않는다는 것'에 대해서는 현재는 집세를 체불하는 경우는 거의 없으며 일부 체납하는 경우 또한 노동자의 수입의 4할 내지는 5할 정도라고 하는 과도하게 비싼 일본의 집세가 문제라는 점을 지적하고 있다. 김추수는 이와 같은 문제점을 바탕으로 주택문제에 대한 일본인 가주(家主)의 주장은 근거가 없다는 점을 강조하고 있다.

실제로 집세 체납문제에 대해서 1937년 교토시가 조사한 자료를 살펴보면 김추수의 주장은 설득력을 갖는다. 조사보고에는 '본 조사에서 조선 출신자 동포세대의 경우 집세 체납과 같은 경우는 극히 드물다. 즉 차가(借家) 총 수 4,009호 중에서 집세를 체납하지 않는 자는 3,733호 즉 93.1%를 점하고 있다'는 조사내용이 수록되어 있다.[38] 즉 집세의 체납은 재일코리안에 대한 주택 임대 기피의 사유가 될 수 없으며 오히려 일본인 가주계급의 폭리가 문제라는 점을 지적한 것으로 볼 수 있다.

또 『민중시보』는 주택문제에 대한 대책과 해결책을 행정당국에 요구

38) 京都市社会課(調査報告第四十一号), 「市内在住朝鮮出身者に関する調査(一九三七年)」(朴慶植編, 『在日朝鮮人関係資料集成』 第三巻, 三一書房, 1976, 1167쪽), 집세의 체납과 관련해서는 히구치 유이치의 분석도 참고할 만하다(樋口雄一, 「在日朝鮮人に対する住宅差別」, 『在日朝鮮人史研究』 第2号, 1978.6). 히구치 유이치는 오사카부가 1932년에 조사한 자료 『재판조선인의 생활상태』를 바탕으로 「불량주택지구」의 조사대상 주택에서 일본인이 사용하는 주택 11,471호 중에 집세를 납입한 호 수는 5,267호, 체납한 호 수는 6,204호로 총수 대비 체납자는 54.08%였다고 지적하였다. 한편 조선인이 사용하는 주택 2,577호 중에서 집세를 납입한 호 수는 1,347호, 체납한 호 수는 1,230호로 총수 대비 체납자는 47.72%였다고 밝히면서 일본인 체납자가 6.36% 정도 많았다고 분석하였다(樋口雄一, 「在日朝鮮人に対する住宅差別」, 『在日朝鮮人史研究』 第2号, 1978.6, 76쪽).

하는 한편 재일코리안 민중에게는 생활권 확립을 위한 단결과 투쟁을 촉구하기도 하였다. 『민중시보』 제16호에는 다음과 같은 사설이 실려 있다.

> 이곳에 있어서의 조선인 문제의 가장 근본적이요, 중요한 것은 주택문제 즉 차가난이다. 이 문제는 평소에 있어서도 조선인 민중에게 많은 위협과 불안을 주는 것이거니와 지난번 우라에초(浦江町) 화재와 같이 불의의 재해를 당할 시에 한층 더 절실히 느끼게 되는 것이다. 이 하나의 예로 본다고 할지라도 한신토지회사의 처사가 가혹한 것은 세상이 모두 아는바 임에도 불구하고 이러한 폭거○○(판독곤란) 무산민중의 생활권익을 보호할만한 법규와 시설이 없기 때문에 무리한 강제에 짓밟히는 근로민중의 피해가 막대한 것이다. 위정당국에서는 이러한 점에 유의하여 특히 조선인의 주택난에 대한 보호시설을 하루라도 속히 하여야 할 것이다.[39]

사설에서는 자연재해나 화재, 또는 거주지의 강제퇴거조치 등으로 생존권을 위협받고 있는 재일코리안 민중을 위해 생활권익을 보호할 수 있는 법규와 보호시설의 설치를 행정당국에 요청하고 있다.[40] 이것은 재일코리안의 생활권익에 대해 아무런 대책이나 조치를 취하지 않고 방관하는 행정당국에 대한 비판이자 생존권투쟁이라고 해석할 수 있다.

『민중시보』의 행정당국에 대한 비판 수위와 조선인 민중에 대한 생존권투쟁의 촉구는 다음의 기사에서 보다 강하게 나타난다.

> 차별정책을 중심으로 강제송환, 주택난, 인권유린 등 우리의 생활 위협이 날로 심화해 가는 오늘날 조선인 사회에서 우리는 어떻게 해야 생활권익을

39) 「사설 주택난과 보호시설」, 『민중시보』 제16호, 1936년 2월 1일자, 1면.

40) 『민중시보』에는 풍수해나 화재와 같은 재난을 입은 재일코리안 부락에 대해 이재민 대책이나 보호시설이 마련되지 않은 채 강제퇴거조치가 내려져 행정당국과 갈등을 빚고 있다는 사연이 자주 소개되고 있다(제10호(1935.10.21), 제15호(1936.1.21)).

옹호할까, 또한 어떠한 형태로 이 운동을 전개할까. (중략) 우리는 여기서 잘 생각해 보자. 이곳저곳에 산재한 지방의 무위(無爲)단체, 반동적 융화소(融化所)……이것이 과연 어떠한 일을 하는 것이며 우리의 근로민중에게 어떠한 이익을 도모하여 주는 것인가? 여기까지 생각하면 하품이 날만큼 추악한 현실을 저주하지 않을 수 없다. 그러나 이 현상은 우리로 하여금 민중적 양심의 집결에 대하여 심각한 반성을 촉구하고 있다. 그리고 지금 현재 전면적으로 풍비하는 강제적 동화를 수행하는 교풍회(矯風會)는 대체로 보아서 조선인의 민중결합을 부정하는 것이며 따라서 생활권익을 확보할 수 없다는 것을 실증하는 것이다. 그럼으로 우리는 표면에 나타나는 사실을 과대과소 평가하지 말고 서로 관련되는 것과 상대되는 것을 엄정히 검토하여 가장 적합한 현실적 행동을 결정해야 할 것이다. 그와 동시에 비굴성과 공포심을 철저히 없애 버리고 오직 우리의 생활권익 욕구를 뚜렷하게 앞에 내세우고 힘차게 전개하여야 될 것이다. (중략) 민중의 진보적 동향을 말살, 부정하는 반동세력에 싸우자. 그리하여 이 민중적 위기를 관철하자.[41]

기사의 내용에서도 알 수 있듯이 행정당국에 대한 비판은 보다 직설적이고 구체적으로 나타나고 있다. 재일코리안의 생활권 옹호와 확립에 전혀 도움이 되지 않는 각종 단체는 물론 조선인의 고유한 민족문화를 부정하고 강제로 동화시키고자 하는 교풍회 등의 활동이나 정책에 대해서 강하게 비판하고 있다. 그와 동시에 조선인 민중에 대해서는 생활권익의 옹호를 위해 단결과 투쟁, 조직적인 운동의 전개를 호소하고 있다.

결국 『민중시보』는 강령에서 제시한 재일코리안의 생활권 확립과 문화 향상의 일환으로 당시의 재일코리안에게 가장 절실한 문제였던 주택문제를 다루고 있었으며, 재일코리안 민중의 생활권투쟁과 조직적 운동의 모색을 도모한 것으로 볼 수 있다. 또한 주택문제와 같은 생존권과 직결된 문제에 대한 관심과 문제제기는 일본 당국의 재일코리안 차별정

41) 「우리의 제창 이 위기를 관철하자!」, 『민중시보』 제20호, 1936년 4월 11일자, 1면.

책 또는 동화정책을 구체적이고 직접적으로 비판하고 거부할 수 있는 일종의 민족운동의 연장이 될 수 있었다. 그렇기 때문에 『민중시보』에 대한 일본 당국의 감시와 물리적 탄압은 피할 수 없었던 것이다.

3) 『민중시보』의 문예란과 주택문제

앞서 살펴본 바와 같이 『민중시보』는 오사카지역의 재일코리안이 발간한 한글신문이다. 『민중시보』의 지면 구성은 간행 시기나 지면 수 등에 따라 다소 차이는 있지만 대체로 사설과 시사기사, 한반도의 동향을 포함한 국제정세, 칼럼과 평론, 교육과 문화예술 기사, 각종 광고기사 등으로 구성되어 있다. 『민중시보』의 지면 구성에서 특히 주목할 부분은 부족한 지면에도 불구하고 수기나 르포르타주, 소설 등과 같은 문예작품을 거의 매호 싣고 있다는 것이다. 예를 들면 제2호의 「우리의 공장생활」(최창선), 제3호의 「직업병」(백대하), 제4호의 「실화이야기 여명(黎明)」(유진세), 제6호, 7호의 「원정해녀군의 직업전선보」, 제9호의 「단편소설 흉작」, 제10호의 「단편소설 박해(迫害)」(임만리), 제13호의 「사실실화 무수메니와도리」(고산), 제16호, 17호의 「승리의 길」(김정임), 제18호, 19호, 20호의 「차가술(借家術)」(김정임), 제23호의 「고리대금」(김낙천), 제27호의 「십일간(十日間)」(삼아) 등이 문예작품에 해당된다. 이들 문예작품은 대부분이 재일코리안의 일상생활의 문제를 모티브로 삼고 있다. 그러나 작자에 대한 정보는 거의 확인할 수 없는 상태이다.

이들 작품 중에 재일코리안의 주택문제를 다루고 있는 작품으로는 「단편소설 박해」와 「차가술」이 있다. 「단편소설 박해」는 주요 등장인물 'K'의 과거와 현재의 생활 이야기를 화자인 '나'의 관점에서 서술하고 있는 작품이다. 1919년에 도쿄의 대학을 졸업한 'K'는 조선으로 돌아온 후

무역상 경영과 신문사 근무 등을 거쳐 사회주의를 표방하는 잡지를 창간하며 사회주의 투쟁에 전념하였던 인물로 등장한다. 그러던 중에 'K'는 필화사건으로 징역형을 받았으며 청각장애와 늑막염, 그리고 관절염의 영향으로 한 쪽 다리에도 장애를 지닌 채 보석되었다. 'K'가 어느 시점에 다시 일본으로 도항하였는지 그리고 '나'와의 관계는 언제부터 어떻게 시작되었는지는 명확하지 않다. 화자인 '나'는 오사카에 거주하며 많은 신뢰를 받는 인물로 'K'의 어려운 사정을 이해하고 도움을 주는 조력자의 역할을 한다. 그런데 'K'가 번번이 집주인과의 갈등으로 집을 나오게 되는데 그 이유는 'K'의 장애를 조롱하고 엿보는 일들이 자주 발생하기 때문이었다. 결국 '나'는 'K'를 자신의 집으로 데리고 오게 되고 'K와 같은 불행한 사람'에 대한 주변 사람들의 차가운 시선과 박해를 지적하는 내용으로 소설은 끝난다.

등장인물 'K'의 과거 활동 등을 고려해 볼 때 이 작품은 김문준과 함께 『민중시보』의 간행에 가담한 김명식(金明植)을 모델로 한 작품으로 추정된다.[42] 송산(松山)이라는 호를 사용하는 김명식은 『민중시보』의 논설위원으로 주로 정치에 관한 기사나 평론을 본명 또는 'ソルメ(솔뫼)', '破聾子(파롱자－신체장애자)' 등의 펜네임을 사용하여 기고한 인물이다.

「단편소설 박해」는 'K'에 대한 일본 사회의 차별과 박해를 주요 테마로 다루고 있으며 그 테마를 형상화하기 위해 주택문제도 개입되어 있음

42) 양영후는 앞의 논문(梁英厚, 『1930年代の在阪朝鮮人のジャーナリズム(1), (2)－『民衆時報』を中心に」, 『戦争と平和－大阪国際平和研究所紀要』, 9号(2000), 11号(2002)에서 「단편소설 박해」의 모델을 김명식이라고 지적한 바 있으며, 작자는 김문준이라고 추론하고 있다. 양영후에 따르면, 김명식은 제주도 출신으로 1918년에 와세다대학전문부정경과(早稲田大学専門部政経科)를 졸업 후, 1920년에 서울에서 조선노동공제회를 거쳐 『동아일보』의 논설기자를 역임하였다. 1922년에는 신문사를 퇴사하고 『신생활(新生活)』이라는 잡지를 창간하여 활동하였다. 그 후 당국의 언론탄압으로 검거되어 함흥형무소에서 복역하였으며, 고문을 받아 청각장애를 얻었다고 한다. 출소 후에 1930년대에 오사카로 건너갔으며 김문준이 『민중시보』의 객원으로 맞이하였다고 기술하고 있다.

을 시사한다.

> 실상이 대판이란 곳에서 조선 사람으로서 방 한 칸을 얻으려고 하면 옛날 선비들이 서울 가서 과거하기보다 어렵고 또 혹시 얻을 수가 있어도 K와 같은 사람이 있을 만한 조건이 맞는 방은 더욱 어렵고 K를 잘 이해하여 줄만한 집주인도 전혀 없었기 때문이다.[43]

'K'가 '나'에게 오래전부터 집을 구해주기를 부탁하였으나 '나'는 오사카에서 조선인이 집을 구하기 어려운 사정을 토로하고 있다. 'K'와 같이 장애를 가진 조선인에 대한 주변의 편견과 차별은 말할 것도 없지만 그렇지 않는 조선인도 오사카에서 집을 구하기는 비유에서도 알 수 있듯이 '옛날 선비들이 서울 가서 과거하기보다 어렵'다는 것이다. 이 작품은 사회적 약자로서의 재일코리안에 대한 일본사회의 편견과 차별, 그리고 배제의 시선이 신체장애를 지닌 'K'라는 조선인 등장인물에 의해 더욱 부각되고 있으며, 그 발단의 하나인 주택문제는 재일코리안 사회의 생활문제를 극대화하는 효과를 나타내고 있다. 그리고 그와 함께 재일코리안 사회에도 상호부조와 생활협력을 지적하고 있다.

다음으로 재일코리안의 주택문제를 다룬 또 하나의 작품 「차가술」을 살펴보자. 「차가술」은 『민중시보』에 실린 문예작품 중에 연재횟수가 3회로 가장 많은 작품이다. 작자는 김정임(金正任)이라고 되어 있으나 김정임에 대한 상세한 기록은 확인되지 않는다. 다만, 김정임은 「차가술」의 연재에 앞서 제16화와 제17화에도 「승리의 길」이라는 단편작품을 연재한 바 있다.[44] 「차가술」은 제목에서도 알 수 있듯이 동시대 재일코리안

43) 「단편소설 박해」, 『민중시보』 제10호, 1935년 11월 15일자, 6면.

44) 「승리의 길」은 숙련공 해고통지서를 받은 주인공 영진과 그 친구 광한이 노동자의 권익의 쟁취를 위해 투쟁을 다짐하는 내용을 다루고 있다.

사회의 주택문제(주택난, 임차난)를 직접적으로 다루고 있다. 연재횟수도 가장 많은 만큼 동시대 재일코리안의 주택문제의 심각성과 절실함, 그리고 관심도를 일정 부분 짐작할 수 있다.

「차가술」은 총 5장으로 구성되어 있으며, 오사카에서 가족들과 함께 살아가는 가난한 재일코리안 공장노동자 '나'가 주택임차를 둘러싼 문제로 갈등하고 또 해결해 나가는 이야기를 다루고 있다.

지난 해 가을에 한신토지회사(阪神土地会社)로부터 강제퇴거를 당한 후 5, 6개월을 떠돌다가 겨우 집을 구한 '나'는 얼마 후 집세의 체납으로 집주인으로부터 주택의 퇴거를 요구하는 내용증명을 받게 된다. 결국 '나'는 이 문제를 '조선 사람들의 일을 자진하여 주선하여 주고 돌봐준다는 사람'을 찾아가서 매달 1원씩 월부로 체납된 집세를 갚기로 결정하고 해결을 보았다. 그런데 이들은 일본인과 조선인으로 구성된 주택브로커로 해결 비용으로 이삼십 원 정도를 사용하고도 오십 원이라는 큰 금액을 해결수수료로 청구한 것이다. 이에 격분한 '나'는 이들 주택브로커의 화려한 간판을 부숴버리는 일이 벌어졌다. 그 결과 집주인으로부터 다시 주택퇴거를 요구하는 내용증명이 도달하게 되었다. 결국 '나'는 이전부터 주택문제를 상의한 적이 있는 '박선생'이라는 인물을 찾아가 자신의 처한 상황을 설명하고 그 해결책을 논의하게 되었다. 그러던 중에 재일코리안의 주택문제의 본질과 책임을 깨닫고 스스로 문제해결을 위해 적극적으로 노력한다는 내용이다.

재일코리안의 주택문제에 대해 '나'가 깨달은 것과 그 해결책은 다음과 같다.

> 조선 사람에게 집을 줄 수 없다는 가주 측의 주장으로서 본다면 그것은 한 구실에 지나지 못한 것이고 참된 원인은 좋지 못한 차별정책과 편견에서 빗

> 어난다는 것을 깨달았다. 그리하여 박선생의 말을 자세히 헤아리며 직접 야누시를 만나고 해결하려고 생각하였다. (중략) 어쨌든 집을 빌려주지 아니하는 것은 집을 가지고 있는 집주인보다도 집을 조선 사람에게 빌리지 못하게 하는 자에게 정면적으로 싸움하는 것이 유리하다는 것만은 생각하지 못하던 술책이 되고 있다.[45]

이 내용에는 재일코리안의 주택문제의 원인이 집주인은 물론 차별정책과 편견으로 재일코리안의 주택문제 그 자체를 방관한 일본 당국에게도 있다는 점을 시사하고 있다. 그 때문에 '나'는 자신의 주택문제해결을 위해 직접 집주인을 만나는가 하면 경찰서로 찾아가서 조선인을 보호하지 않고 주택문제를 방관한 것을 지적하면서 주택문제의 해결을 요구한다. 그리고 그 결과 자신의 주택문제를 해결하게 되었다는 결말에 이른다.

「차가술」에서 제시한 '차가술'의 실현성에는 다소 현실성이 떨어진다는 점을 지적할 수 있다. 그러나 이 작품은 재일코리안 사회에 야기된 주택문제의 근본적인 원인을 분명하게 지적하고 그 해결책도 시사하고 있다는 점에서 주목할 만한 작품으로 볼 수 있다. 특히 주택문제의 해결을 위해 재일코리안 스스로의 적극적이고 자주적인 노력이 필요하다는 측면은 '조선인 민중의 생활권 확립과 그 옹호신장에 기여'하고자 하는 『민중시보』의 강령과도 부합하며 동시에 재일코리안 민중에게 생활권 확립을 위한 적극적인 투쟁과 조직적 운동의 전개를 호소하는 의미가 내포되어 있다는 점에서도 가치 있는 작품이라고 할 수 있다.

흔히 신문소설은 불특정 다수의 대중들에게 동시대의 문제나 현실적인 문제를 다루고 조명함으로써 대중들에게 흥미와 관심을 유도하고 문제의식을 고취시키는 한편 대중들의 문제의식을 직접적 또는 간접적으

45) 「차가술」, 『민중시보』 제20호, 1936년 4월 11일자, 4면.

로 대변하는 기능을 한다. 즉 동시대의 사회문제를 형상화 한다는 점에서 시의성과 계몽성을 동반하는 장르라고 할 수 있다. 특히 당국의 언론탄압과 검열문제 등을 의식해야 하는 시공간에 있어서는 문학적 상상력이 큰 역할을 한다는 사실은 주지하는 바이다.

앞서 살펴본 바와 같이 재일코리안 사회에 한글신문의 등장으로 일본 당국의 감시와 탄압은 더욱 강화되었다. 이러한 사회적 상황 속에서 『민중시보』가 문예란을 구성한 것은 주목할 만하다. 비록 그 내용이 완곡적인 표현이나 상상력이 동원된 표현이라고 하더라도 『민중시보』에 등장하는 문예작품은 재일코리안의 생활문제와 민족차별의 문제를 비판적이고 대항적으로 다루고 있다. 다시 말해서 이들 문예작품은 재일코리안의 일상생활을 리얼하게 묘사함으로써 문제의식의 공감과 확산, 그리고 민중적 요구의 공론화와 현실 참여를 유도하는 데 일정의 역할을 하였으며, 동시에 민족적 정체성의 확립에도 유효한 기능을 하였다고 할 수 있다.

4) 생활권 투쟁문제로서의 주택문제

1920년대 후반부터 재일코리안 사회에는 취업문제, 주택문제, 교육문제, 의료위생문제, 법률문제 등 다양한 생활문제가 대두되었다. 그리고 이러한 생활문제는 경제적 궁핍과 민족적 차별정책과 함께 더욱 심화되었다. 특히 그중에서도 재일코리안 사회에 가장 절실한 문제는 노동자 인구의 증가와 거주형태의 변화, 일본인 집주인의 임대 기피, 일본 당국의 방관 혹은 소극적 대응 등이 복합적인 원인으로 작용한 주택문제였다.

1930년을 전후한 일본 당국의 조사에 따르면 재일코리안의 주택문제의 원인은 재일코리안 측의 책임으로 다루어지고 있었으며 또 기록되었다. 그리고 그 기록은 이후의 재일코리안의 주택문제를 둘러싼 담론에서 반복적이고 지속적으로 재생산되고 확산되었으며 민족적 차별과 편견으로 점철된 스테레오타입을 확대 재생산하는 근거로도 활용되었다. 그뿐만 아니라 내선협화회나 교풍회 등과 같은 관변 단체를 통해 재일코리안의 생활문화와 민족적 습관을 교화와 동화라는 목적으로 부정하면서 주택문제의 해결에는 소극적인 자세를 취하고 있었다.

이러한 상황 속에서 창간된 『민중시보』는 재일코리안의 생활권 확립, 권익옹호, 문화적 향상 등을 강령으로 당시 재일코리안의 생활문제에 큰 관심을 가지고 해결책의 모색에 노력하였다. 특히 주택문제에 대해서는 각종 사설, 칼럼, 보도기사, 기고문, 문예작품 등을 통해서 문제의 원인을 공유하고 아울러 생활권 투쟁의 참여를 적극적으로 유도하고자 하였다.

그러나 『민중시보』의 폐간 이후 재일코리안의 주택문제를 둘러싼 생활권 투쟁은 조직적인 공동투쟁의 단계로까지는 이르지 못했으며, 토지나 주택에 대한 강제퇴거를 저지하거나 법적 소송을 진행하는 부분적인 활동에 그치는 정도가 대부분이었다. 이 점은 동시대의 재일코리안의 생활문제에 있어서 자주적이고 실천적이며 조직적인 투쟁으로 전개된 동아통항조합의 '자주운항운동'이나 오사카조선무산자진료소의 의료 활동 등과는 다소 대조적인 양상이라고 할 수 있다. 하지만 재일코리안들이 자신들의 주택문제, 더 나아가 생활문제에 대해 민족운동의 일환으로 자주적이고 조직적인 투쟁을 도모하고자 하였다는 점은 분명하며 크게 주목할 부분이다.

3. 조선인 부락의 생활상

1) 조선인 노동자의 생활

1910년대까지 조선인 노동자의 일본 도항은 대부분 일본기업의 노동자 모집에 의한 형태로 이루어졌다. 하지만 이러한 형태의 도항은 조선인들에게 열악한 환경에서의 노동을 요구하는 경우가 많았으며, 고용주 혹은 기업의 직접적인 관리와 감독하에 생활과 행동에 많은 제약을 받았을 것으로 생각된다. 그 후 1920년대에 이르러서는 각 기업의 노동자 모집활동과 함께 돈벌이와 취업, 생활난 등을 이유로 스스로 도항을 결정하는 조선인도 증가하기 시작하였다. 또 이미 먼저 일본에서 생활하던 조선인들이 고향의 지인이나 친척을 불러들이는 경우나 반대로 한반도 내의 조선인들이 일본의 지인이나 혈연을 의지하여 도항하는 경우도 많이 늘어났다. 그래서 일본에서 생활하는 조선인 지인이나 혈연을 통해 일자리를 보증 받고 도항 증명을 교부받는 조선인은 점차 증가하였다.

이 무렵 일본으로 도항한 조선인 노동자의 대부분은 이전의 직업이 농업이었다. 그래서 숙련된 기술이 필요한 분야에는 거의 종사할 수 없었다. 더욱이 문화와 생활, 언어와 습관 등에 있어서 일본인과는 많은 차이가 있었기 때문에 대부분은 비숙련 노동자로서 단순 육체노동이나 위험하고 힘든 분야의 업무에 종사하는 경우가 일반적이었다. 구체적으로는 광산 및 탄광, 토목 및 건축 관련 공사장, 물품운반, 청소 등의 업무였다. 당시의 조선인 노동자의 생활에 대해서는 신문에서 기사화되기도 하였다.

이번에는 가장 비참한 조선인 노동자의 밑바닥 생활을 조사해 보겠다. 작년 말까지 오사카에 흘러들어온 조선인은 약 1만 명이었으나, 금년 6월 말 조사에서는 12,000명에 달한다. 제주도에서 이주해 온 사람이 가장 많고, 행상인 500명을 제외 한 나머지가 전부 노동자다. 직업별로 나눈 통계를 보면, 노가다 300명을 필두로 철공 1,000명, 방적공 800명, 전기공 500명, 조선(造船) 시멘트공 300명이 고정 직업 중에서는 우세하나, '말이 통하지 않고', '더럽고', '급조된 노동자라 능률이 오르지 않고', '기량을 닦기보다 돈 벌기에 급급하고', '일에 싫증을 잘 내고', 거기에 일종의 변태적인 위축된 근성이 있다.…열거해 보면 이런 서글픈 명목으로 묘하게 해고를 당하니, 무지와 단순함에, 돈을 낼 자본가가 있을 리 없다.

요약하면 5,600명이라는 숫자가 현재의 취직자다. 이들 가족이 약 2,500명, 여기에 대략 행상인 300명, 잡역 500명, 인삼 장사를 비롯한 상인 700명, 무직, 관공리, 고용인 등 640명을 합하여 통산하면 10,790명이 된다. 오사카에 거주하는 전체 조선인 12,000명에서 이 숫자를 빼고 남은 1,210명이 일정 직업이 없는 사람이다. 물론 이 중에는 날품팔이 노동자나 그와 비슷한 자들도 포함되어 있으나, 800명 정도는 실업자로 보아도 타당하다.[46)]

기사 내용에 따르면, 1923년 6월 시점에 오사카의 조선인은 1만 2,000명에 달했으며, 이 중에 노동자와 그 가족이 8,100여 명에 이른다. 조선인 노동자들의 직업은 주로 공사장 인부, 철공, 방적공, 전기공, 조선(造船) 시멘트공 등이다. 이들 조선인 노동자의 생활은 기사에서 '비참한 밑바닥 생활'이라는 표현으로 기술할 만큼 열악한 상태였다는 것을 짐작할 수 있다. 그뿐만이 아니다. 일본인 고용주의 조선인 노동자에 대한 이미지는 조선인 노동자의 열악한 노동환경을 더욱 가중시키는 정도였다. '말이 통하지 않고', '더럽고', '급조된 노동자라 능률이 오르지 않고', '기량을 닦기보다 돈 벌기에 급급하고', '일에 싫증을 잘 내고', '거기에 일종의 변태적인 위축된 근성이 있다'는 표현에서도 알 수 있듯이 조선인 노

46) 『大阪朝日新聞』 1923년 6월 20일~21일자(박경식, 박경옥 역, 『조선인 강제연행의 기록』, 고즈윈, 2008, 37~38쪽 재인용).

동자는 비숙련공이 대부분이고 의사소통에 어려움이 있으며, 노동의 지속성과 책임의식이 부족하다는 평가를 받고 있었다. 그만큼 조선인 노동자는 일본인 고용주에게 그다지 환영받는 노동자는 아니었다는 점을 유추할 수 있다. 물론 이러한 이미지가 만들어진 배경에는 조선인 노동자가 일본인보다 임금이 20~30% 적었으며, 또 주로 위험하고 더럽고 어려운 업무가 부여된 점, 그래서 질병이나 노동재해에 더 취약했던 점도 영향을 미쳤다고 할 수 있다.

이번에는 비슷한 시기 도쿄지역의 조선인 노동자에 대한 기사를 살펴보자.

> 일자리가 없는 조선인은 본토인보다 훨씬 불쌍하다. 토목 보조공은 하루 임금 60전 정도이며, 싸구려 여인숙에서 지내는데, 10일이나 20일 일자리가 없으면 밥값은 물론 목욕비도 없어 때에 찌든 속옷과 겉옷 한 장으로 견디는 사람이 많다. 고향에서 멀리 떠나와 돈을 모으려는 것도 수포로 돌아가고, 고향에 두고 온 처자식들 걱정에 한숨짓는 조선인 노동자는 살 길이 막막하다. 센주(千住)의 신오하시(新大橋) 주변에는 아침 시장을 보러오는 야채장수의 짐을 서로 끌려고 다투는 조선인 날품팔이들이 무리지어 있다. 겨우 10, 20전으로 짐을 끌어주고 돈을 받기 위해 싸우는 것이다. 그러나 싸우지 않으면 숙박비 20전도 못 벌고, 아사쿠사(淺草)의 무료숙박소에 갈 전차비도 없다. 혼조(本所) 부근에서는 조선인이 숙박료가 없어서 작업복을 벗어 주고 20전을 빌린다. 그리고 10전짜리 우동으로 배고픔을 참는다. 하루 일하면 이틀을 공쳐야 한다. '일본인은 일자리를 잃으면 친구가 금방 일을 찾아주지만 가난한 우리는 그것도 어렵다.'고 푸념한다. 조선인 동료들이 1, 2전씩 베풀면 일자리 없는 친구를 도울 수는 있겠지만, 이미 모두 밑바닥까지 와 있는 처지다. 혼조에서 아사쿠사에 걸쳐 있는 1,000여 명의 조선인 노동자는 지방으로 가고 싶어 하며 고생스러운 도쿄에서 벗어나기를 원한다.[47]

47) 『中央新聞』 1926년 12월 28일자(박경식, 박경옥 역, 『조선인 강제연행의 기록』, 고즈윈, 2008, 37~38쪽 재인용).

1926년 도쿄에서 생활하는 조선인 노동자들의 일상을 다룬 신문 기사 내용이다. 기사에 등장하는 조선인 노동자는 싸구려 여인숙이나 무료숙박소 등에서 생활하며 하루 임금 60전 정도의 토목 보조공이나 10전, 20전으로 짐을 끌어주는 시장의 날품팔이 짐꾼 등으로 겨우 하루하루 일하고 있는 실정이다.[48] 여기에서도 조선인 노동자는 '살길이 막막'할 정도로 생활고에 시달리고 있으며, '밑바닥까지 와 있는 처지'의 고달픈 삶을 살아가는 사람들로 소개되어 있다.

이와 같은 조선인 노동자들의 생활고와 힘든 일상은 당시 일본 행정 당국이 조사한 내용에서도 지적하고 있다. 오사카시 사회부가 조사한 '조선인 노동자 문제'에는 조선인 노동자의 식생활에 대해 다음과 같이 기술하고 있다.

> 조선인 노동자의 생활 실태는 우리 눈에도 정말 비참 그 자체다. 특히 음식은 과연 저런 걸 먹고도 생존에 필요한 영양소를 섭취할 수 있을까 의심이 들 정도다. 그들은 밥과 소금, 야채로 연명하고 있다. 먹는 양은 많으나, 부식으로는 아침에는 간장이나 소금, 점심에는 김치(거의가 생김치), 저녁에는 유부와 야채 조림, 혹은 건어물 정도가 고작이다.[49]

대부분의 조선인 노동자들이 힘들고 위험한 업종에 종사하면서도 저임금 노동자였던 만큼 이들의 식생활도 열악한 것은 마찬가지였다. 밥, 간장이나 소금, 그리고 야채 등으로 짜여 진 조선인 노동자의 식단에 대

48) 참고로 1928년의 도쿄지역 조선인 노동자의 임금 조사에 따르면 토건노동자는 52엔 34센, 자유노동자는 54엔 75센, 전체 노동자의 평균 임금은 63엔 71센이며, 월수입이 50엔 미만의 계층은 27%에 달하였다. 하지만 이 조사 결과는 실질적인 통계와는 많은 차이가 있을 것으로 보이며, 실제로는 이보다 낮은 임금을 받았을 것으로 추측된다(朴慶植, 『在日朝鮮人関係資料集成』 第二巻, 三一書房, 1976, 985~990쪽 참조).

49) 오사카시 사회부, 「조선인 노동자 문제」(박경식, 박경옥 역, 『조선인 강제연행의 기록』, 고즈윈, 2008, 40쪽 재인용).

해 행정당국은 '정말 비참 그 자체'라는 표현을 사용하면서 놀라움을 감추지 않았다. 저임금과 열악한 노동환경, 그리고 부실한 식생활은 연쇄반응을 일으키며 당시의 대다수의 조선인 노동자의 힘든 일상을 짐작하게 한다.

당시 조선인 노동자의 일상은 문학적 상상력 속에서 보다 생생하고 현장감 있게 재현되고 있다. 앞서 제시한 바 있는 재일문학가 양석일의 작품 『피와 뼈』에는 1920년대, 30년대에 일본 도처를 떠돌며 저임금을 받고 힘든 일에 종사하는 조선인 노동자들의 생활이 구체적으로 묘사되어 있다. 먼저 주인공 김준평이 1920년 무렵 일본에 건너간 후 나이 30세가 된 1930년까지 약 10년 동안 노동자로서의 일본생활을 간략하게 소개하면 다음과 같다.

① 일본에 건너간 직후인 1920년 무렵에 반년 동안 와카야마의 깊은 산 속의 오두막에서 생활하며 벌목을 하고 와이어로 묶은 목재를 산 아래로 나르는 일을 했다. 돈벌이가 된다고 했지만 위험하고 힘든 노동이었으며, 외부와는 완전히 차단된 감옥 같은 생활을 보냈다. 동료가 사망하는 사고를 계기로 그 일을 그만두게 되었다.

② 1922년 무렵 홋카이도 이시가리(石狩) 하천공사장에서 잠시 일을 한 적이 있다.

③ 1923년 무렵에는 다른 노동자와 함께 합숙소에서 생활하며 오사카축항(築港)공사장에서 일했다.

④ 1927년 무렵에는 덴마(天満)의 어묵공장에서 노동을 하였다.

⑤ 1930년 무렵 공장의 이층 노동자숙소에서 다른 노동자들과 함께 기거하며 어묵공장인 동방산업에서 일하였으나 난투극을 계기로 다른 어묵공장인 태평산업에서 잠시 일을 했다.

김준평의 일본생활은 그야말로 일본 도처를 떠돌며 막노동을 전전하는 당시 조선인 노동자의 전형적인 삶의 모습을 보여준다. 김준평은 일본으로 건너간 후 10년 동안 벌목공, 하천공사장 인부, 오사카축항 토목공, 어묵공장 직공을 지내며 생활했다. 그리고 김준평이 어묵공장에 종사하는 동안 기거하였던 공장 이층 노동자숙소의 모습은 당시 조선인 노동자의 삶의 일면을 단적으로 보여준다.

> 공장 이층에 있는 4평 넓이의 방에는 여섯 명의 직공이 살고 있었다. 술에 취해 흙투성이 옷을 입은 채 곯아떨어진 사람도 있고, 싸우다가 피투성이가 된 얼굴을 치료도 하지 않은 채 그냥 자고 있는 사람도 있다. 목욕탕에 다녀온 지 한 달이 넘는 네모토 노부타카(根本信高)는 온 몸에서 퀴퀴한 쉰내를 풍기고 있었다. 솜이 비어져 나온 이불은 땟국과 기름에 젖어, 목에 닿는 부분이 검게 번들거리고 있었다. 게다가 일 년이 넘도록 이불을 걷은 적이 없고 청소도 하지 않은 방은 온갖 잡동사니와 술병과 누더기 같은 속옷 따위가 어지럽게 널려 있어서, 돼지우리보다도 지독한 상태였다. 천장의 네 귀퉁이와 벽장 속에는 거미줄이 쳐져 있고, 겨울인 데도 바퀴벌레가 기어 다녔다.[50)]

여섯 명의 직공이 4평 남짓한 좁은 방에서 함께 생활하는 노동자숙소는 생각만 해도 지저분하고 비위생적인 환경이 아닐 수 없다. 직공들은 '돼지우리보다도 지독한 상태'의 방에서 일종의 체념상태로 비참한 하루하루를 생활하고 있다. 즉 공장에서 일하는 조선인 노동자들의 삶도 날품팔이나 공사장 인부 등과 크게 다르지 않은 것이었다.

공장 직공으로 종사하는 조선인 노동자의 노동실태에 대해서는 1935년에 오사카에서 창간된 한글신문 『민중시보(民衆時報)』에서도 확인된다. 기사에는 유리공장에서 일하는 조선인 노동자의 노동실태가 다음과 같이 기술되어 있다.

50) 양석일저, 김석희 역, 『피와 뼈① 오사카 아리랑』, (주)자유포럼, 1998, 11~12쪽.

공장에서는 아침 6시부터 저녁 5시까지 11시간 가운데 45분의 점심시간 이외에는 일을 해야 했다. 임금은 초급이 70전, 1년이 넘어도 1전도 오르지 않았다. 공휴일 임금도 8, 9개월이 넘어 노동자가 요구해야 주는 식이었다. 작업 과정에 병을 깨뜨리면 인간 이하의 대접을 받는데, 특히 조선인 견습공은 함부로 다루어졌다.[51)]

하루 11시간의 가혹한 노동시간에도 불구하고 임금은 70전에 불과했으며, 임금인상은 1년 이상 이루어지지 않았다. 그뿐만 아니라 공휴일 임금은 체불되기 일쑤였고 작업 과정에 생긴 실수로 인격적으로 부당한 대우를 받는 경우도 다반사였다. 물론 당시의 조선인 노동자가 모두 이와 같은 환경과 처지에서 생활했다고 단정할 수는 없다. 그러나 대부분의 조선인 노동자가 뚜렷한 기술이나 능력이 없는 비숙련에 단순 육체노동을 하는 일에 종사한 만큼 이들의 노동실태는 위에서 살펴본 내용과 크게 다르지 않을 것으로 추정된다.

1928년 경시청 조사에 따르면 도쿄에 거주하는 조선인 수는 18,224명으로 집계되어 있다. 그런데 이들 도쿄에 거주하는 조선인을 직업별로 살펴보면 다음의 〈표 11〉과 같다.

〈표 11〉 1928년 도쿄 거주 조선인의 직업별 구성[52)]

직업	노동자 수
토목, 건축	9,980
공업 및 광업	2,278
학생	2,018
무직	2,012
기타	1,936
합계	18,224

51) 최창선, 「우리의 공장생활」, 『민중시보』(2), 1935년 7월 15일자, 8면.

〈표 11〉에서도 알 수 있듯이 도쿄에 거주하는 조선인의 직업 중 토목과 건축, 그리고 공업과 광업에 종사하는 수는 총 12,258명으로 전체 거주 조선인 수의 약 70%에 달한다. 하지만 '무직'과 '기타'로 분류된 조선인들 중에도 토목과 건축, 그리고 공업과 광업에 종사하는 조선인에 의지해서 생활하는 사람들까지 포함하면 그 비율은 더욱 높을 것으로 생각된다. 또 조선인 노동자의 증가와 비중에 대한 추세는 1930년대의 조사에서도 비슷한 양상으로 나타난다.

〈표 12〉는 1930년대 도쿄 거주 조선인의 직업별 인구 변화를 나타내고 있다. 조사는 각각 1930년 6월과 1934년 3월에 이루어진 것으로 여기에서도 비숙련 단순 노동자로 보이는 '직공', '일용인부'의 비율은 높게 나타나고 있다.

〈표 12〉 도쿄 거주 조선인의 직업별 인구 변화[53]

직업	1930.6 조사	1934.3 조사
학생	2,802	2,747
소학생	479	1,579
상업	173	2,746
직공	3,021	13,876
일용인부	17,094	3,646
그 밖의 노동자	454	1,483
수감자	125	216
기타	6,112	13,229
합계	30,260	39,522

물론 1934년 3월 조사에서는 '일용인부'는 많이 줄어든 반면 '직공'은

52) 「在京朝鮮人労働者の現状」(1929)(朴慶植, 『在日朝鮮人関係資料集成』 第二巻, 三一書房, 1976, 953쪽 참조).

53) 朴慶植, 『在日朝鮮人関係資料集成』 第二巻, 三一書房, 1976, 1006쪽 참조.

많이 늘어난 것으로 나타났다. 그리고 1936년의 도쿄부 사회과 조사에서는 다음과 같은 보고 내용도 확인된다.

> 도쿄에 재류하는 조선인 노동자는 엄밀히 말한다면 도호쿠(東北), 홋카이도(北海道)의 노동시장을 바라보고 건너온 자로 겨울의 혹한을 피해 혹은 광산, 개간노동의 휴가 등을 이용해 비교적 온난한 도쿄로 모여든 자와 노동의 여가에 근대적 문화의 교양을 섭취하려는 다소 교육을 받은 젊은 노동자가 대부분이었다. 그런데 최근에 이르러 도쿄에서도 조선인 노동자의 사회적 근거가 확정되어 노동자로서의 지위가 향상되었다는 것은 움직일 수 없는 사실이다. 조선인 노동자의 생활현상을 살펴보면, 과거에 비해 고정적, 기술적 노동자의 증가와 독신자의 감소, 그에 비해 가족단위의 증가, 그에 따른 조선인으로서의 특수적 상업의 발전 등이 특징이다. 바꾸어 말하면, 노동자로서의 자격이 결여되고 유동성이 많은 자가 기술의 진보와 자각 있는 생활에 대한 각성에 의해 얼마간 실력 있고 내용 있는 생활로 옮아간 것이다.[54]

보고 내용에 따르면 1930년대 중반에 도쿄에 거주하는 조선인 노동자는 과거에 비해 어느 정도 교육을 받은 젊은 노동자가 많아졌으며, 고정적이며 기술적인 분야에 종사하는 노동자가 증가하였다는 것을 알 수 있다. 또 단신으로 도항한 사람은 감소하고 가족단위의 노동자가 늘어났다는 점, '조선인으로서의 특수적 상업' 즉 주로 조선인이나 조선부락 등을 상대로 이루어지는 각종 상업의 발전으로 조선인 상업 종사자가 증가하였다는 점이 특징적이다. 조선인 상업 종사자의 증가는 앞서 제시한 '〈표 6〉 도쿄 거주 조선인의 직업별 인구 변화'에서도 알 수 있다. 1930년에 173명에 불과하던 상업 종사자는 1934년에 2,746명으로 15배 이상 급증하였다. 그 만큼 조선인 노동자의 직업의 분화가 부분적으로나마 이루

54) 東京府社会課『在京朝鮮人労働者の現状』1936(朴慶植, 『在日朝鮮人関係資料集成』第三巻, 三一書房, 1976, 1002~1003쪽).

어진 것이라는 점을 알 수 있다. 하지만 이러한 변화가 조선인 노동자의 저임금과 열악한 노동환경, 노동현장에서의 부당한 대우와 차별의 개선으로 이어졌는지는 의문이 아닐 수 없다.

2) 상업 및 제조업 활동과 조선시장

1920년대에 일본 내의 조선인 노동자의 증가와 조선인 부락의 형성으로 조선인을 대상으로 한 상업 활동이 확대되기 시작하였다. 처음에는 하숙업과 음식점을 중심으로 상업 활동이 이루어졌으나 점차 업종도 다양해지고 종사자 수도 증가하였다. 새롭게 나타나기 시작한 대표적인 업종에는 노동하숙이나 토건합숙소(飯場)의 경영, 고물상과 폐품 회수, 한약방, 식료품과 의류 잡화 판매, 신문배달과 인부 공급 등의 서비스업, 그밖에도 이용(미용)업, 의원 등의 업종이 조선인을 상대로 영업을 하고 있었다.[55] 도노무라 마사루(外村大)가 주로 1930년대 『조선일보』에 게재된 재일코리안 명함광고를 바탕으로 조사한 사업 내용[56]에 따르면, 제조업을 제외한 상업·서비스업에서 일본 전역을 대상으로 사업소 수가 많은 업종은 식품과 의류(신발 포함)판매가 186개소, 폐품 회수 등이 142개소, 한방약국이 121개소, 음식점이 126개소 등으로 확인되었다.

먼저 식품과 의류(신발 포함)판매업은 품목이 조선인의 생활필수품이었던 만큼 조선인 상업의 중심적인 업종이었다고 할 수 있다. 세부적인 사업소 수는 식품 판매가 97개, 의복과 옷감류가 81개, 신발류가 8개로 파악되었다. 광고에서는 식품판매나 의복 의류 판매로 분류되었지만 실제로는 식품이나 의복 의류 외에도 각종 잡화를 포함한 다른 생활필수품

55) 도노무라 마사루, 『재일조선인 사회의 역사학적 연구』, 논형, 2010, 151~159쪽 참조.
56) 도노무라 마사루, 『재일조선인 사회의 역사학적 연구』, 논형, 2010, 〈표 3-12〉, 157쪽 참조.

도 함께 판매하는 경우가 많았을 것으로 추정된다.

다음으로 폐품 회수 업종은 고철, 고물상, 폐지원료, 폐품수거 등의 항목이 이에 해당한다. 전국에 사업소 수는 142개소로 대표적인 재일코리안의 상업 활동의 업종 중에 하나였다.

다음으로 한방약국은 주로 조선인 대상으로 하는 특수한 수요에 의해 많이 생겨났다. 한방약국은 조선인의 생활문화에 있어서 동양의학에 내재된 치료의 목적(치료약)과 병의 예방 및 건강유지의 목적(보약)을 동시에 수행하는 측면에서 많은 조선인들이 이용하였으며, 식료품 판매점의 수와 비슷한 정도로 많은 수의 판매점이 생겨났다. 특히 한방약국은 서양의학보다 동양의학을 더 신뢰하는 사람이나 일본어의 소통 곤란 문제로 일본인 의사에게 진찰받지 못하는 조선인들이 자주 이용하면서 재일코리안에게는 일반 의원을 대신하는 진료소 역할을 겸하는 업종의 성격이 강했다.

다음으로 음식점을 살펴보자. 음식점은 노동하숙이나 토건합숙소와 함께 이른 시기에 조선인의 운영이 많았던 업종이다. 음식점의 메뉴는 대부분 '조선요리'였으며, 음식점 이용자도 대부분은 조선인이었다. 물론 도쿄시의 경우에는 유학생을 대상으로 학교 근처에서 운영된 음식점과 함께 긴자나 신주쿠 등에 일본인들이 많은 번화가에도 음식점이 운영된 경우도 있었다. 음식점의 수는 전국에 총 126개로 파악되고 있으나 여기에는 대중음식점을 비롯하여 여급을 둔 카페도 포함되어 있다. 그리고 조사 내용이 신문의 명함광고를 기준으로 이루어졌다는 점에서 신문 광고 등을 하지 않는 소규모 음식점의 수를 포함하면 실제로 조선인이 운영한 음식점 수는 훨씬 많았을 것으로 추정된다.

이밖에도 1930년대에 이르러서 재일코리안이 경영하는 제조업 분야도 당시의 조선인의 상업 활동에 큰 비중을 차지하였다. 주요 제조업에는 부품 종류나 일용품을 제조하는 가내공업적인 영세공장이 많았다. 부품 종류는 볼트, 너트, 지퍼, 나사와 같은 금속기계류를 취급하는 공장이 많았으며, 일용품 분야에서는 섬유제품의 제조나 출판, 인쇄, 고무 가공, 식료품, 신발, 피혁 제품의 제조를 위한 공장이 많았다. 제조업의 전개는 단순히 물품을 제조하고 판매하는 데 그치지 않고 조선인의 고용을 창출한다는 점에서도 큰 역할을 하였다. 그리고 조선인의 밀집과 경제적 자립을 도모하는 차원에서도 어느 정도 기여한 점은 부인할 수 없는 부분이다.

이와 같이 1920년대부터 1930년대에는 일본으로 도항하는 조선인 노동자가 급증하면서 조선인 부락이 형성되기 시작하였으며 그 수와 규모도 점차 확대되었다. 또 이와 동시에 조선인이 종사하는 직업분야도 다양화되면서 상업, 제조업, 서비스업 분야에도 많은 조선인이 종사하게 되었다. 그러한 가운데 조선인을 대상으로 하는 음식점과 식료품을 비롯한 생활필수품을 판매하는 상점들이 밀집하면서 조선시장이 등장하였다.[57)]

김찬정(金贊汀)에 따르면 조선시장은 일본어로 언어소통이 잘 되지 않는 조선인 아주머니들이 일본인 상점에서 자신들에게 물품을 팔려고 하지 않자 근처에서 미나리나 고사리와 같은 야채를 뜯어서 요리한 것을

57) 국제고려학회일본지부가 편찬한 『재일코리안사전』에는 '조선시장'에 대해 다음과 같이 설명하고 있다. '1910년 조선이 일본의 식민지가 된 이후 많은 조선인들이 일본으로 도항했다. 그들과 그 자손이 집주하는 지역에는 소규모의 민족식료품점, 민족의상점, 야키니쿠(焼肉)집 등이 있었는데, 속칭 '조선시장'이라고 불리는 경우도 있다. 최대의 조선시장이 있는 곳은 오사카시 이쿠노구(生野区)이다. 1920년부터 시작된 히라노가와(平野川) 개수공사에 많은 조선인이 동원되면서 일본에서 가장 많은 재일코리안이 밀집된 지역이 되었다. 1923년 오사카·제주도 간의 항로가 개설되었기 때문에 제주도 출신들이 많다. 현재 구(区) 인구 13만 7천 명 중 4분의 1이 코리안이다. 구의 중심부에는 예전에 '이카이노(猪飼野)'라는 지명이 있었다(1973년 초(町) 이름 변경 시에 소멸). 그 일각의 미유키도리(御幸通) 상점가에는 동서 약 500m의 도로를 끼고 양쪽에 120여 개의 점포가 있는데, 점포의 반 이상이 코리안계이기 때문에 옛날부터 '조선시장'이라고 불렸다.'(국제고려학회 일본지부, 청암대학교 재일코리안연구소 역, 『재일코리안사전』, 선인, 2012, 397쪽)

노점에서 팔기 시작하면서 출발하였다고 한다. 그리고 그러는 동안에 나이가 많아 공장 등에서 일을 할 수 없었던 아주머니들 중에 이러한 장사를 하는 사람이 하나 둘 늘어났다고 한다.[58]

일본에서 가장 큰 조선시장이 출현한 곳은 역시 조선인 거주자가 가장 많았던 오사카 지역이다. 1930년대의 오사카에 소재한 조선시장의 소재지와 영업상황을 살펴보면 다음의 〈표 13〉과 같다.

〈표 13〉 오사카 지역 조선시장의 소재지와 영업 상황[59]

호칭	주소	영업 상황
조선시장	東成区猪飼野3丁目 (猪飼野中3丁目와 猪飼野西3丁目？)	영업자 80명 외에 서서 파는 사람 80명
조선시장	東成区中道町3丁目	영업자 50명
조선시장	東成区森町2丁目	'조선물산 알선소'의 영업자 23명
조선시장	東淀川区豊崎東通3丁目	영업자 19명
조선시장	西成区鶴見橋通7丁目	영업자 25명 외에 서서 파는 사람 8명
조선시장	港区幸運橋付近	영업자 23명
조선유곽	北区浪花町	37곳, 80수명의 조선인 소녀가 취업

〈표 13〉에서도 알 수 있듯이 오사카시 히가시나리구에는 크고 작은 조선시장이 3곳이나 형성되어 있었다. 특히 이카이노(猪飼野)에는 물품을 판매하려는 영업자가 160여 명에 달할 정도로 그 규모는 확대되었다. 이카이노에 위치한 조선시장에 대해서는 이미 1930년대 초에 일본의 잡지에 소개될 정도였다.

1933년 11월 8호 『아사히구라부(アサヒグラブ)』에는 이카이노에 형성된 조선시장의 면면을 여러 장의 사진과 함께 소개하고 있다.[60] 기사는

58) 金賛汀, 『異邦人は君ケ代丸に乗って』, 岩波新書, 1985, 130~133쪽.

59) 도노무라 마사루, 『재일조선인 사회의 역사학적 연구』, 논형, 2010, 171쪽.

「흰 옷과 돼지머리가 그리는 오사카의 신 명소 '조선시장'－오사카 · 이카이노(白衣と豚の頭が描く大阪の新名所「朝鮮市場」－大阪 · 猪飼野)」라는 타이틀과 함께 총 11장의 사진, 그리고 각각의 물품 등에 대한 소개기사 등으로 구성되어 있다. 사진에는 머리를 올리고 비녀를 꽂은 조선인 여성들이 시장에서 물건을 사고 파는 장면이 생생하게 등장한다. 그중에는 포대기로 아기를 등에 업은 여성의 모습도 다수 눈에 띈다. 그리고 조선인으로 보이는 몇몇 남성도 물건을 고르거나 판매대 앞을 지키고 있는 모습이 확인된다. 또 사진에는 생선가게, 식료품가게, 담뱃대를 파는 잡화점, 옷감류를 파는 포목점, 신발가게 등 시장의 곳곳은 물건을 사고 파는 사람들로 혼잡한 광경이 그대로 담겨 있다. 기사에는 이카이노 조선시장의 유래를 다음과 같이 소개하고 있다.

> 2만 명 가까이 모여 있는 이 지역사람들은 두 말할 것도 없이 고베, 교토 방면의 조선인들에게도 유명하다, 2년 정도 전부터 한 사람, 두 사람씩 사람들이 다른 데에서는 구하기 어려운 그들의 애호식품을 팔기 시작한 것이 시초이며, 지금은 매일 1만 명 가까운 사람들이 물건을 사러 오는 번창한 곳이다.

기사 내용에 따르면 이카이노 조선시장은 2년 정도 전인 1931년 무렵부터 생겨나기 시작했으며 오사카에 거주하는 조선인은 물론 주변의 고베와 교토 방면에 거주하는 조선인들도 왕래하면서 매일 1만 명 가까운 사람들이 시장을 보기위해 찾을 만큼 번창하였다. 이 때문에 기사에는 이카이노 조선시장을 '조선 그 자체'라고 표현할 정도이다.

기사 내용을 좀 더 상세하게 살펴보자. 기사는 각각의 사진과 함께 좌

60) 『アサヒグラブ』, 1933年11月8号, 「白衣と豚の頭が描く大阪の新名所「朝鮮市場」大阪猪飼野」 잡지 기사.

우상하에 간략한 소개란을 배치하고 있다. 표제어에는 〈장보는 모습〉, 〈담뱃대〉, 〈명태〉, 〈자리(돔의 일종)〉, 〈돼지머리〉, 〈조선시장〉. 〈구두〉, 〈포목점〉, 〈콩나물〉, 〈장아찌류〉, 〈조선생선〉 등이 등장하며 각각에 대한 짧은 설명이 첨부되어 있다. 몇 가지 표제어에 대한 설명을 살펴보면 다음과 같다.

〈명태〉

이것은 중산층용이다. 올해 홋카이도산 명태는 비싸서 일등품에 70전 정도 하니까 제주도 출신의 사람들은 못 산다. 명태는 감기 걸렸을 때 열을 내리는데 좋다고 해서 그들에게 사랑받고 있다.

〈자리〉

적갈색의 끈적끈적한 젓갈 중에 자리(돔의 일종)가 얼굴을 내밀고 있다. '손님, 이걸 밥에 올려서 드시면 맛있습니다'. 100% 자극적인 음식이다. 일본인의 위장이라면 완전히 기절할 것이다.

〈돼지머리〉

돼지머리 요리는 껍질을 한 겹 벗겨내고 참기름과 고춧가루로 맛을 낸 것이다. 돼지고기 중에서 가장 진미라고 한다. 사카이(堺), 고베 등에서 우르르 모여든다. 한 덩이에 50전 정도이고, 머리 하나는 3엔 정도의 값어치가 된다.

〈조선시장〉

이곳만큼은 일본어보다 조선어가 더 잘 통합니다. 돼지고기와 마늘, 저장음식의 냄새, 막대기와 동그라미로 조합된 조선 문자의 칵테일, 그 속을 흰옷을 입은 무리들이 돌아다니는 무성영화 같다.

조선인들의 대표적인 식료품이라고 할 수 있는 명태, 자리(제주도 출신의 조선인이 애용), 돼지머리 등에 대한 가격이나 맛을 현장감을 살려

소개하고 있다. 그러면서 조선시장은 이국적이고 낯선 조선어와 조선 문자, 조선 요리와 냄새, 조선인의 흰옷이 한데 어우러진 '무성영화'와 같다고 하였다. 아마도 여기에서 '무성영화'라는 표현을 사용한 것은 조선어를 알아들을 수 없는 일본인에게 있어서 조선시장의 시끌벅적한 소리와 분위기는 마치 무성(無聲)과도 같은 의미였기 때문은 아닐까 추측한다.

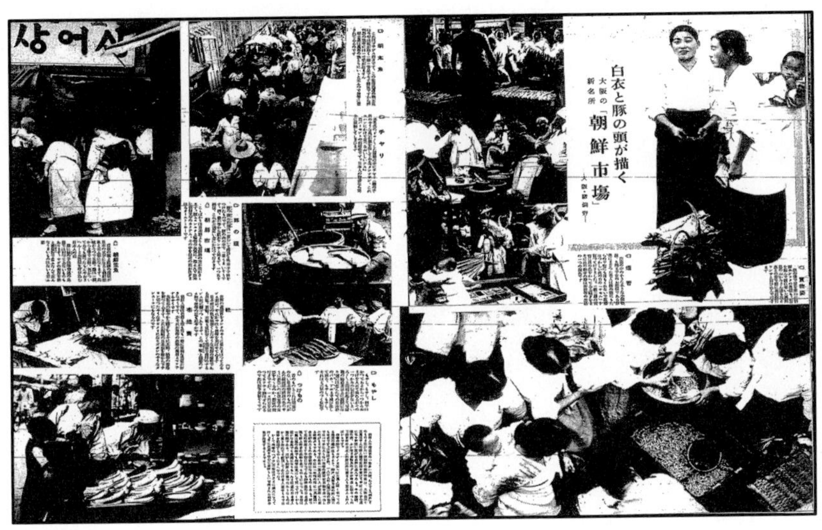
白衣と豚の頭が描く
大阪の新名所「朝鮮市場」

〈그림 17〉『アサヒグラブ』1933년 11월, 8호

오사카의 조선시장은 멀리 조선의 신문에도 등장할 만큼 화제를 모았던 모양이다. 다음의 인용은 1936년과 1939년『조선일보』기사에 소개된 이카이노 조선시장에 대한 내용이다.

> 그들은 부락을 만들어 생활하고 있고, 그 생활방식은 전부 조선에서 하던 그대로라고 합니다. 그리고 거기에서는 무당, 점쟁이도 있는가 하면, 약국, 빈대떡, 순대를 파는 곳이 있고, 공장, 의원, 포목(조선옷감)점 등이 있는 곳도

> 많다고 합니다. 우리는 조선인 부락 중 한 곳인 저사야정(猪飼野町)를 한 바퀴 돌았는데, 시장이 열려 있고, 두부, 무, 배추, 삶은 순대, 콩나물 등도 조선옷을 입은 조선부인들이 팔고 있는 것을 보았습니다.[61]

> 기자가 실제로 답사한 히가시나리구 이카이노마치의 조선인시장은 조선인의 생활용품을 판매하는 상점으로만 200호, 여기에서는 명태, 고춧가루 등의 식료품이 있는가 하면, 비녀, 가락지, 심지어는 혼례용품인 족두리까지 놓여 있었다. 한약방도 여기저기 있고, 어떤 젊은 여성은 '모사(毛紗)'를 사고팔고 있었다. 어디를 보더라도 고향 생활의 연장이라고 할 수 밖에 없다.[62]

이 두 기사 내용에 따르면 이카이노 조선시장은 당시 조선의 시장 풍경과 크게 다르지 않다. 조선인 부락의 생활방식은 '전부 조선에서 하던 그대로'였으며, '고향 생활의 연장'처럼 생각될 정도였다. 그리고 1939년 무렵에 이카이노 조선시장에는 생활용품을 판매하는 조선인 상점이 이미 200호가량 운영되고 있을 정도로 번창하였다는 점도 확인할 수 있다. 이처럼 일본의 조선시장이 조선에서도 신문기사화 된 배경에는 일본으로 도항한 가족이나 지인 혹은 친척의 일본생활에 대한 소식 공유라는 의미와 함께 새롭게 일본으로 도항을 준비하거나 생각하고 있는 많은 조선인들에게도 유익한 정보가 될 수 있었기 때문일 것이다.

조선시장에 대한 기록은 동시대의 출판 도서에서도 확인된다. 다음은 해방 이전에 재일코리안 관련 도서를 다수 출판한 고권삼의 기록이다.

> 가게 앞에는 조선산 물건이 여러 가지 진열되어 있다. 특히 조선인들이 항상 신는 고무신, 조선인의 식료품 중 가장 좋아하는 명태 더미는 그리운 조선을 생각나게 하기에 충분했다. 바깥쪽 길에는 내지인의 가게도 있어 경성의

61) 咸尚勳, 「상공의 도시 오사카」, 『조선일보』 1939년 5월 6일자.
62) 郭福山, 「百万渡航同胞生活報告②」, 『조선일보』 1939년 7월 6일자.

남대문시장까지는 안 될지도 모르지만 분명 동대문시장 정도는 될 것이라고 생각된다. 안쪽 길에는 갓 삶아낸 돼지고기, 순대, 돼지머리 등이 나와 있고, 개성의 시장과 비슷하여 식료품뿐만 아니라 포목점, 잡화점, 생선 가게, 푸줏간 등 각종 가게가 섞여 있는 것은 해주의 시장과 닮았다.[63)]

마치 조선의 남대문시장이나 동대문시장처럼 조선산 물건과 조선인이 좋아하는 식료품이 즐비하게 진열되어 있고, 한쪽에는 '포목점, 잡화점, 생선 가게, 푸줏간 등 각종 가게'도 운영되고 있어서 조선에 있는 곳곳의 시장을 연상하게 한다고 할 정도이다.

오사카의 히가시나리구에는 이카이노 외에도 모리마치에도 조선시장이 있었다. 모리마치 조선시장에 대한 구체적인 기록은 확인되지 않는다. 다만, 이카이노 조선시장에 비해 규모는 작지만, 주로 제주도 출신의 조선인들이 장을 보러가는 시장이었던 것 같다. 다음은 앞에서도 언급한 바 있는 재일문학가 양석일의 작품 『피와 뼈』에 그려진 모리마치 조선시장에 관한 내용이다.

공장 뒤편에 있는 모리마치(森町) 시장은 흔히 '조선시장'이라고 불린다. 여기서는 조선 사람들에게 필요한 물건을 팔고 있었다. 1930년께의 오사카에는 아직 조선 사람이 그렇게 많이 살고 있지 않았지만, 그래도 1923년 4월에 '기미가요마루'가 취항한 이후 오사카로 돈벌러 오는 제주도 출신이 급증했다. 현재의 조토 구(城東區), 히가시나리 구(東成區), 이쿠노 구(生野區), 니시나리 구(西成區)에 해당하는 지역에 조선인 밀집지역이 형성되고 있었고, 모리마치 일대도 조선인이 밀집해 있는 지역이 있다. 모리마치 시장의 고객들은 대부분 제주도 출신이었다. 따라서 이곳에서는 제주도 사투리가 어지럽게 날아다니고, 고향 소식이나 친척, 친구, 친지의 소식과 온갖 정보가 교환된다.[64)]

63) 高権三, 『大阪と半島人』, 東光商会書籍部, 1938, 33쪽.
64) 양석일 저, 김석희 역, 『피와 뼈① 오사카 아리랑』, (주)자유포럼, 1998, 33쪽.

인용에서 알 수 있듯이 모리마치 조선시장은 김준평 등 제주도에서 건너간 등장인물들이 종사하는 어묵공장 뒤편에 위치한다. 조선시장은 공장 측 입장에서는 제조된 어묵을 판매하기 위한 최적지였을 것이다. 그뿐만 아니라 시장의 고객이 대부분 제주도 출신이라는 점은 판매자(제조자)와 구매자 모두에게 유리한 조건으로 작용하였을 것이다. 그 때문에 모리마치 조선시장에서는 제주도 사투리가 일상적이었으며, 고향, 친척, 지인 등에 관한 각종 소식과 정보가 쉽게 교환되는 공간이었던 것이다.

정리해 보면 조선시장은 일본에 거주하는 조선인들의 특수한 생활문화를 뒷받침해 주는 역할을 했을 뿐만 아니라 정보와 소식을 주고받는 소통의 공간이었다. 또 무엇보다 조선인 부락 내에서 물품의 판매와 구매 활동이 이루어지면서 조선인 부락의 경제와 고용 문제에도 일익을 담당하는 기능을 하였다고 할 수 있다.

3) 식생활

1920년대 이후부터 조선인 노동자의 증가와 함께 조선인 부락이 형성되고 뒤이어 1930년대 초에는 조선시장이 나타나기 시작하였다. 그와 함께 조선인들 가운데는 가족단위로 장기체류하는 경우도 증가하였다. 이러한 과정 속에서 일본에 거주하는 조선인의 생활양식도 점차 변화하였는데 특히 주거방식과 의복생활은 지역이나 직업, 성별 등에 따라서 다소 차이는 있지만 비교적 빠른 시기부터 일본인들의 생활양식으로 많이 변화되었다. 그런데 주거 방식이나 의복생활과 비교해서 상대적으로 변화가 늦거나 어려웠던 부분은 식생활 문제였다고 할 수 있다. 인간의 생활에 있어서 가장 기본적인 요소의 하나인 식생활은 일정 기간 생활환경이 변화한다고 하더라도 주거방식이나 의복생활과는 달리 오랜 기간 몸에 배인 식습관으로 그 변화의 속도는 느릴 수밖에 없었을 것이다.

물론 조선인들의 식습관이 부분적으로는 일본인의 식습관과 유사한 측면도 있어서 어느 정도는 그 환경의 변화에 적응하고 대응했다고 볼 수 있다. 예를 들면 주식으로 쌀을 이용하였으며, 조미료에는 간장과 된장을 활용한다는 점 등은 유사하다. 하지만, 역시 식습관을 좌우하는 식재료, 조리법, 식사 방법 등은 많은 차이가 있었다. 예를 들면 일본인에 비해 닭고기나 돼지고기 등의 육류를 활용한 음식을 많이 섭취하는 점, 조리할 때 마늘과 고춧가루 등의 자극적인 재료를 많이 활용하는 점, 김치나 장아찌와 같은 발효식품을 많이 애용한다는 점 등은 그 대표적인 차이점이라고 할 수 있다. 그리고 조선인의 일본 체류가 장기화되고 또 가족단위의 도항이 늘어나면서 조선에서의 식생활을 유지하거나 재현하려는 경향은 더 많아졌다. 이와 같은 일본 거주 조선인들의 식생활에 대한 욕구를 일정 부분 해소할 수 있는 곳이 다름 아닌 조선시장과 조선음식점이었을 것이다.

앞서 살펴본 바와 같이 조선인 부락과 그 주변에 나타나기 시작한 조선시장에서는 일본에서 구하기 어려운 조선인들이 좋아하는 많은 식재료를 구입할 수 있었다.[65] 또 각지의 조선인 부락을 중심으로 결성된 조선인의 소비조합은 일본에서는 구하기 어려운 식재료를 대량으로 저렴하게 공동구매하는 방식으로 확보하기도 하였다.[66]

65) 1920년대에 오사카시 사회부가 조사한 내용에 따르면, 1920년대 중반까지 '그들(조선인)은 내지에 있는 재료로 가능한 조선식 요리를 만들고 있다', '그렇기는 하나 조선 고추는 내지(内地)시장에 나타나지 않는다, 그들은 너무 매운 내지 고추에 만족하지 못했지만 어쩔 수 없었다'고 한다(大阪市社会部, 「朝鮮人労働者問題」, 1924(朴慶植, 『在日朝鮮人関係資料集成』 第一巻, 三一書房, 1976, 381쪽)).

66) 1935년 11월 15일자 『민중시보』에는 김장 배추를 소비조합 차원에서 공동구매하는 내용의 기사를 확인할 수 있다. 기사에는 '白菜共同購買 大阪消組 東部支部(배추공동구매 오사카 소비조합 동부지부)'라는 제목과 함께 '만반진수가 다 밥상에 오를지라도 김치깍둑이가 업스면 밥맛이 업다고 하는 것은 우리 조선 사람의게는 공통되는 생각일 것이라. 조선김치

다음으로 조선 음식점은 조선인 노동자의 증가와 함께 자연스럽게 증가한 만큼 조선인 부락과 그 주변을 중심으로 다수의 가게들이 등장하여 조선인의 식생활에 대한 욕구와 향수를 해소하는 역할을 하였다. 앞서 살펴본 바와 같이 1930년대에는 전국의 대도시와 조선인 부락을 중심으로 신문의 명함광고에 등장하는 음식점 수만 보더라도 162개에 달할 정도였다. 특히 1930년대 오사카시에는 조선 요릿집이 밀집된 '조선유곽'이 기타구(北区) 나니와초(浪花町)에 37곳이 운영될 정도였다.

조선인이 운영하는 음식점 중에 가장 핵심은 야키니쿠집(焼肉屋)이라고 할 수 있다. 야키니쿠집은 이미 1930년대 후반에 오사카에서 운영되고 있었으며, '야키니쿠야, 센마이야(천엽요리집) 등이 도처에 있고 이런 곳에 가서 그날 하루의 피로를 잊고 가는 일도 적지 않다'고 할 정도로 많은 사람들이 이용하였다.[67]

한편 1936년 오사카부 경찰부(大阪府警察部)는 조선인에 대한 생활지도의 방침을 세우고, 조선인을 대상으로 하는 식료품을 판매하는 조선시장의 폐지와 조선시장의 신설을 인정하지 않으며, 돼지머리, 내장 등의 판매는 다른 직종으로 전업시키는 것을 추진하였다. 그리고 조선인 음식점은 엄중히 감독하여 '악질적인 자'에 대해서는 영업정지 처분을 내리고, 동시에 송환을 고려하기도 하였다.[68] 하지만 이러한 방침은 철저하게 지켜지지는 않았으며, 주로 조선인을 대상으로 하는 조선시장과 조선인 음식점은 이후에도 계속해서 많이 운영되었다.

조선인 부락의 형성과 야키니쿠집을 비롯한 조선 음식점의 번성에 발

는 조선 사람의 생활에 있어서 조선 료리의 지위에 있어서 가장 보편적이오 민중적이오 또 경제적', '중요한 연중행사의 하나인 김장준비'를 위해 배추를 공동구매 한다고 기술하고 있다.

67) 高権三, 『大阪と半島人』, 東光商会書籍部, 1938, 92쪽.

68) 「うめくさ 大阪府の在住朝鮮人同化方策に就いて」, 『特高月報』 1936년 6월.

맞추어 재일코리안 사회에는 막걸리와 같은 주류의 유통도 증가하였다. 막걸리는 일본의 도부로쿠(ドブロク)라고 하는 탁주(濁酒)와 비슷한 주류로 조선인 부락에서는 일본 당국의 허가를 받지 못하고 대부분 밀조(密造)되어 유통되고 판매되었다. 그래서 일본의 주세법 위반으로 단속의 대상이 되었다. 막걸리의 밀조 단속은 1925년경에는 '조선인의 드문 범죄'라는 보도처럼 많지는 않았던 것 같다. 그러나 시간이 지날수록 막걸리 밀조에 대한 단속은 엄격해졌으며, 대규모 밀조 적발이 크게 기사화되기도 하였다. 그리고 1930년대 후반에는 막걸리 밀조로 조선인 부락에서 검속되는 사람도 나타났다.

일찍부터 일본으로 도항한 재일코리안 1세대들의 회고에는 당시 조선인 부락에서 밀조된 막걸리를 마시며 고향에 대한 향수와 민족의 시대적 아픔을 달래던 모습이 자주 회자되기도 한다. 다음의 내용도 그 좋은 예라고 할 수 있다.

> 밤은 별세계였다. 밀조한 막걸리가 있고 마늘과 고춧가루를 넣은 김치가 있고 술이 취하면 고향의 민요가 흘러 나왔다. 일본의 학정을 한탄하는 청춘가가 나오면 아리랑, 도라지, 노들강변, 소상팔경, 춘향가 등 아는 노래 전부가 흘러 나와 저녁 여섯시부터 시작된 술자리가 새벽 두, 세 시까지 이어지는 일도 많았다.[69]

밀조된 막걸리에 마늘과 고춧가루로 만든 김치를 먹으며 조선의 민요를 불렀던 조선인들, 이들에게 조선음식과 식문화는 일본에서의 힘든 생활과 민족적 차별을 잠시나마 잊으며 고향에 대한 향수와 위안을 느끼게 하는 자극제 역할을 하였던 것이다. 물론 재일코리안의 음식과 식문화도

69) 金鍾在述, 玉城素編, 『在日韓國人一代』, 圖書出版社, 1978, 104쪽.

시대의 흐름과 변화를 거스르지는 못하였다. 분명 그 변화의 속도에는 차이가 있지만 재일코리안의 음식과 식문화도 일본문화에 대한 순응과 동화의 과정을 거치면서 서서히 변용된 것은 부인할 수 없는 사실이다. 하지만 그럼에도 불구하고 조선음식과 식문화가 재일코리안에게 민족적 결합과 문화적 정체성을 확인시키는 계기로 작용한 것은 분명하다.

4. 조선인 부락의 기능과 역할

조선인 부락이 형성되고 가족단위의 도항과 정주화가 진행되면서 재일코리안 사회에는 다양한 조선인단체가 등장하기 시작하였다. 이들 단체는 주로 친목과 상호부조, 빈곤자 구제, 직업소개, 인격향상 등을 목적으로 만들어졌다. 그리고 각 단체의 조직의 규모, 활동 분야, 이데올로기적 성격 등은 구성원, 지역, 목적 등에 따라 다양한 양상을 띠고 활동하였다.

이와 같이 다양한 목적으로 만들어진 단체들 중에서도 가장 중심적인 역할을 한 것은 지연과 혈연을 기반으로 한 친목과 상호부조를 목적으로 한 단체이다. 1920년대 이후 재일코리안 사회에서 친목과 상호부조를 위한 목적으로 시작된 대표적인 활동으로는 계(契)와 소비조합이 있다. 원래 계는 조선의 농촌사회를 중심으로 자생적으로 활발하게 만들어진 민간 협동단체로 계원의 상호부조, 친목, 통합, 공동이익 등을 목적으로 일정한 규약을 만들고, 그에 따라 운영된 조직이다. 재일코리안 사회의 계는 계원들이 일정 금액의 돈을 출자한 후 이를 통해 이익과 이자를 늘리고, 이를 규약에 따라 계원에게 급부하는 친목과 상호부조 조직이다. 계는 일본으로 도항한 조선인들의 생활상의 어려움을 해결하는 데 일정 부분 기여하였으며, 재일코리안에 대한 사회정책이 부족하던 시기에 조선인들끼리의 상호부조에도 큰 역할을 하였다.

조선인 부락에서 친목과 상호부조를 위해 만들어진 또 하나의 조직은 소비조합이다. 소비조합은 1930년대 초에 조선인 부락이 확산되고 공동구매를 통한 소비자의 이익을 중시하는 차원에서 결성되고 운영되었다. 1930년대 오사카지역에는 650명의 조합원을 거느린 대동소비조합과 오사카소비조합을 비롯한 13개 소비조합이 결성 운영되었다고 한다.[70] 당시 소비조합에 대한 조선인들의 관심은 높았다. 이것은 소비조합을 통한 경제적 이익과 유익한 생활정보를 얻을 수 있었기 때문이다. 그리고 이러한 소비조합의 활동은 당시의 신문에도 소개되면서 더 많은 조선인의 호응을 불러일으켰다. 오사카의 한글신문인 『민중시보』 제4호에는 다음과 같은 공동구매에 대한 기사가 실렸다.

> 여러분 가정에서 매일 쓰는 일용품과 식료품을 헐케사야 합니다. 여러 가정부인들이 물건 사시는 것을 보면 에누리 잘하는 것이 물건 헐케 사는 유일한 방법으로 아는 것 갓습니다. 그러나 물건파는 상인들은 여러분보다 훨신 더 령리하고 간사합니다. 첫재는 여러분이 에누리할 것을 미리 알고 물건갑슬 빗싸게 치는 것이요 둘재는 여러분이 잘 아는 물건은 본갑이나 달음업시 헐케 팔지마는 잘 몰으는 물건에는 닷배식 밧는 수단을 쓰는 상인이 잇습니다. 셋재는 물건을 조금식 사는 것보다 한꺼번에 만히 사는 것이 헐케됩니다. 그런즉 이러한 상인들에게 속지말고 또 여러분에게 가진 공동이란 큰 힘으로 헐케 살 수가 있습니다. 이제 그 방법에 대하야 다음에 이약이 하겟습니다.[71]

기사에는 공동구매와 대량구매가 소비자의 손해를 최소화하고 동시에 이익을 보전하는 방법이라고 소개하고 있다. 특히 앞으로의 물가상승에 대비하기 위해서도 공동구매는 절대로 필요하다는 입장을 기술하고 있다. 실제로 소비조합은 김장배추와 같은 식재료를 공동구매하여 조선인의 김장준비를 수월하게 하는 한편 경제적 이익을 도모하기도 하였다.[72]

---

70) 정혜경, 「1930年代 初期 오사카(大阪)地域 協同組合과 朝鮮人運動」, 『한일민족문제연구』 vol.1, 2001, 92쪽.

71) 『민중시보』 1935년 8월 15일자(朴慶植, 『朝鮮問題資料叢書』 第五卷, 三一書房, 1983, 559쪽). (인용자 주－원문의 맞춤법을 그대로 인용한다).

72) 朴慶植, 『朝鮮問題資料叢書』 第五卷, 三一書房, 1983, 578쪽.

조선인 부락을 중심으로 공동체의 통합과 공동이익을 목적으로 조직된 대표적인 단체에는 동아통항조합(東亜通航組合)이 있다. 동아통항조합은, 앞서 제주도오사카항로에 대한 논의에서 설명한 바와 같이, 제주도와 오사카를 왕래하는 조선인에게 저렴한 운임으로 편익을 제공하기 위해 만들어진 선박협동조합이다. 동아통항조합은 제주도오사카항로를 운항하던 기존의 아마사키기선부(尼崎汽船部)와 조선우선(朝鮮郵船) 등의 운임인상이라는 횡포에 대해 제주도 출신 재일코리안들의 대항적 차원에서 결성되었다. 물론 운항 선박의 좌초, 무리한 운임 경쟁으로 인한 누적채무 발생, 그리고 지속적으로 이루어진 일본 당국의 방해와 탄압 등으로 1933년 12월에 운항을 정지하고 결국 다음해 2월에 동아통항조합은 해산하였지만, 재일코리안의 공동이익과 편익을 도모하기 위한 협동조합으로서는 획기적인 활동을 한 것으로 평가할 수 있다.

그밖에도 재일코리안 사회에서 조선인의 상호부조와 공동이익을 도모하기 위해 만들어진 단체에는 조선무산자진료소(朝鮮無産者診療所)가 있다 조선무산자진료소는 1930년 2월에 오사카에 거주하는 조선인의 진료와 치료를 위해 만들어진 의료조합이다. 일본에 거주하는 조선인들은 대부분이 열악한 위생환경과 위험하고 힘든 작업환경에 처해 있었던 만큼 질병과 사고의 위험도 높았다. 하지만 일본어를 원활하게 사용하지 못하고 게다가 비싼 치료비 때문에 일본 의료기관에서는 제대로 된 진료와 치료를 받지 못하는 조선인이 많았다. 이 때문에 재일코리안 사회에서는 조선인 의사가 진료와 치료를 담당하면서 진료비나 치료비, 약값이 저렴한 의료기관을 필요로 하였다. 조선무산자진료소는 이와 같은 재일코리안 사회의 필요에 의해 30여 명의 후원을 받아 만들어진 단체이다. 1930년 2월에 오사카의대 출신의 정구충(鄭求忠)을 비롯하여 민찬호(閔瓚鎬)와 조선인 간호사 등으로 구성된 '실비진료소'가 개원하면서 본격적으로 의료조합 활동이 시작되었다. 그리고 진료소 설립 직후에는 의료 확장을 위한 기금을 모금하기 시작하여 2,000원을 모금하기도 하였다. 그러나 조선무산자진료소는 단체설립허가를 받지 않았다는 이유로 1933년 9월에 일본 당국의 폐쇄명령으로 폐쇄되었다. 비록 조선무산자진료소는 폐쇄되었지만, 재일코리안 사회에 상호부조, 의료 혜택의 제공, 경제적 이익의 도모라는 측면에서 공동체의 이익을 위해 큰 기여를 했다고 할 수 있다.

이외에도 1930년대에 친목과 상호부조 등을 목적으로 하는 재일코리안 단체는 노동조합을 비롯하여 학생단체, 직능단체, 상공업자단체, 예술단체, 스포츠·오락단체, 종교단체 등 다양하게 조직되어 활동하였다. 1934년 내무성 경보국(內務省警保局)의 조사에 따르면 재일코리안 단체는 도쿄에만 248개가 조직되어 활동하고 있었으며 가입자 수는 24,495명에 이르렀다. 그리고 전국적으로는 1,087개 단체에, 가입자 수는 14만 9,632명에 달하였다.(〈표 14〉 참조)

〈표 14〉 주요 지역별 재일코리안 단체 현황(1934년 기준)[73]

지역명	단체 수	가입자 수
도쿄	249	24,495
교토	64	4,275
오사카	278	67,538
가나가와	29	1,957
효고	66	5,906
아이치	94	8,204
히로시마	25	3,805
야마구치	50	5,610
후쿠오카	48	7,816
기타	185	20,026
합계	1,087	149,632

이상의 내용을 종합하면 일본 내 각지의 조선인 부락은 조선인의 일본 도항 단계에서부터 주거나 일자리와 같은 기본적인 생활기반의 마련에 중요한 역할을 제공하였으며, 지연과 혈연을 바탕으로 한 공동체의 확립에도 커다란 작용을 하였다고 할 수 있다. 그리고 그 과정에서 친목, 상호부조, 공동이익의 도모를 위해 공동체 차원의 결합과 저항적 자세도 보여주었다. 그런데 조선인 부락은 이와 같은 가시적인 기능과 역할 외에도 조선인들의 민족문화와 언어를 유지하고 계승하면서 재일코리안의 민족적 정체성 확립에도 큰 영향을 주었다. 그리고 고향인 한반도에 대한 정보를 교환하고 공유하면서 한반도와의 유대와 결합을 지속적으로 강화하는 창구 역할도 담당하였다.

73) 内務省警保局, 『社会運動の状況』, 1934(朴慶植, 『朝鮮問題資料叢書』 第三巻, 三一書房, 1983, 49~52쪽; 방광석, 「1920~30년대 간토(關東)지역 '재일조선인' 사회의 형성과 지역사회」, 『史叢』, vol.63, 2009. 143쪽 재인용).

제3장

코리아타운의 과거와 현재

제3장
코리아타운의 과거와 현재

1920년대 이후 일본으로 도항하는 조선인의 수가 증가하면서 대도시를 중심으로 조선인의 집단 거주현상이 나타나고 '부락'이 형성되기 시작하였다. 조선인 부락은 주로 저지대나 습지 또는 하천부지 등 일본인들이 생활하기 싫어하는 지역이나 위생적으로 취약한 지역에 형성되는 경우가 많았다. 하지만 조선인 부락은 조선인들에게 있어서 단순히 주거문제를 해결하는 공간으로서의 의미만이 아니라 정주 공간으로서 조선인들 사이의 정보 공유, 친목, 상호부조, 공동이익을 도모하는 한편 한반도와의 유대와 결합도 모색하는 공간이었다. 조선인 부락에서는 일자리와 생활기반을 마련할 수 있었으며, 사고나 질병으로 어려움이 생기면 서로 도우며 치료를 받을 수 있었다. 또 고향으로 가기 위한 여비를 마련할 수도 있었다. 그뿐만 아니라 민족의 미래에 대해 함께 고민하고 조선인으로서 민족적 정체성을 확립하며 단체를 만들어 적극적으로 활동 할 수 있는 정치적 공간이기도 하였다.[1)]

1) 樋口雄一, 「在日朝鮮人部落の積極的役割について」, 『在日朝鮮人史研究』 第1号, 1977, 28~29쪽;

오늘날 일본에도 이른바 '코리아타운'이라는 재일코리안 집주지가 각지에 산재해 있다. 오사카시 이쿠노구의 쓰루하시(鶴橋) 일대, 도쿄의 신오쿠보(新大久保) 일대, 교토의 히가시구조(東九条) 일대, 가와사키시 시멘트도오리(セメント通り) 등은 대표적인 코리아타운이라고 할 수 있다. 재일코리안연구가 정아영(鄭雅英)은 코리아타운에 대해 다음과 같이 설명하고 있다.

> (코리아타운은, 인용자)조선인 집주지를 가리키지만, 일본에서의 코리아타운이라는 명칭은 1993년 12월 오사카시 이쿠노구 모모타니(桃谷)에 위치하는 미유키도오리(御幸通) 상점가 중에 주오(中央)·히가시(東) 상점가가 컬러 포장과 한국풍의 문 등을 도입해서 종래의 '조선시장'을 대폭 리뉴얼하면서 '코리아로드', '코리아타운'이라고 표시한 데서 비롯되었다. 당초 이 지역 상점가에 '코리아'라고 붙이는 것에 대해 일부의 일본인 주민이 반발하기도 했다. 주변지역에는 민족단체 지부와 그밖에 민족학교, 재일코리안이 경영하는 병원, 1세 노인을 대상으로 하는 간병시설, 한국 교회·한국 절 등이 집중되어 있다. 이전에는 민족계 금융기관도 상점가 안에 있어 독자적인 생활공간을 형성했다.[2)]

인용에서 알 수 있듯이 코리아타운은 전전기의 조선인 부락과 조선시장에서 그 유래를 찾을 수 있으며, 코리아타운이라는 명칭 그 자체는 1990년대에 정착이 된 것으로 볼 수 있다. 그리고 코리아타운에는 재일코리안의 거주, 교육 활동, 의료 활동, 상업 활동, 단체 활동, 문화예술 활동 등 다양한 활동이 전개됨으로써 재일코리안의 '독자적인 생활공간'으로 자리매김 하고 있다는 것을 알 수 있다. 그러한 의미에서 코리아타

정혜경 「일제 강점기 '조선 부락'의 형성과 사회적 역할」, 『일본 한인의 역사(하)』, 국사편찬위원회, 2010, 206쪽 참조.

2) 국제고려학회 일본지부, 재일코리안연구소 역, 『재일코리안사전』, 선인, 2012, 437쪽.

운에 대한 고찰은 재일코리안의 생활과 활동, 과거와 현재, 그리고 미래를 조망할 수 있는 척도가 될 것이다.

여기에서는 일본 각지에 형성된 코리아타운의 형성 과정과 변천, 그리고 현황을 주로 해방 이후부터 현재까지의 시기로 한정해서 살펴보고자 한다. 다만 코리아타운은 일본 각지에 크고 작은 규모로 산재하고 있으며, 아울러 코리아타운으로서의 기능과 위상도 다양하게 나타난다는 점에서 부분적인 검토에 불과하지만, 오사카지역, 도쿄지역, 교토지역, 가와사키지역, 나고야지역에 위치한 대표적인 코리아타운을 검토 대상으로 삼고자 한다.

1. 오사카 지역의 코리아타운

오사카시가 가장 최근에 공개한 인구조사에 의하면 2018년 3월 말 현재 총 외국인 수는 131,949명으로 한국 · 조선적은 67,454명, 비율은 51.1%로 조사되었다. 특히 오사카시에서 재일코리안이 가장 많이 거주하는 이쿠노구의 경우는 총 외국인 수는 27,595명, 그중에 한국 · 조선적은 22,466명으로 비율은 81.4%로 나타났다.[3)]

오사카시 이쿠노구는 가장 대표적인 재일코리안 집거지로 주로 올드커머가 많이 거주하는 지역이다. 이쿠노구 중에서도 재일코리안이 집중하여 거주하는 곳은 미유키도오리(御幸通り) 상점가, 쓰루하시(鶴橋) 국제시장, 이마자토신지(今里新地)라고 할 수 있다. 이들 지역에 재일코리안이 집중하여 거주하게 된 것은 1920년대 이후 당시로서는 히가시나리구 이카이노초(猪飼野町)에 조선인 부락과 조선시장이 형성되면서 시작되었다.

이카이노는 한자 의미를 그대로 풀이하자면 '돼지를 기르는 땅(들판)'이라는 뜻으로 고대에 한반도에서 건너간 도래인(渡来人)이 돼지를 기르는 기술을 가지고 있었다고 해서 붙여진 이름이라고 한다. 하지만 이카이노는 1920년대 이후에 형성된 대부분의 조선인 부락이 그러했듯이 일본인이 살기 싫어하는 땅이었으며 비가 많이 오는 때는 하천의 범람과 침수가 자주 일어나는 저습지였다. 이러한 지역에 조선인 부락이 형성되면서 이카이노는 일종의 빈민가, 즉 게토(ghetto)의 성격을 띤 대표적인 조선인 집주 지역으로 자리 잡게 되었다.

그런데 이카이노는 1943년에 오사카에 이쿠노구가 신설되면서 대부분의 지역이 행정구역상으로는 이쿠노구에 속하게 되었다. 그리고 1973년

3) 大阪市住民基本台帳人口 · 外国人登録人口(町丁目別) 자료 참조. (http://www.city.osaka.lg.jp/ikuno/page/0000427171.html)

2월에 시행된 주소표시변경으로 행정명칭에서는 소멸되어 버린 이름이 되었다. 하지만 지금도 이 지역은 재일코리안을 비롯한 많은 사람들이 이카이노라는 명칭으로 기억하고 또 부르고 있을 정도로 상징적인 지역으로 알려져 있다.

1) 미유키도오리 상점가

먼저 미유키도오리 상점가를 살펴보자. 이 지역에 조선인 부락과 조선시장이 처음으로 형성되었을 때는 현재의 미유키도오리 상점가에서 100미터 정도 남쪽 방향으로 T자형이었으며, 조선인이 거주하는 주택 1층과 노상 등에 상점을 내고 김치, 나물, 고무신 등을 판매하는 정도였다. 한편 미유키도오리 상점가는 1926년에 미유키모리신사 앞에서 오사카시립 쓰루하시공설시장이 개설된 이후, 점차 발전하게 되었다. 1927년에는 시모아지하라(下味原)와 이마자토(今里)를 잇는 전철(市電)이 개통되었으며, 쓰루하시역과 이카이노역도 개설되었다. 1931년에는 지금의 JR오사카환상선(国鉄城東線)의 교바시와 덴노지 간 고가공사가 완공되어 쓰루하시역이 개업하였다. 이렇게 해서 교통이 편리하게 되자 미유키도오리 상점가를 찾는 방문객도 증가하여 시장은 번성하였다.[4] 하지만 아시아·태평양전쟁이 격화되고 전쟁 말기에 이르자 오사카 지역도 1945년 6월에 대규모의 공습을 받게 되었고, 물품부족으로 상점들은 문을 닫고 피난을 갔다. 그런데 패전 이후에도 이 지역에 거주하던 일본인들은 다시 돌아오는 경우가 드물었으며, 결국 상점가는 빈집이 늘어나게 되었다. 그러한 가운데 건물주들은 저렴한 가격으로라도 상점을 임대하기를 원했으

4) 高賛侑, 「朝鮮市場からコリアタウンへ」, 猪飼野の歴史と文化を考える会編, 『ニッポン猪飼野ものがたり』, 批評社, 2011, 333쪽.

며, 결국 상점가 뒷골목 등에서 장사를 하던 조선인들이 서서히 이곳 상점가로 입주를 하게 되었다. 미유키도오리 상점가에 조선인이 장사를 시작한 것은 1948년 이후라고 한다.[5] 이렇게 해서 미유키도오리 상점가에 일본인과 조선인이 함께 상점을 운영하는 상황이 되었다.

그런데 1951년에 조선인 상점주의 진출이 점점 늘어나자 이에 대한 거부감을 가진 일본인 상점주를 중심으로 이곳을 일본인 상점가로 재구성하기 위한 시도가 나타났다. 하지만, 출자금의 갹출문제 등으로 이러한 시도는 다수의 동의를 얻지 못해 무산되었다. 오히려 이를 계기로 상가 재구성을 주도했던 일본인 회장은 사임하고 상점가는 서(西)상점가, 중앙(中央)상점가, 동(東)상점가 3곳으로 나눠지게 되었다.(〈그림 18〉 참조) 이 중에 중앙상점가는 조선인 상점이 많이 진출하여 조선 물품을 판매하는 특화된 상점가의 성격을 띠게 되었다. 그 결과 일본 내 각지에 거주하는 재일코리안이 이곳으로 물건을 사러오는 등 중앙상점가는 크게 번

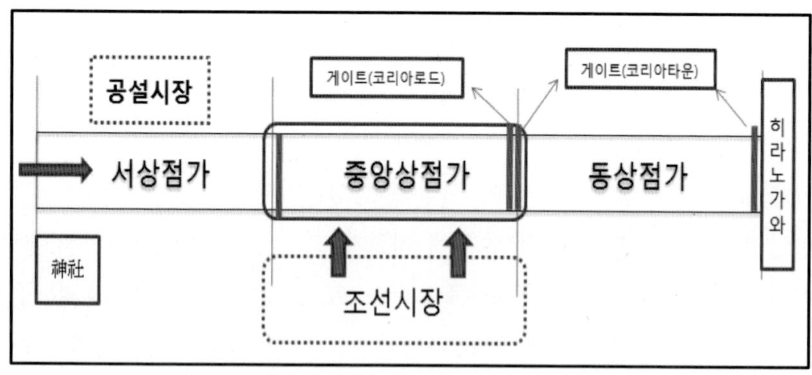

〈그림 18〉 오사카 미유키도오리 코리아타운 배치도[6]

5) 고정자 · 손미경, 「한국문화 발신지로서의 오사카 이쿠노쿠 코리아타운」, 『글로벌문화콘텐츠』 (5), 2010, 106쪽.

6) 이상봉, 「오사카 조선시장의 공간정치－글로벌화와 장소성의 변용」, 『한국민족문화』 41집, 2011, 239쪽.

창하게 되었다. 반면에 일본인 상점가는 장사가 잘 되지 않아 상점을 그만두고 철수하는 등 빈자리가 점점 늘어났다. 이 빈자리를 재일코리안 상점이 들어서는 경우가 반복되면서 재일코리안이 운영하는 상점은 점점 증가하였다.

1960년대까지 재일코리안이 관혼상제나 명절과 관련된 상품, 예를 들면 치마저고리와 같은 한복, 제수용품 등을 구입하기 위해서는 이곳 상점가를 찾아와야 했으며, 특히 명절 무렵에는 전국에서 물품을 구입하기 위해 모인 재일코리안으로 상점가는 붐볐다. 그렇지만 1970년대에 이르러서는 재일코리안의 세대교체로 인한 민족 관련 상품에 대한 수요의 감소, 일본 각지에 민족 관련 판매 상점의 증가, 쓰루하시역 주변의 국제시장의 발전 등으로 점차 원래의 기능은 축소되고 상권도 위축되는 양상이 나타났으며, 1988년에는 공설시장으로서의 기능이 폐지되는 상황이 되었다. 이러한 상황에서 상점주들 사이에서는 상점가의 활성화 방안으로 '코리아타운'의 구상이 추진되었다. 아울러 이러한 구상은 당시 오사카시의 '뉴타운 구상'이라는 지역별 상가활성화 방안으로 힘을 얻어 본격적으로 추진되었다. 1993년에는 코리아타운을 상징하는 게이트(gate) 설치와 도로포장, 가로 정비 등이 진행되었다.(〈그림 19〉 참조) 이 무렵 미유키도오리 상점가는 전체 상점 수 약 150곳 가운데 6할 이상이 재일코리안에 의해 운영될 정도였다. 아울러 상점가를 중심으로 주변 일대에 다른 지역에서 이주해 온 재일코리안이 늘어나면서 이쿠노 지역은 재일코리안이 가장 많이 집주하는 지역이 되었다.[7]

이 지역은 코리아타운이 형성되면서 단지 상업지구로서의 기능이 아

7) 高賛侑, 「朝鮮市場からコリアタウンへ」, 猪飼野の歴史と文化を考える会編, 『ニッポン猪飼野ものがたり』, 批評社, 2011, 335~342쪽; 이상봉, 「오사카 조선시장의 공간정치－글로벌화와 장소성의 변용」, 『한국민족문화』 41집, 2011, 238~248쪽 참조.

8) 재일코리안연구소 촬영.

〈그림 19〉 미유키도오리 상점가 게이트-백제문[8)]

니라 문화체험과 친선교류의 공간으로서 이미지에 많은 변화를 도모하기도 하였다. 재일코리안 청년들을 중심으로 각종 기념 강연회나 공연 등이 활발하게 이루어지면서 일본사회에 한국의 전통문화와 예술을 발신하고 공유할 수 있는 기회를 제공하는 문화교류의 장이자 민족적 정체성을 확인할 수 있는 공간으로 성장하게 된 것이다. 특히 1994년 3월에 개최된 '이쿠노민족문화제(生野民俗文化祭)'는 민족의 화합과 문화교류라는 차원에서 큰 호응을 얻었다. 또 2009년부터는 '이쿠노 코리아타운 공생축제(生野コリアタウン共生まつり)'를 매년 11월에 3개 상점가 연합으로 개최함으로써 코리아타운을 다문화공생과 문화융합의 메카라는 이미지로 표상하고자 노력하고 있다. 즉 이쿠노 코리아타운은 민족문화의 계승과 정체성의 확립뿐만 아니라 다문화공생과 문화융합을 실천하고 실현하는 문화공간으로서 자리매김 되고 있다고 평가할 수 있다.

이상의 코리아타운의 형성과정과 변천은 〈표 15〉와 같이 정리할 수 있으며, 참고로 2014년 2월 현재 코리아타운의 업종별 한인업체는 〈표 16〉과 같다.

〈표 15〉 오사카 코리아타운의 형성과정과 변천사[9]

연도	상점가 역사	연도	지리역사 관련
1926년	쓰루하시 공설시장(현재 이쿠노 옥내풀장) 개설	1919년	쓰루하시경지정리 조합 결성
1940년대 초기	미유키도오리 상점가(조직) 발족	1922년	기미가요마루 취항(오사카－제주항로 개설)
1940년 ~1950년	현재 미유키도오리 중앙삼점가 뒤쪽에 몇 개 점포에 의한 조선시장(비조기, 비단체) 형성	1941년	이치조도오리 중앙상점회 발족
1951년	미유키도오리 상점가(조직) 3단체로 분화(미유키도오리 상점가, 미유키도오리 중앙삼점가, 미유키도오리 동쪽상점가 등 발족)	1943년	이쿠노구가 히가시나리구에서 분리 독립
1984년	오사카청년회의소, 한국청년회의소 코리아타운 구상 제안	1944년	소개도로 착공
1992년	미유키도오리 동쪽상점가 진흥조합 개조	1973년	신주거표시 실시, '이카이노 소멸'
1993년	미유키도오리상점가, 미유키도오리 중앙삼점가에 게이트, 도로포장 완성	2013년	이쿠노구 제70주년
1996년	미유키도오리 동쪽상점가 진흥회, 부산자갈치시장과 자매열연		코리아타운은 중국화교의 차이나타운처럼 처음부터 계획된 관광지가 아니었음.
2000년	미유키도오리 중앙삼점회, 미유키도오리 동쪽상점가(진흥회), 상점가 부흥운동(오사카시에 관한 이벤트 참가)		
2002년	중앙상점회, 한일월드컵 개최기념 월드컵 축전(마쓰리) 개최		
2008년	최초 3개 상점가 회동으로 코리아타운 축제		
2014년	미유키도오리 상점가(조직) 가로등 대체작업, 게이트 설치		

9) 한종완 · 임영언, 「오사카지역 코리안 커뮤니티의 형성과 문화적 변용 연구－이쿠노(生野区) 코리아타운을 중심으로」, 『일어일문학』 제64집, 2014, 475~476쪽.

〈표 16〉 오사카 코리아타운 업종별 한인업체 현황(2014년 2월 기준)[10)]

업종별 구분		점포 수(%)
대분류	소분류	
식당음식업	한국요리, 야키니쿠	7(4.5)
	다방, 커피숍	4(2.6)
오락문화산업	한류숍, CD/DVD, 선물가게	4(2.6)
도소매업	한국식재료, 김치	23(14.9)
	정육, 돼지고기, 내장재료	19(12.3)
	한국식재료, 건어물, 해산물	10(6.5)
	한국 떡 전문점	2(1.3)
	청과물	3(1.9)
	민족의상(한복), 이불	3(1.9)
	의류, 양품점	8(5.2)
기타 업종	기타	71(46.1)
합계		154(100)

* 기타 업종에는 일본인 가게와 폐업 점포를 포함.

〈그림 20〉 오사카이쿠노코리아타운 지도[11)]

10) 한종완 · 임영언, 「오사카지역 코리안 커뮤니티의 형성과 문화적 변용 연구－이쿠노(生野区) 코리아타운을 중심으로」, 『일어일문학』 제64집, 2014, 482쪽.

2) 쓰루하시 국제시장

다음은 쓰루하시 국제시장 일대를 살펴보자. 쓰루하시에 상가가 형성되기 시작한 것은 아시아 · 태평양전쟁 말기 무렵이다. 그런데 이 일대는 전쟁의 격화와 공습으로 인한 화재확대를 방지하기 위한 건물소개(建物疎開)가 이루어지면서 대부분이 공터로 변하였다. 이곳의 건물소개는 1944년부터 총 5회에 걸쳐 이루어졌다. 그러나 정작 이 일대는 공습을 받지 않았으며, 1945년 9월 무렵부터 쓰루하시역을 중심으로 그 주변에 암시장이 형성되기 시작하였다.[12)]

쓰루하시역은 주변의 나라현(奈良県), 와카야마현(和歌山県) 등과 연결되는 역으로 교통이 편리한 관계로 주변 지역으로부터 각종 곡물류나 채소류 등이 많이 운반되고 유통되는 요충지였다. 이 때문에 쓰루하시역 주변은 건물소개로 인한 넓은 공터, 편리한 교통, 곡물 등 물자확보가 용이한 점 등이 작용하여 오랫동안 암시장이 존속되었다. 해방 당시에 쓰루하시역 주변에는 한반도와 중국, 대만 등지에서 도항한 약 3,000여 명의 재일외국인도 노점시장을 형성하고 있었다. 즉 쓰루하시역 일대는 상인의 민족구성을 볼 때 국제시장의 성격을 띠게 된 것이다. 이와 함께 쓰루하시역 주변은 건물소개로 만들어진 공터에 대해 오사카시가 원래 주인에게 반환하는 작업을 시행하면서 상점회가 조직되고 점차 상점가의 형태로 변모하게 되었다.

쓰루하시역 주변에는 모두 6개의 상점회 조직이 결성되었다. 가장 먼저 등장한 상점회조직은 오사카쓰루하시상점가진흥조합(大阪鶴橋商店街

11) 御幸通商店街, 御幸通中央商店会, 御幸通東商店街振興組合 홈페이지 참조. (http://ikuno-koreatown.com/)

12) 藤田綾子,「鶴橋ー闇市から商店街へ」, 猪飼野の歴史と文化を考える会編,『ニッポン猪飼野ものがたり』, 批評社, 2011, 272쪽.

振興組合)으로 산하에 4개의 상점회를 두고 있었으며, 1946년 4월에 1개와 같은 해 6월에 2개의 상점회가 설립되었다. 그리고 1947년 4월에는 쓰루하시상점가진흥조합(鶴橋商店街振興組合, 당시에는 쓰루하시국제상점가연맹)이 조직되었다. 이들 상점회 조직은 조토구(城東区)에 위치해 있었는데 1949년에는 이쿠노구와 덴노지구에도 상점회 조직이 만들어졌다. 상점회 조직 중 가장 늦게 만들어진 것은 1955년에 조직된 이쿠노구의 쓰루하시고려시장(鶴橋高麗市場)으로 이곳은 암시장과는 직접적인 관계가 없는 상점가라고 할 수 있다. 이들 각 상점회 조직의 배치는 〈그림 21〉과 같다.

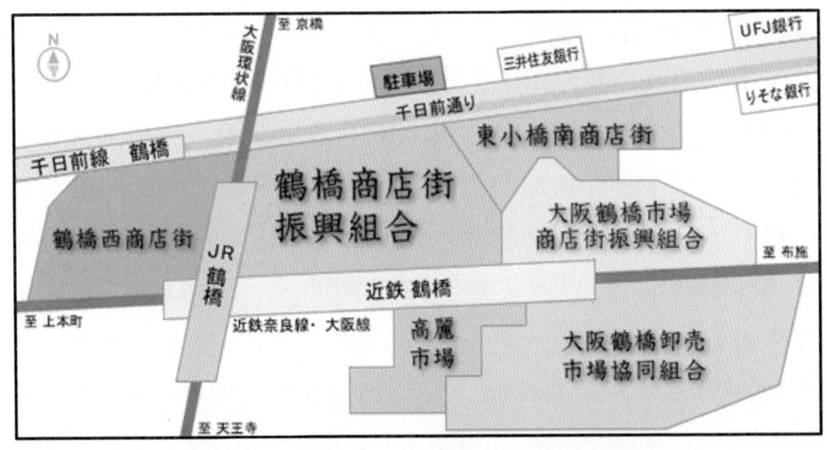

〈그림 21〉 쓰루하시역 주변 6개 상점가 단체[13)]

먼저 쓰루하시서상점가(鶴橋西商店街)는 과거에는 의류나 신발 등이 중심이었으나 근래에는 야키니쿠집과 주점 등이 많다. 다음으로 쓰루하

13) 藤田綾子, 「鶴橋ー闇市から商店街へ」, 猪飼野の歴史と文化を考える会編, 『ニッポン猪飼野ものがたり』, 批評社, 2011, 271쪽; 鶴橋商店街振興組合 홈페이지. (http://www.tsurushin.com/ja/access/neighborhood.php)

〈그림 22〉 쓰루하시상점가진흥조합[14)]

시상점가진흥조합은 복식과 잡화점이 중심이며 치마저고리와 김치 등 코리안계 상점이 다수 존재한다. 그리고 오사카쓰루하시시장상점가진흥조합(大阪鶴橋市場商店街振興組合)과 오사카쓰루하시도매시장협동조합(大阪鶴橋卸売市場協同組合)은 생선과 건어물 등 식료품이 중심으로 일본인 경영자가 많다. 히가시오바세남상점가진흥조합(東小橋南商店街振興組合)은 일용잡화 등이 중심이다. 다음으로 남쪽에 있는 쓰루하시고려시장은 대부분 코리안계 경영주가 운영하는 상점으로 구성되어 있으며 한국 식품이나 식재료 등을 판매하는 상점이 많다. 쓰루하시역 일대의 국제시장을 코리아타운이라고 명명할 수 있는 가장 큰 배경의 하나는 쓰루하시고려시장의 존재가 있기 때문이라고 할 수 있다.

오늘날 쓰루하시 국제시장이 코리아타운으로 불리게 된 것은 그다지 오래되지 않았다. 하지만 과거에 이 일대 시장의 한 축을 이루었던 신발류, 의류, 피혁 제품을 판매하던 상점은 근래에는 김치를 비롯한 한국 식

14) 쓰루하시상점가진흥조합 홈페이지(http://www.tsurushin.com/ja/access/neighborhood.php)

료품, 야키니쿠 등을 취급하는 음식점으로 많이 전환하는 경향이 생기면서 코리아타운화는 조금 더 진행된 양상이다.

3) 이마자토신지

이마자토신지는 미유키모리 상점가의 코리아타운에서 동쪽으로 약간 떨어진 히가시나리구에 위치한다. 이 지역은 일본의 근대 도시 형성과정에서 게이샤(芸者)와 유녀(遊女) 등 풍속업에 종사하는 여성의 거주지정소로 1929년에 정식적으로 허가를 받은 지역이다. 풍속업 관련 상점들이 등장하기 시작하면서 1930년대 오사카 시내에서 가장 큰 유흥업소 밀집지역이 되었다. 그러나 이 지역은 1945년 일본의 패전과 1958년 매춘방지법의 시행 등을 거치면서 업종이 많이 변하게 되었다. 재일코리안의 집주는 1980년대 이후부터이다. 대부분 재일코리안 뉴커머의 진출을 계기로 형성되었다. 이 지역의 뉴커머들은 상점을 임대하거나 매입해서 풍속업, 크라브(club), 스나쿠(일본식 유흥주점) 등과 같은 유흥업소를 운영하면서 재일코리안 집거지를 형성하였다. 이마자토신지는 미유키모리 상점가나 쓰루하시 등과는 달리 뉴커머들이 도쿄지역에 진출하여 개척한 유흥업소, 한국음식점, 식료품과 비디오, 에스테, PC방 등과 유사한 업종을 중심으로 상점가가 형성되었다.

이마자토신지는 1990년대 중반까지는 뉴커머 한국여성들이 이곳의 유흥업소에 종사하는 경우가 많았으나 1995년 한신아와지대지진(阪神淡路大震災) 이후 오사카 인근 지역 및 고베지역의 재일코리안의 주력산업인 신발제조업이 불황을 겪으면서 한국여성들을 대신해서 중국조선족여성들이 많이 진출하게 되었다. 또한 한국의 원화절상과 고임금 등으로 유흥업소와 같은 서비스분야에 종사하려는 한국여성이 크게 감소하면서 이 지역의 재일코리안 뉴커머의 상점은 중국인 또는 조선족이 운영하는 경우가 점점 늘어났다. 현재는 이 지역의 유흥업소 등 서비스 분야에 종사하는 대부분의 여성이 중국조선족 여성으로 바뀌면서 상점가의 주된 고객도 중국조선족 여성이 차지하게 되었다.

2. 도쿄의 신오쿠보 코리아타운

도쿄는 1603년에 도쿠가와 이에야스(徳川家康)가 에도(江戸)에 막부를 세운 이래 현재까지 일본의 수도로서 정치, 행정, 문화의 중심지 역할을 하고 있는 곳이다. 또 근현대 이후에는 한반도와의 정치, 경제, 문화 등 다양한 분야에 있어서도 깊은 관계가 있는 도시이다. 그만큼 한반도로부터 일본으로 도항한 조선인이 많이 거주하는 지역 중에 하나이며, 현재는 일본의 도시 중에서 한국인이 오사카 다음으로 많이 거주하는 지역으로 나타났다.

일본 입국관리국이 2017년 12월 기준으로 공개한 재류외국인 통계자료에 따르면 도쿄도에 등록된 한국 · 조선적 코리안은 92,550명으로 오사카부의 102,147명에 이어 일본에서 두 번째로 많은 한반도 출신자들이 생활하고 있다. 그런데 일본 입국관리국의 인구통계를 살펴보면 도쿄는 오사카와는 달리 뉴커머의 비율이 올드커머의 비율에 비해 높다는 것이 확인된다. 일반적으로 올드커머라고 할 수 있는 특별영주자의 경우, 오사카는 79,989명으로, 도쿄는 37,469명으로 집계되어 있다. 즉 오사카에 거주하는 재일코리안 중 올드커머의 비율은 78.3%에 달하는 반면에 도쿄에 거주하는 재일코리안 중 올드커머의 비율은 40.4%로 나타났다. 그만큼 도쿄는 재일코리안의 인구 구성에 있어서 뉴커머의 비중이 높은 지역이라는 것을 알 수 있다. 즉 도쿄 지역의 코리아타운은 주로 뉴커머가 중심이 되어 형성되었을 것이라는 것을 짐작하게 한다.

물론 도쿄에도 주로 올드커머가 집주하는 코리아타운이 그 규모는 작지만 곳곳에 형성되어 있다. 예를 들면, 아라카와구(荒川区)의 미카와시마(三河島)역 주변, 아다치구(足立区) 세키바라(関原), 히가시우에노(東上野), 아사쿠사(浅草) 니초메(二丁目) 일대 등은 대표적인 올드커머 집주지역이라고 할 수 있다. 이들 올드커머가 집주하는 지역에서는 주로 슬리퍼나 샌들 등과 같은 고무제품 관련 제조업이나 한국 음식점, 식료품점 등을 많이 운영하고 있다.

도쿄 지역에 뉴커머가 가장 많이 집주하는 코리아타운은 신주쿠(新宿)역을 중심으로 쇼쿠안도오리(職安通り)와 오쿠보도오리(大久保通り) 주변 일대에 걸쳐있다.(〈그림 23〉 참조) 2018년 7월 1일에 공개된 도쿄도의 인구통계에 따르면 신주쿠구에는 10,182명의 코리안이 거주하고 있으며 이 수는 도쿄도 내 시(市), 구(区) 지역 중 가장 많은 숫자로 나타났다.

〈그림 23〉 도쿄 오쿠보지역의 코리아타운 일대[15)]

15) 손미경, 「문화플랫폼'으로서 도쿄 · 오사카 코리아타운 연구」, 한국외국어대학교대학원 박사학위논문, 2013, 64쪽(稲葉佳子, 『オオクボ都市の力ー多文化空間のダイナミズム』, 学芸出版社, 2008, 86쪽).

신주쿠 지역은 1935년부터 일본인들이 상점을 운영하기 시작하였으며, 일본의 아시아·태평양전쟁 패전 이후 지주와 상인들이 새롭게 유입되었다. 지금의 가부키초(歌舞伎町) 지역은 1945년의 공습으로 큰 피해를 입었는데 1947년 신오쿠보상점가진흥조합이 발족되어 1948년부터 도시재건사업이 진행되었다. 가부키초에는 유흥가가 형성되면서 1960년대에는 도쿄 최고의 환락가가 되었다. 그러자 가부키초에서 가까운 신오쿠보는 베드타운 역할을 하는 지역으로 바뀌었다. 그런데 신오쿠보 지역은 재일코리안 올드커머가 폐품 회수나 일용노동직에 종사하며 많이 생활하는 지역이기도 하였다. 1950년 재일코리안 사업가인 롯데의 신격호가 이곳에 공장을 세우면서 많은 올드커머가 모여들었으며 오쿠보 주변에서 생활하게 되었다.

1960년대에 들어서는 도쿄올림픽의 열기로 도쿄에 건설 붐이 일어나면서 이 일대에 지방에서 올라온 많은 건설노동자들이 일자리를 찾아 유입하기도 하였다. 하지만 1970년대에는 올림픽 이후 건설경기가 안정되자 건설노동자들이 빠져나가게 되었고, 그로 인해 일본인 노동자의 숙소는 외국인들을 위한 숙박시설로 바뀌었다. 이렇게 해서 신오쿠보 지역에는 외국인노동자, 유학생, 취학생 등이 많이 거주하는 지역이 되었다. 재일코리안 올드커머도 1970년대에 쇼쿠안도오리와 오쿠보도오리 주변에 한국 식료품, 이·미용실, 목욕탕, 생필품 등의 가게를 열고 일본인과 올드커머를 대상으로 상점을 운영하였다.[16] 1980년대에도 이 지역은 주택이나 상가 등의 부동산 가격이 싸고 다른 지역에 비해 임차료도 저렴한 관계로 외국인의 유입은 점점 늘어났다. 1990년대에는 재일코리안 뉴커머들이 많이 유입되어 정착하면서 에스닉타운을 형성하게 되었다. 재일

16) 稲葉佳子, 『オオクボ都市の力』, 学芸出版社, 2008, 93~100쪽.

코리안 뉴커머들은 주로 한국인 여행자를 대상으로 숙박업소나 음식점을 운영하였다.

이상에서 살펴본 바와 같이 신주쿠 오쿠보 일대는 외국인의 유입과 이주에 의해 점차 에스닉타운으로 변모했다는 것을 알 수 있다. 가와무라 지즈코(川村千鶴子)는 신주쿠 오쿠보 일대의 외국인 이주자의 추이를 다음의 4단계로 정리하고 있다.(〈표 17〉 참조)

〈표 17〉 신주쿠 오쿠보지구의 외국인 이주자의 추이[17)]

단계	내용
제1단계 (Very Old Comers)	메이지 초기 중국에서 이주해 온 유학생 중심
제2단계 (Old Comers)	전쟁 중, 전후 일본에 정주한 재일조선인 중심
제3단계 (New Comers)	1980년대 이후 에스닉 타운을 형성한 아시아계 신규 도일 외국인 중심
제4단계 (Recent New Comers)	· 1990년 출입국관리법 및 난민인정법 개정 이후 도일한 약 100개국의 다국적 외국인 중심 · 1990년대 후반부터 2000년대에 이주한 사람들

가와무라의 구분에 따르면 신주쿠 오쿠보 일대에 뉴커머가 등장한 것은 1980년대 이후 한국, 중국, 대만 등지의 '아시아계 신규 도일 외국인'이 중심이 되었다. 실제로 이 무렵에는 1979년 타이완의 해외여행 자유화 시행, 1984년 중국의 사비 유학생 자유화 등의 조치로 대만과 중국으로부터 많은 사람들이 이 일대에 유입되었으며, 한국에서는 1980년대 중반부터 이 일대 일본 유흥업소의 서비스업 종사자로서 한국인 여성이 수

17) 川村千鶴子, 「ディアスポラ接触とは何か－新宿区大久保地区の多文化化の歴史から」, 『大東文化大学紀要』 46号, 2007, 145쪽.

천 명이 이주하기도 하였다. 가와무라는 1980년대 이후에 유입된 제3단계 '아시아계 신규 도일 외국인'부터 뉴커머로 칭하고 있지만, 앞서 기술한 바와 같이 재일코리안 뉴커머가 이 일대에 본격적으로 집주하고 정주하면서 에스닉타운으로서 코리아타운을 형성한 것은 1990년대에 들어서서부터라고 할 수 있다.

신주쿠의 신오쿠보 일대에 뉴커머를 중심으로 코리아타운이 형성된 배경에 대해서는 이미 많은 선행연구에서 지적한 바 있다. 그 배경을 제시하면 다음과 같다. 첫째, 각종 전문학교를 비롯하여 일본어 학교가 많아서 취학비자를 취득할 수 있으며, 일본어를 못하더라도 뉴커머가 운영하는 상점 등에서 아르바이트나 취업이 가능했다. 둘째, 외국인에 대한 차별이 다른 지역에 비해 상대적으로 적었으며, 숙소나 주택을 구하기 용이하였다. 셋째, 교통이 편리하고 필요한 정보를 수집하기 수월했다. 넷째, 뉴커머가 운영하는 상점이 많아서 문화적 거부감이 비교적 적었다. 다섯째, 다국적 문화의 유입과 업종의 세분화 전문화로 소규모 형태의 상점 운영이 가능했다. 여섯째, 한일월드컵 공동개최 및 한류의 영향으로 한국문화에 대한 이해와 유입에 긍정적이고 적극적인 입장이었다 등이다.[18)]

신오쿠보 지역의 코리아타운의 형성과 변천을 크게 3개의 시기로 구분하여 각 시기별로 보다 상세하게 살펴보자. 먼저 1980년대와 90년대에 코리아타운이 형성되는 초기의 양상을 살펴보자.

1980년대에 뉴커머의 유입이 시작되면서 쇼쿠안도오리 주변에는 이들 유입자의 숙박업이 호황을 누렸으며 동시에 이들 뉴커머를 상대로 하는

18) 유연숙, 「도쿄의 코리아타운과 한류: 오쿠보지역을 중심으로」, 『재외한인연구』 제25호, 2011, 92쪽; 지충남, 「재일한인 디아스포라 이주와 집거지 형성 비교 연구: 올드커머와 뉴커머를 중심으로」, 『대한정치학회보』 제20권 2호, 2012, 194~195쪽.

한국음식점과 식료품, 미용실, 의류 가게, 부동산 임대업 등의 상점이 점점 증가하였다. 그러나 쇼쿠안도오리 주변의 상점만으로는 증가하는 뉴커머의 수요에 대응하기에는 다소 부족하였으며 뉴커머가 운영하는 상점도 속속 등장하면서 쇼쿠안도오리는 공간적으로 협소하였을 뿐만 아니라 점차 부동산 가격과 임대료가 상승하는 현상이 나타났다. 이 때문에 1990년대 중반부터는 뉴커머의 상권은 오쿠보거리로 이동하게 되었다.

1990년대에 들어서서 뉴커머가 운영한 대표적인 업종에는 식당, 식료품, 국제전화 대리점, 비디오 대여, 이삿짐센터, 미용실, 송금업무 등이었다.[19] 또 1990년대 중반부터는 사우나, 화장품, 법률 상담, 여행사 등이 나타나면서 업종은 더욱 세분화되는 양상이 나타났다. 이 때문에 뉴커머들 사이에서도 업종 간 치열한 경쟁이 일어났다. 한편 한국의 외환위기로 일본에서 일자리를 얻으려는 뉴커머 노동자들이 증가하면서 직업소개나 알선을 위한 업종도 등장하였다. 2000년대 초에는 약국, 건강 식품점, 재생용품점 등과 같은 업종도 나타나면서 뉴커머뿐만 아니라 일본인도 소비자의 대상으로 삼게 되었다.

한편 2000년대 초에는 뉴커머를 중심으로 한 일종의 친목단체도 등장하였다. 자영업자, 기업 주재원, 유학생 등이 중심되어 상호 친목과 스스로의 권익을 획득하고 보호하며 공동의 이익을 실현하기 위해 필요하다는 취지에서 '재일본한국인연합회'의 결성이 추진되었다. 그리고 '재일본한국인연합회'는 2001년 5월 20일에 창립총회를 개최하였다. '재일본한국인연합회'가 제시한 역할은 첫째, 이국생활에서도 민족적 정체성을 잃지 않도록 서로 격려하는 한편, 정보의 공유와 다양한 협력 사업을 통해 공동의 이익을 실현해 나가는 것, 둘째, 재일한국인의 권익옹호를 위해 노

19) 마쓰다 도시히코, 「재일코리안과 뉴커머 문제」, 청암대학교 재일코리안연구소 편, 『재일코리안 디아스포라의 형성: 이주와 정주를 중심으로』, 선인, 2013, 367쪽.

력할 것, 셋째, 재일한국인들이 일본사회에 정착하는데 필요한 안내와 상담을 적극적으로 펼칠 것, 넷째, 일본 사회에서 우리에게 요구되는 책임과 의무에도 소홀히 하지 않을 것, 다섯째, 지역시회와 공존할 수 있도록 다양한 친목도모 사업을 전개할 것, 여섯째, 한·일교류의 실질적 담당자로서의 역할을 적극적으로 개척해 갈 것 등이다. 즉 뉴커머들의 친목과 협력의 장을 마련하고 다양한 정보의 공유와 협력을 통해 공동체의 이익을 극대화한다. 그리고 뉴커머들이 일본사회에 정착하는데 필요한 안내와 상담, 권익옹호를 위해 적극적으로 노력하고 일본 지역사회와의 공존 공생을 위한 활동에도 책임과 의무를 다할 것이며 한·일교류 활동에도 적극적으로 협조하겠다는 내용이다.[20]

다음으로 신오쿠보 코리아타운이 더 큰 발전과 도약의 전기를 마련한 2000년대를 살펴보자. 이 시기에 코리아타운의 발전에 가장 획기적인 계기를 제공한 것은 2002년 한일 월드컵 공동개최와 한류 붐이라고 할 수 있다. 2002년 한일 월드컵 공동개최는 한일 양국의 상호교류와 친선에 교두보 역할을 하였다. 특히 일본의 한국에 대한 친화적 이미지의 형성에 크게 기여하였으며 한국인과 한국문화에 대한 관심과 이해, 친밀감을 높여주는 역할을 하였다. 그 결과 일본인의 코리아타운에 대한 관심도 점차 높아지면서 직접 코리아타운을 찾는 방문객이 증가하였다. 그뿐만 아니라 2004년 NHK에서 방송된 '겨울연가'의 인기와 함께 본격적으로 시작된 한류 열풍으로 한류 상품들이 큰 인기를 모으면서 코리아타운에서는 이들 상품의 매출은 물론 코리아타운을 찾는 방문객도 급증하였다. 즉 이 시기에 코리아타운에 나타난 특징 중에 하나는 그동안 코리아타운의 대부분의 고객층이 한국인이었던 것에 반해 한류 붐 이후부터는 일본

20) 재일본한국인연합회 홈페이지(http://www.haninhe.com/).

인 고객이 급격히 증가하였다는 사실이다. 그리고 일본인을 주 고객층으로 삼아 한류 상품과 한국음식, 식료품 등을 판매하는 상점이나 기업이 등장하였다는 점도 주목할 부분이다. 소위 1차 한류 붐의 영향으로 신오쿠보는 한국인은 물론 일본인에게도 친숙한 일본 내 한류의 메카이자 대표적인 코리아타운으로 불리게 되었다. 그리고 신오쿠보 코리아타운에는 보다 많은 업종의 상점이 등장하였다. 약국, 병원, 은행, 슈퍼마켓, 세탁소, 인쇄소, 오락실, 교회, 사찰, 학원 등이 생겨나면서 약 300여 개의 상점이 뉴커머들에 의해 운영되는 지역이 되었다.

더욱이 2006년 3월에 한일 양국의 비자면제협정의 체결과 2차 한류 붐이라고 할 수 있는 K-pop의 인기로 코리아타운은 다시 한 번 전성기를 맞이하였다. 2차 한류 붐이 일어나면서 코리아타운에는 기존의 뉴커머뿐만 아니라 중국조선족, 인도, 베트남, 필리핀 등지의 이민자들도 유입되었고, 점차 다문화공생타운으로서의 면모도 나타나기 시작하였다.

2010년 8월의 조사에 따르면 코리아타운의 뉴커머가 운영하는 상점은 총 473개로 조사 되었다. 숙박 및 음식업이 229개로 가장 많았으며, 미용실, 학원, 여행사 등 서비스업이 79개, 식료품, 의료, 통신 등 소매업이 65개, 부동산, 병원, 이사업, 종교시설 등이 57개, 오락 및 문화 서비스업이 43개로 나타났다. 업종별로는 한국음식을 판매하는 식당과 분식점이 196개로 가장 많았으며 41%를 차지했다. 그리고 음식점을 포함한 오락·문화 관련 서비스업종이 전체 업종의 60%를 차지하고 있었다.[21)]

이 시기에 코리아타운에는 평일에 약 1, 2만 명, 주말에는 약 5만 명 정도의 관광객이 방문하면서 상권은 크게 활성화 되었으며, 코리아타운 전체의 매출도 크게 증가하였다. 그러나 한편에서는 임대료가 크게 상승

21) 이호상, 「에스닉 커뮤니티 성장에 따른 지역사회의 변화－도쿄 신오쿠보를 사례로」, 『한국도시지리학회지』 14권 2호, 2011, 128쪽.

하고 동종업종의 경쟁이 치열해지면서 각 상점의 수익의 안정성은 떨어지는 현상이 나타나기 시작하였다. 또 한국 기업의 프랜차이즈(franchise)도 진출하면서 기존의 뉴커머의 영업 환경은 더욱 어려워지는 상황도 생겨났다. 이러한 가운데 신주쿠 뉴커머들은 다양한 직능단체를 결성하여 신주쿠 구청 및 일본인 상인들과의 소통, 친목을 통해 다문화공생을 도모하고자 노력하였다. 이 시기에 결성된 단체에는 재일농식품연합회, 귀금속협회, 요식업협회, 재일한국음식업협회 등이다.

다음으로는 한류 열풍에 힘입어 전성기를 구가하던 신오쿠보 코리아타운이 다소 정체기를 맞이하는 2013년 이후를 살펴보자. 일본에서는 2004년 한류 붐이 시작된 한편 2005년부터는 혐한류라고 하는 한국과 한국인에 대한 반감을 노골적으로 표출하는 사회현상이 등장하였다. 혐한류는 극히 부분적이고 제한적인 사회현상이지만 코리아타운에 경제적으로는 물론 이미지 측면에서도 큰 타격을 주었다. 다만 K-pop을 중심으로 한 2차 한류 붐의 열기와 일정 부분 상쇄되면서 그 영향도 어느 정도 해소되기도 하였다. 그런데 2013년 이른바 '재일특권을 인정하지 않는 시민의 모임'(이하, 재특회)이 신주쿠 코리아타운을 중심으로 12회에 걸쳐 혐한 시위(헤이트스피치)를 전개했다. 혐한 시위는 신주쿠뿐만 아니라 교토, 오사카 등 코리아타운이 형성된 지역에서 진행되었다. 혐한 시위는 코리아타운을 방문하는 관광객들에게 위화감을 조성하는가 하면 코리아타운의 분위기를 위축시키는 요인으로 작용하였다. 그 결과 코리아타운을 방문하는 방문객의 수는 급감하였으며 각 상점의 영업매출도 급감하였다. 심지어 일부 자영업자들 중에서는 상점을 폐업하는 경우도 생겨났다. 이러한 상황 속에서 운영에 어려움을 겪는 뉴커머의 상점이나 폐업된 뉴커머의 상점에는 새롭게 중국조선족, 대만, 베트남, 필리핀 등지의 외국인 점주가 입점하면서 코리아타운의 변용 혹은 다문화공생타운의 양상이 나타나고 있는 실정이다. 다시 말해 2013년 이후 신오쿠보 코리아타운은 전성기의 활기와 비교하면 다소 정체된 분위기를 나타내고 있는 양상이다.[22] 하지만 신오쿠보 코리아타운은 한일 양국의 관계개선과 문화 교류의 활성화를 모색하고 나아가 일본인 상인과의 친목도모와 소통을 통해 침체된 상황을 극복하고자 노력하고 있다. 참고로 2010년에 총 473개로 조사된 뉴커머의 상점은 2015년 6월 기준으로 156개로 급감한 것으로 조사되었다.(〈표 18〉 참조)

22) 지충남, 「재일한인 뉴커머 타운의 형성과 발전, 그리고 변용－신오쿠보 코리아타운을 중심으로」, 『전남대학교 세계한상문화연구단 국제학술회의』, 2016, 23~43쪽.

〈표 18〉 신오쿠보 코리아타운의 업종별 분포 현황(2015년 6월 기준)[23)]

업종별(대분류)	업종별(소분류)	점포수(%)
식당 · 음식업	한국요리, 야끼니쿠, 치킨	8(5.1)
	다방, 커피숍	1(0.6)
오락 · 문화산업	한류숍, CD/DVD, 선물가게	2(1.2)
도소매 · 서비스업	한국 식료품, 식재료, 김치	4(2.6)
	한국 떡, 만두, 햄버거	5(3.2)
	화장품, 코스메	1(0.6)
	여행사, 유학	8(5.1)
	법률행정서사. 공인회계사	9(5.8)
	해외송금, 은행	3(1.9)
	국내외 이사, 운송, 택배	9(5.8)
	컴퓨터 판매수리, 프로그래머	3(1.9)
	전기전자제품 판매	2(1.2)
	병원, 클리닉, 한방, 마사지	6(3.8)
	자동차 관련	2(1.2)
	디자인, 인테리어, 광고	6(3.8)
	방송, 인터넷, 전화 렌탈, 전화카드, PC방	12(7.7)
	일본어/영어/한국어어학원, 코칭학습, 태권도, 영어, 장구교실	12(7.7)
	운동기구	2(1.2)
	에어컨 냉동, 설비	1(0.6)
	민박, 부동산 임대	36(23.1)
	사진스튜디오	1(0.6)
	리사이클 센터	3(1.9)
	직업소개, 취업	12(7.7)
	기타	2(1.2)
합계		156(100)

23) 임영언 · 허성태, 「일본 속의 재일코리안 사회: 도쿄와 오사카 코리아타운 공동체 공간의 특성 비교 연구」, 『재외한인연구』 제37호, 2015, 75~76쪽.

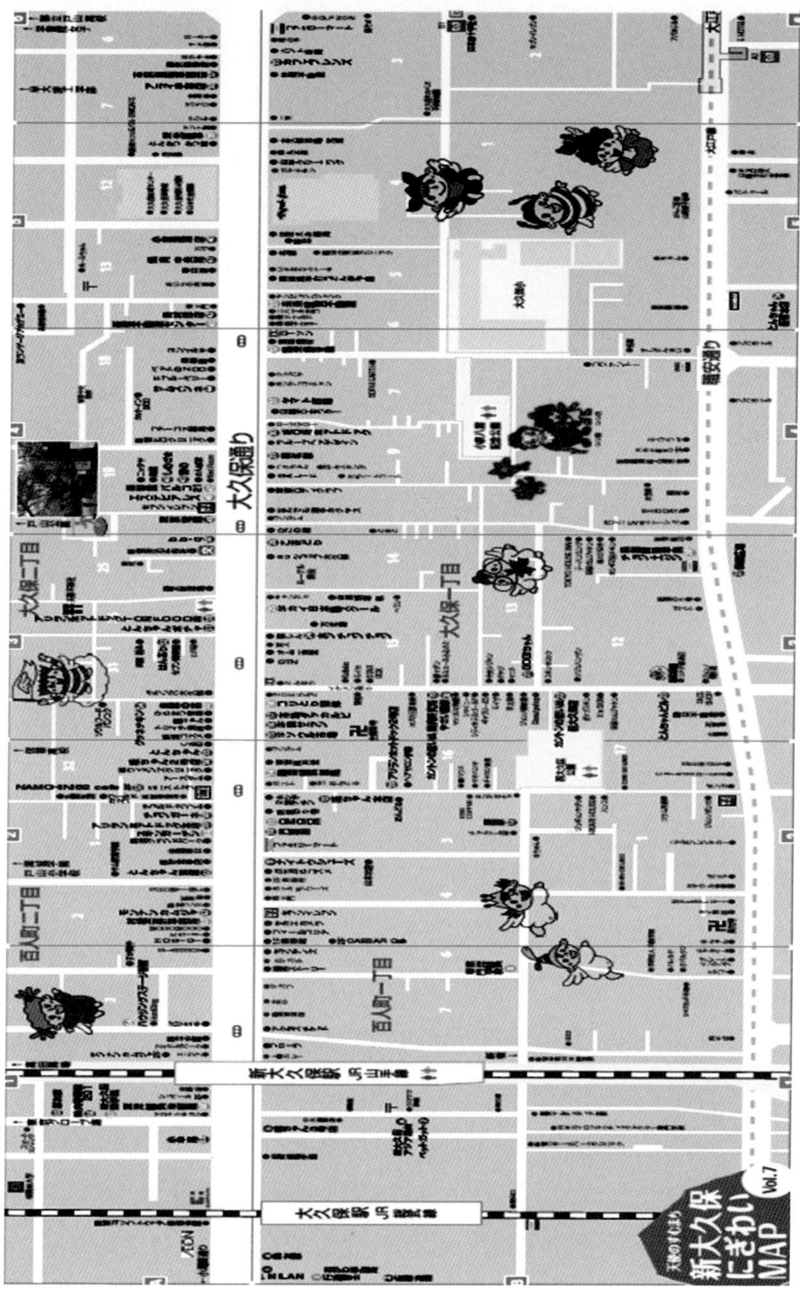

〈그림 24〉 신오쿠보 코리아타운 지도[24)]

24) 新大久保商店街振興組合 홈페이지(http://www.shin-ookubo.or.jp/).

3. 교토의 코리아타운

교토에 조선인이 살기 시작한 것은 1900년 무렵으로 조선인 유학생을 시작으로 1906년 이후 수십 명의 조선인 노동자들이 철도공사와 수력발전소 공사에 종사한 것으로 알려져 있다.[25] 교토에 조선인 노동자의 이주가 급증한 것은 1920년경으로 이주인구의 추이는 〈표 19〉와 같다.

〈표 19〉 교토 거주 조선인의 인구 추이

구분	교토부(명)	교토시(명)
1913년	87	
1917년	274	
1920년	1,018	958
1923년	4,144	
1927년	11,065	8,653
1930년	16,911	14,820
1933년	32,594	26,635
1937년	50,619	
1941년	80,652	
1944년	67,411	

〈표 19〉에 나온 통계에 따르면 1920년에는 약 1,000여 명의 조선인이 교토에서 생활한 것을 알 수 있다. 이후 점차 증가하여 1941년에는 약 8만여 명, 패전 직전인 1944년에는 6만 7,000여 명에 달하였다. 교토에서 생활하는 조선인의 생활은 다른 지역의 조선인들의 생활과 크게 다르지 않았으며 조선인 노동자의 거주 지역은 하천부지나 도시 외곽의 공터, 빈

25) 水野直樹, 「京都における韓国・朝鮮人の形成史」, 『民族文化教育研究』 第1号, 1998.6, 1쪽; 中島智子, 「京都における在日韓国・朝鮮人の歴史」, 『暮らしの中の市民として 京都に生きる在日韓国・朝鮮人』, 京都国際交流協会, 1994, 68쪽.

민지구 등이 대부분이었다. 그러한 가운데 교토에서도 조선인의 부락이 곳곳에 형성되고 상호부조와 친목을 목적으로 1920년에 교토조선인노동공제회(京都朝鮮人労働共済会), 1922년에 교토조선인공조회(京都朝鮮人共助会) 등 여러 조선인 단체가 만들어지기도 했다. 일본의 제국주의 침략전쟁이 격화되는 1939년부터는 교토에도 수많은 조선인이 '강제연행'과 '징용'이라는 명분으로 동원되어 곳곳의 토목공사장이나 군수공장 등에서 강제노역을 하였다.

일본이 아시아 · 태평양전쟁에서 패전하자 이번에는 귀국을 하려는 조선인이 귀국선이 운항되는 교토의 마이즈루(舞鶴)로 모여들기 시작하였으며, 수많은 조선인들이 마이즈루를 통해 귀국하였다. 그리고 일부는 여러 가지 사정으로 교토에 남는 경우도 있었다. 1948년 교토에 거주하는 조선인의 수는 교토부 전체에 44,612명(교토시내 29,790명)으로 집계되었는데 결국 이들의 대부분이 교토에 정주하게 되는 재일코리안이라고 할 수 있다.

교토시에 거주하는 재일코리안의 인구 추이를 살펴보면 1950년 이후부터 완만한 증가 추세를 보이며 약 3만여 명을 유지하였으나 2000년대에 이르러서는 2만여 명대로 감소하였으며, 2017년 12월 기준으로는 19,756명으로 크게 감소하는 것으로 나타났다.(〈표 20〉 참조)

그런데 인구통계 외에는 교토시에 거주하는 재일코리안의 전후 생활상이나 거주, 취로상황 등을 정확히 파악할 수 있는 통계자료는 거의 확인되지 않는다. 그래서 여기에서는 교토의 재일코리안 집주지구라고 할 수 있는 히가시구조(東九条)에 대해서만 부분적으로 살펴보고자 한다.

히가시구조는 현재의 JR교토역의 남쪽, 가모가와(鴨川)에서는 서쪽에 위치하는 지역이다. 원래 히가시구조는 메이지시대 때 조용한 전원지대였다. 그 후 메이지시대 말기부터 다이쇼시대에 걸쳐 공장이 건설되면서

〈표 20〉 교토시에 거주하는 재일코리안 인구 추이[26)]

구분	인구 수(명)
1950년	23,241
1955년	29,133
1960년	30,666
1965년	32,284
1970년	34,104
1975년	32,324
1980년	32,565
1985년	32,671
1990년	31,293
1995년	30,407
2000년	27,735
2005년	23,164
2010년	19,941
2017년 12월 현재	19,756

많은 노동자들이 이주하게 되었고, 1916년에서 1917년 무렵에는 이 지역의 염색공장에 조선인 노동자들이 종사하기도 하였다. 그리고 1918년에 히가시구조는 교토시에 편입되어 도시계획사업이나 구획정리사업 등 각종 토목공사가 많이 진행되었으며 그에 따라 노동자의 이주도 증가하였다. 노동자들은 주로 도카이도선(東海道線)의 복선화 공사, 히가시야마(東山)터널공사, 가모가와(鴨川)의 강변공사 등에 종사하며 생활하였다.

히가시구조에 조선인이 많이 집주하기 시작한 것은 일본의 패전 이후 교토역에서 가까운 하치조도오리(八条通り, 현재의 JR신칸센 교토역) 주

26) 교토시 국세조사 통계자료 참조 (https://www2.city.kyoto.lg.jp/sogo/toukei//Population/Census/Final/2010/main_2010.pdf); 中島智子, 「京都における在日韓国・朝鮮人の歴史」, 『暮らしの中の市民として 京都に生きる在日韓国・朝鮮人』, 京都市国際交流協会, 1994, 68~77쪽; 일본법무성 재류외국인 통계자료 참조(http://www.moj.go.jp/housei/toukei/toukei_ichiran_touroku.html).

변에 암시장이 등장하고 그 일대에 판잣집이 급증하면서부터이다. 이곳 판잣집에는 해방과 함께 귀국하기 위해 모여든 조선인들이 임시 거처로 활용하는 경우도 많았다.

1950년대에는 교토국제문화관광도시건설법이 제정되면서 이 주변의 판잣집은 철거가 시작되었다. 그러나 여러 가지 사정으로 생활기반이 불안정했던 사람들이 주거와 일자리를 얻기 위해 이곳으로 점점 모여 들면서 판잣집은 이후에도 계속해서 증가하였다. 그 후 1960년대에 들어서 교토국제회의장이 건설되고 도카이도신칸센(東海道新幹線)이 부설되면서 판잣집의 일제 철거가 시행되었다. 그 결과 이 지역의 주민들은 가모가와의 하천부지인 40번지로 점차 이전하게 되었다.

히가시구조에서 거주하는 조선인은 주로 폐지나 고철 등을 수집하면서 저임금 노동자로 생활하였다. 1960, 70년대에 히가시구조에는 전체 인구 3만여 명 중 재일코리안이 1만여 명에 달하였다. 이 지역의 주택은 대부분이 부실건축에 노후화, 과밀화로 화재가 자주 발생하기도 하였다. 1966년 화재 때는 2명이 사망하고 211명이 피해를 입었으며, 다음 해인 1967년에도 화재로 2명이 사망하고 307명의 피해자가 발생하는 등 큰 화재가 자주 일어났다. 그 후부터 교토시는 실태조사를 실시하고 생활관의 건설, 방재공간의 확보 등을 추진하였다. 그러나 이 지역은 여전히 불량주택이 많고 점점 노후화가 진행되면서 최근에는 고령자 주민의 비율이 더욱 높아졌다.

한편 가모가와와 다카세가와(高瀬川) 사이에 남북으로 약 700미터 정도의 하천부지에는 약 150여 채의 주택이 들어서 있는 40번지가 있다. 이곳은 국유지이며 교토시가 관리하는 곳으로 이른바 제로번지(ゼロ番地)라고 차별적으로 불리게 된 곳이다. 이곳의 주택은 제방이나 강가에 위치한 곳이 많았으며 상하수도나 전화와 같은 라이프라인이 설치되지

않은 방치지역과도 같았다. 그런데 이 지역 주민의 80%는 재일코리안이 차지하였다. 최근에는 이 지역의 주민들의 끈질긴 노력으로 행정당국으로부터 주택개량, 도로정비, 라이프라인 설비 등이 추진되면서 지역 주민들에 대한 생활권 보장이 추진되고 고령자 및 장애인에 대한 생활보호도 진행되게 되었다.

히가시구조에는 오사카에서 개최되었던 이쿠노민족문화제와 같은 문화행사가 매년 개최된다. '한국 · 조선인과 일본인이 한 마당(マダン)에 모여 하나가 되는 모두의 축제를 실현시키고 싶다'는 취지로 1993년 1월 24일에 약 50명이 모여 제1회 히가시구조마당 실행위원회가 결성되었다. 그리고 준비회를 거치면서 '히가시구조마당'의 성공을 위해 다음과 같은 내용을 제시하였다.

1. 한국 · 조선인, 일본인을 비롯해 모든 민족의 사람들이 함께 주체적으로 축제에 참가하고, 그것을 통해 각자의 자기해방과 진정한 교류의 장(場)을 마련하기를 바란다.
2. 한반도에 뿌리를 두고 일본에서 살아가는 모든 사람들이 하나의 춤마당에 참가할 수 있는 세대교류의 장으로 삼으며, 그것을 통해 어린이들에게 살아있는 민족교육의 장을 만들기를 바란다.
3. 한민족의 염원인 남북통일에 기여하기 위해 생활의 장(場)인 지역에서 화해와 통일이 이어지는 마당을 만들기를 바란다.
4. 히가시구조에서 생활하는 여러 사람들이 함께 살아가고 서로가 진정 교류하는 그러한 마당을 만들고 싶다.[27]

즉 '히가시구조마당'은 지역 주민들의 상호교류와 타자에 대한 이해, 그리고 공생을 도모하고자 하는 취지에서 준비되고 또 추진된 행사였다.

27) 히가시구조마당 홈페이지(http://www.h-madang.com/), 「히가시구조마당 취지문」 참조.

‘히가시구조마당’은 마침내 10월 9일에 개최되었다. 제1회 행사에서는 약 2,000여 명이 참가했으며, 출연자 약 100명에 스텝이 약 150명 참가하였다. 특히 교토 우토로(ウトロ)지역의 재일코리안 농악대가 출연하여 교토의 재일코리안 네트워크의 확대와 연대를 도모하는 계기가 되었다. 그 후 ‘히가시구조마당’은 2019년 12월 현재까지 총 27회(2019년 11월 19일에 제27회) 행사가 개최되었다.

〈그림 25〉 ‘히가시구조마당’ 제1회 행사 장면과 제27회 행사 장면[28)]

28) 히가시구조마당 홈페이지(http://www.h-madang.com) 수록 사진.

4. 가와사키의 코리아타운

가와사키에 조선인 노동자가 이주하기 시작한 것은 1910년대부터이며, 주로 다마가와(多摩川)의 골재채취나 기업의 하청, 행상 등에 종사하며 생활하였다. 원래 골재채취는 일본인들이 농한기에 부업으로 하던 일이었는데 농번기에는 노동자를 확보하기 어려워 점차 조선인 노동자로 대체 되었다. 다마가와 하천 주변의 슈쿠가와라(宿河原), 도테(戸手), 마루코(丸子), 후타코(二子)를 중심으로 조선인 노동자들이 모이기 시작한 것은 1920년대부터이다.[29] 이곳의 조선인 노동자들이 가와사키의 사쿠라모토(櫻本), 하마초(浜町), 이케가미초(池上町) 등에 정착하기 시작한 것은 1925년에 시작된 가와사키구 남부의 해안전기궤도 부설공사가 계기가 되었다. 이 공사에 조선인 노동자가 많이 종사하면서 공사장 주변의 해안가 갈대밭에 조선인 노동자의 판잣집 숙소가 생기기 시작하였다. 그리고 1939년에 일본 최초의 민영 철강회사 일본강관(日本鋼管)이 이케가미초 일대에 게이힌제철소 건설을 착수하면서 많은 조선인들이 노동자숙소(飯場)나 인근의 사쿠라모토, 하마초, 이케가미초 등지로 이주하여 생활하게 되었다. 1940년대에는 전쟁의 격화로 가와사키의 군수공장으로 더 많은 조선인 노동자가 유입되면서 조선인 거주자는 급증하였다. 또 패전 직전에 가와사키대공습이 일어난 이후에도 도로정비와 복구사업 등으로 조선인 노동자는 늘어났다.

일본의 패전 이후 많은 일본인 노동자와 조선인 노동자는 각각 고향으로 돌아가거나 귀국을 하게 되었고 그동안 노동자들이 거주하던 숙사나 주택은 빈집이 되었다. 그런데 이러한 빈집이나 하마초의 시멘트도오

29) 神奈川の中の朝鮮編集委員会,『神奈川の中の朝鮮』, 明石書店, 1998(三国恵子,「川崎市の在日韓国・朝鮮人」,『シンポジウム1』 참조).

리 일대에 귀국을 하지 않고 잔류한 조선인들이 유입하였으며, 새롭게 이주한 조선인들은 판잣집을 세워 거주하게 되었다. 가와사키에는 패전 이후에도 귀국을 하지 않고 잔류한 조선인들이 일자리 확보와 사회적 차별을 피해 이 지역에 많이 유입되었다. '가와사키에는 조선인이 아주 많고 일본강관이 있어서 일자리도 있다', '가와사키에서 고철 수집을 하면 장사가 된다'는 등의 소문이 퍼지면서 일본 각지에서 조선인들이 새롭게 유입된 것이다. 그렇게 되면서 이 지역은 자연스럽게 재일코리안 집주지역이 되었다.

패전 직후 가와사키의 재일코리안 수는 약 10,000명을 넘었다고 한다.[30] 그러나 그 수의 정확도는 떨어진다. 1950년대부터 현재까지의 가와사키시 재일코리안의 인구 추이를 살펴보면 약 8, 9천여 명 정도의 재일코리안이 가와사키시에 거주하고 있는 것으로 파악된다.

〈표 21〉 가와사키시 재일코리안 인구 추이[31]

연도	가와사키시 (川崎市)	가와사키구 (川崎区)	다지마지구 (田島地区)
1955	6,969		
1960	8,541		
1965	9,069		3,506
1970	9,371		3,433
1975	9,276	5,890	3,175
1980	9,088	5,566	2,885
1985	8,964	5,361	2,644
1990	9,559	5,190	2,413
1995	9,077	4,701	2,186
2005	9,152		
2018년 3월 현재	8,074		

30) 『川崎市統計書』 참조.

가와사키시에 거주하는 재일코리안의 인구 추이를 살펴보면 2000년대까지 약 9,000명 정도에서 2018년 현재는 약 8,000명 정도로 감소하였다. 특히 가와사키시에서 재일코리안이 가장 많이 거주했던 가와사키구, 그 중에서도 다지마지구의 재일코리안 인구는 매년 감소 추세라는 것을 알 수 있다.(〈표 21〉 참조)

1980년대 이후 공업이 정체되면서 상점가의 경기도 불안정하게 되었다. 그래서 오힝(おおひん)지구에 위치한 사쿠라모토상점가와 시멘트도오리상점가는 상점가의 활력과 '공생'이라는 공동의 목표를 설정하고 '근대화사업'의 일환으로 커뮤니티센터 건설, 쇼핑몰 건설, 가을 이벤트로 '일본의 축제(日本のまつり)' 등을 추진하였다. 또 1996년부터 진행된 제2기 근대화사업에서는 '다문화공생 마을 만들기, 사람들이 살기 쉬운 배리어 프리(Barrier Free) 마을 만들기'를 추진하기도 하였다. 또 사쿠라모토상점가의 제2기 근대화사업과 같은 시기에 오오힌지구의 음식점(야키니쿠집) 경영자를 중심으로 코리아타운의 건설이 구상되었다. 그 일환으로 1997년에 시멘트도오리 입구에는 'KOREA TOWN'이라는 아치가 세워졌다. 그리고 매년 4월 중순에는 코리아타운과 그 주변의 야키니쿠집이 중심이 되어 '코리아타운 야키니쿠페스타'가 개최된다.(〈그림 26〉 참조)

31) 하시모토 미유키, 「공생하기 위한 '가와사키 코리아타운': '오오힌지구'의 지역적 문맥」, 『재외한인연구』 제28호, 2012.10, 249쪽; 川崎市総合企画局, 『平成19年版 統計データブック』 참조.

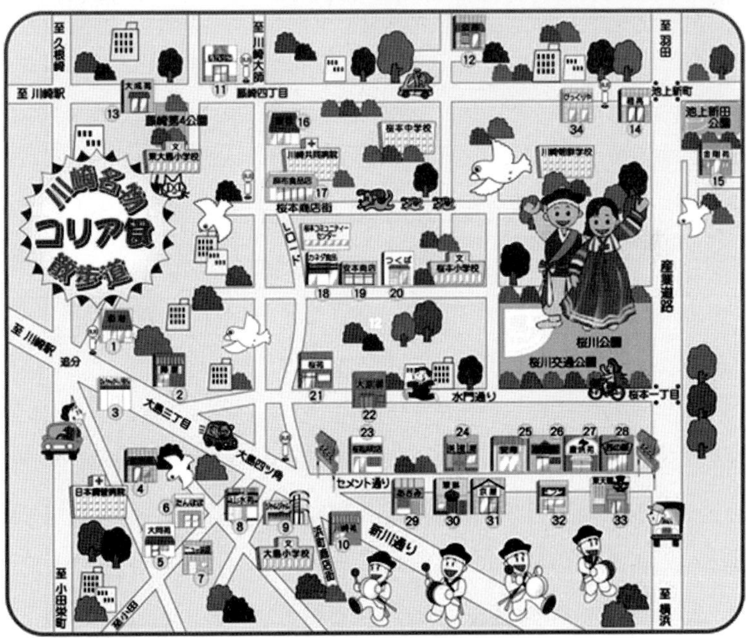

〈그림 26〉 가와사키 코리아타운 아치와 지도[32]

32) 川崎大師観光案内センター(http://kawasakidaishi-kanko.com/kinrin/).

5. 나고야 지역의 코리아타운

2018년 9월 1일 현재 나고야시가 공개한 외국인 통계자료에 의하면 '한국 · 조선적'의 재일코리안의 수는 16,662명으로 집계되었다.(〈표 22〉 참조) 이 수는 시구정촌(市区町村)별로 보면 오사카, 도쿄, 교토에 이어 네 번째로 많은 수이다. 하지만 나고야에는 오사카나 도쿄와 같은 재일코리안 집주구역이 명확하지 않은 관계로 다른 지역의 코리아타운과는 다른 양상으로 재일코리안이 생활하고 있다고 할 수 있다.

〈표 22〉 나고야시의 재일코리안 인구추이[33)]

연도	인구 수(명)	비고
2006	21,676	한국 · 조선적
2010	20,161	한국 · 조선적
2012	18,744	한국 · 조선적
2013	18,345	한국 · 조선적
2014	17,940	한국 · 조선적
2015	17,540	한국 · 조선적
2016	17,192	한국 · 조선적
2017	16,847	한국 · 조선적
2018	16,662	9월 1일 기준 한국 · 조선적

전후에 나고야에 재일코리안 집주구역이 형성된 곳은 '역 서쪽', '역 뒤쪽'으로 불리는 나고야역 신칸센 입구 주변(中村区椿町)에 국제마켓이라고 하는 암시장이 만들어진 곳이라고 한다. 아이치현 민단본부장과 아이치현 상은이사장(愛知県商銀理事長)를 역임한 정환기(鄭煥麒)의 회고록에

33) 『名古屋市統計年鑑』(http://www.city.nagoya.jp/somu/page/0000102700.html) 참조, 일본법무성 통계자료 참조.

따르면, '역 서쪽'에 암시장이 생긴 것은 1946년이 되어서이며, 조선적십자사가 운영하는 '재외전재동포구제회(在外戦災同胞救済会)'가 천 평 정도의 토지를 나고야시로부터 빌려서 국제마켓에 판잣집을 백 채 정도 짓고, 그 임대료를 운영자금으로 사용하기로 하였다고 한다.[34] 즉 1946년 나고야역 주변에 만들어진 암시장과 그 근처에 만들어진 판잣집이 전후 나고야의 재일코리안 집주지역의 시작이라고 할 수 있는 것이다. 그러나 이 일대에 정착한 사람들은 대부분이 불법점거 상태였기 때문에 1964년 도쿄올림픽을 위해 부설된 도카이도신칸센의 개통과 함께 강제퇴거 명령이 내려졌다. 이로써 '역 서쪽'의 재일코리안 거리는 자취를 감추게 되었다. 하지만 이 일대에는 야키니쿠집이나 김치 등의 식료품 가게, 코리안계 금융기관, 학교 등이 있었으며, 1990년대까지 나고야에서 이른바 코리아타운이라고 하면 '역 서쪽'을 떠올리는 사람이 많았다고 한다.

그러나 1990년대 중반 이후부터는 나고야의 환락가인 중구 사카에초(栄町)와 신사카에초(新栄町)에 한국음식점이나 잡화점이 늘어나기 시작하였다. 특히 일명 '죠시다이코지(女子大小路)'라고 불리는 사카에 4초메(4丁目)의 이케다공원(池田公園)과 도심환상선을 끼고 인접한 신사카에 잇초메(一丁目) 부근에는 재일코리안 뉴커머를 대상으로 하는 음식점, 미용실, 잡화점 등이 운영되었다. 또 이 지역에는 한국클럽(유흥주점)이 많이 들어서 있어서 이곳에 종사하는 여성종업원을 대상으로 하는 의류가게, 비디오대여점, 잡화점, 배달음식점, 나이트클럽 등이 많았다. 한국정보지 『나고야전망대』(1997년 2월)에 따르면 이 지역에 한국클럽은 약 80여 곳이 운영되고 있었을 정도로 성업이었다. 이후 한국클럽의 수는 점점 감소한 반면 2002년 한일 월드컵 공동개최와 한류 붐 등의 영향으

34) 鄭煥麒, 『在日を生きる』, 育英出版社, 1998.

로 한국음식점이 크게 증가하였다.[35)]

그러나 최근의 나고야시의 코리아타운에는 중국계 풍속영업점이 증가하고 동시에 중국인, 필리핀인 등의 수가 급증하면서 다국적화와 다문화타운의 양상이 빠르게 진행되고 있는 실정이다.

〈그림 27〉 나고야역 일대의 한국식료품점(中村区椿町)[36)]

---

35) 浮葉正親, 「名古屋市における新来コリアンの流入とコリアンタウンの形成」, 朝倉敏夫・岡田浩樹編, 『グローバル化と韓国社会ーその内と外』, 国立民族学博物館, 2007, 179~185쪽.

36) https://ameblo.jp/yp888/entry-12351733512.html 참조.

제4장

한류(韓流)와 혐한류(嫌韓流), 그리고 재일코리안

제4장
한류(韓流)와 혐한류(嫌韓流), 그리고 재일코리안

1. 일본에서 한류의 등장과 전개

한국대중문화의 유행 현상이라고도 할 수 있는 한류는 일본과 중국을 비롯한 아시아지역은 물론 이슬람 문화권과 중동지역, 유럽과 아메리카 지역, 나아가 아프리카 지역 등에 이르기까지 그야말로 초국가적이고 탈경계적인 문화현상으로 주목을 받고 있다. 이 때문에 최근의 한류는 단순한 문화영역에 국한된 유행현상에 그치지 않고 경제와 외교, 사회와 교육, 예술과 정보의 교류 등 다양한 영역으로 전파 확산되는 글로벌 사회 현상의 양상을 보이고 있다. 한류와 관련한 콘텐츠산업과 상품의 발달, 한국관광과 한국어 교육의 번창, 문화예술 및 스포츠 교류의 증대, 한국에 대한 관심과 이해의 폭의 확대 등은 한류라고 하는 글로벌 사회현상의 대표적인 공헌이라고 할 수 있다.

일반적으로 한류는 한국의 대중문화 및 상품이 1990년대 후반부터 중국과 일본 등의 동아시아 지역을 시작으로 유행하는 현상이었으며, 주로 드라마, 영화, 대중가요, 애니메이션, 게임 등의 문화콘텐츠를 중심으로 확산되었다.[1] 그리고 현재는 대중문화뿐만 아니라 한국의 전통문화나 전통예술, 한국적인 일반 소비재까지도 한류의 범주에 포함시키는 단계에 이르렀다.

한편 한류라는 용어의 유래에 대해서는 다양한 의견이 제시되고 있다. 1999년에 중국의 『북경청년보(北京青年報)』라는 매체에서 '한국의 유행이 몰려온다'는 의미로 사용되었다는 의견이 있는가 하면 중국의 라디오 방송 프로그램인 '한성음악청(漢城音樂聽)'에서 젊은이들 사이에 유행하는 한국 관련 붐을 일컫는 신조어라는 의견도 있다. 또는 한류라는 용어의 유래에 대한 정보는 불명확하거나 구체적인 증거 자료가 부족하다는 의견도 있다.[2] 하지만 이와 같은 한류라는 용어의 유래에 관한 다양한 의견과는 달리 한류의 계기는 한국드라마 '별은 내 가슴에'와 '사랑이 뭐길래'의 1997년 중국 TV방영이라는 의견이 일반적이다. 특히 중국 CCTV에서 방영된 '사랑이 뭐길래'는 중국 역대 수입 외화 사상 최고 시청률 2위(4.3%)를 기록하며 중국인들에게 한국문화에 대한 관심을 갖게 하는 계기가 되었다.[3] 그리고 그 후 1998년 5월 H.O.T의 중국 내 한국 음반 제1호 앨범 '행복'의 공식 발표, 1999년 11월 클론의 중국 베이징 단독 콘서트 개최 등이 이루어지면서 한류현상이 본격적으로 시작되었다. 그러나 2000년대에 들어서면서 대만과 중국 등지에서는 한류에 대한 반발 조짐

1) 김병욱, 『미래스펙트럼"한류" 분해』, 킴스정보전략연구소, 2004, 18~19쪽; 金賢美, 「韓流と親密性の政治学ーアジアの近代性とジェンダー」, 『「韓流のうち外」: 韓国文化力と東アジアの融合反応』, 御茶ノ水書房, 2007, 117쪽 참조.

2) 한국문화산업교류재단, 『한류 포에버: 일본편』, 한국문화산업교류재단, 2011, 13쪽; 김병욱, 『미래스펙트럼"한류" 분해』, 킴스정보전략연구소, 2004, 18~19쪽; 장규수, 『한류와 아시아류』, 커뮤니케이션북스, 2013, 57쪽 참조.

3) 한국문화산업교류재단, 『한류 포에버: 일본편』, 한국문화산업교류재단, 2011; 윤호진, 『한류20년, 대한민국 빅 콘텐츠』, 커뮤니케이션북스, 2016, 25쪽 참조.

이 나타나기 시작했으며 국내의 방송언론에서는 한류의 지속 가능성과 문제점, 그리고 그 해결방안에 대한 논의가 대두되기 시작하였다. 이러한 가운데 한류는 일본으로의 진출이라는 새로운 전기를 마련하게 되었다.

일반적으로 일본에서 한류는 2003년부터 방영된 '겨울연가(冬のソナタ)'를 계기로 본격화되었다고 할 수 있다. 그러나 일본에서의 한류는 '겨울연가'의 방영으로 갑작스럽게 시작된 현상은 아니다. 그 이전부터 진행된 일본의 한국에 대한 이미지의 변화와 양국의 문화교류가 한류의 밑거름으로 작용하였으며, 그 결과로 한류의 본격적인 도래가 가능하였던 것이다.

1988년의 서울올림픽 개최는 한국의 경제성장을 대외에 알리는 계기가 되었다. 그리고 1996년에 결정된 한일 월드컵 공동 개최지 선정은 한일 양국 간의 상호이해와 교류의 증진을 도모하는 역할을 하였다. 그뿐만 아니라 1998년 일본을 방문한 김대중 대통령은 일본 수상 오부치 게이조(小渕 恵三)와의 정상회담에서 '21세기 새로운 한일 파트너십 공동선언'을 합의 · 서명하고 양국의 역사적인 화해시대의 막을 열었다. 그리고 그와 동시에 한국정부는 1998년 10월부터 단계적으로 일본 대중문화의 개방 조치를 시행함으로써 대중문화에 대한 상호 교류와 양국의 이해의 폭을 넓혀 가는 정책을 전개하였다. 1998년 10월에 발표된 1차 개방조치에 이어 1999년 9월에 2차 개방조치가 발표되었다. 2000년 6월에는 3차 개방조치, 2004년 1월에는 4차 개방조치가 발표되었다. 이러한 가운데 개최된 2002년 한일 월드컵 공동 개최는 한일 간의 상호 이해와 문화교류는 물론 인적 교류를 더욱 활성화시키는 계기가 되었다. 그뿐만 아니라 2003년 7월의 한일정상회담에서는 '평화와 번영의 동북아시아시대를 향한 새로운 한일협력기반 구축'이라는 공동성명이 채택되었다. 2005년에는 한일 국교정상화 40주년을 기념하여 '한일 우정의 해'를 선포하고 각종 문화 교류 및 인적 교류를 위한 다양한 프로그램과 행사가 계획되어 약 700여 건의 교류행사가 양국에서 진행되었다. 그리고 이러한 문화적 인적 교류의 분위기는 한일 합작의 미디어콘텐츠 제작 사업으로도 확산되었다. 그 대표적인 예로는 2002년 2월에 이틀 연속 방송된 드라마 '프렌즈'가 있다.

'프렌즈'는 한국의 MBC와 일본의 TBS가 공동으로 제작하였다. 미디어 부문의 한일공동제작은 1980년대부터 주로 다큐멘터리 분야에서 이루어지긴 했지만 드라마 부문의 한일공동제작은 '프렌즈'가 첫 작품으로 대중들의 호평을 받았다. 일본에서 '프렌즈'는 제1부가 14.1%, 제2부가 15.3%의 시청률을 기록하였으며 주연 배우 원빈은 일본에서 많은 팬을 확보하는 계기가 되었다.

그밖에도 '소나기 비갠 오후'(2002년), '별의 소리'(2004년) 등의 드라마가 한국의 MBC와 일본의 후지TV가 공동 제작하여 방송하였다.

일본에서의 한국에 대한 관심은 2000년경부터 한국의 IT산업을 비롯한 다양한 분야에 걸쳐 나타나기 시작했다. 2000년에 들어서면서 일본의 미디어에는 한국의 정치 리더십과 국민의 정치 참여의식, 특히 2000년 4월의 총선거와 6월의 남북정상회담은 크게 부각되었다. 또 신문사설 등에는 한국의 스포츠 선수의 육성방법, IT전략 등이 자주 소개되었다. 이와 같은 현상을 오구라 기조(小倉紀蔵)는 '룩 코리아(Look Korea)' 현상이라고 칭한 바 있다.[4] 오구라는 '룩 코리아(Look Korea)' 현상은 일본인들에게 '플러스 가치의 한국' 이미지를 재고하게 하는 한편 일본사회에 오랫동안 고정된 한국과 한국인에 대한 부정적인 이미지를 전환시키는 작용

4) 小倉紀蔵, 『韓流インパクトールックコリアと日本の主体化』, 講談社, 2005.

을 하였다고 기술하였다.

〈표 23〉 한류현상의 등장과 흐름

시기(년.월.일)	내용
2000	'룩 코리아(Look Korea) 현상'의 시작
2001.4.13	'초난강(チョナン・カン一草薙剛)' 후지TV 심야방송
2001.5.6	『뉴스위크 일본판』에 '한국을 부러워하는 일본인－에스테에서 경제개혁까지 과거에 경시했던 국가에 동경하는 이유' 특집
2001.12.15	『아사히신문』에 처음으로 '한류'라는 용어 등장
2002.2.4~5	TBS와 MBC의 합작 드라마 'friends' 방송, 주연－원빈, 후카다 교코(深田京子)
2003.4	NHK 위성방송에서 '겨울연가(冬のソナタ)' 방송, 주연－배용준, 최지우
2003.12	'겨울연가(冬のソナタ)'의 두 번째 방송
2004.4	'겨울연가(冬のソナタ)'의 세 번째 방송(지상파 방송)
2004.4	'초난강 2(チョナン・カン 2)' 후지TV 심야방송
2004.8.21	최종 편 시청률 관동지구에서 20.6%, 관서지역에서 23.8%
2004.10.7	'대장금(宮廷女官チャングムの誓い)' 위성방송, 주연－이영애
2005.10.8	'대장금(宮廷女官チャングムの誓い)' 지상파 방송

또 2001년 4월 13일부터 후지TV에서 시작된 프로그램 '초난강'은 일본의 젊은이들을 중심으로 인기를 끌기 시작하였다. 초난강(구사나기 쓰요시, 草薙剛)은 일본의 대표 남성아이돌 그룹 SMAP의 멤버 중 한 사람으로 방송에서 한국어로 한국인과 이야기를 나누며 한국의 음악, 패션, 요리, 군대, 미용성형 등 다양한 분야의 내용을 한국인들에게 인터뷰하는 내용으로 구성되어 있다. 이후 '초난강'은 심야에 방송된 프로그램임에도 불구하고 시청자들로부터 호평을 받으며 2004년 4월부터 '초난강2'를 방송하게 되었다. '초난강2'에서는 일본에서 생활하는 한국인과의 만남을 중심으로 프로그램이 진행되었다. 당시 '초난강'과 '초난강2'는 모두 심야에 방송된 프로그램임에도 불구하고 일본의 많은 시청자들에게 한국에

대한 관심을 증대시키는 한편 긍정적인 이미지를 심어주는 역할을 하였다. 특히 일본의 젊은이들 사이에서는 한국어를 배우려는 사람이 늘어났으며 대학에서도 한국어와 한국문화 강좌는 인기 과목이 될 정도였다.[5]

실제로 2000년대 들어서면서 일본인의 한국에 대한 친근감이 점차 증대하였다는 것은 각종 여론조사에서도 확인할 수 있다. 먼저 일본의 내각부에서 실시한 「외교에 관한 여론조사」 결과를 1998년부터 2004년까지 살펴보면 〈표 24〉와 같다.

〈표 24〉 일본인의 한국에 대한 친근감 조사[6]

조사시기(년월)	친근감을 느낀다(%)	친근감을 느끼지 않는다(%)
1998.1	37.9	23.0
1999.4	46.2	49.8
2000.1	48.3	46.9
2001.1	51.4	44.0
2002.2	50.3	45.5
2002.2	54.2	40.5
2004.1	55.0	41.0
2004.12	56.7	39.2

여론조사 결과에서도 알 수 있듯이 한국에 대해 '친근감을 느낀다'는 1998년에 37.9%에서 꾸준히 증가하여 2004년에 56.7%까지 증가하였다. 2004년의 56.7%는 그야말로 조사대상자의 과반수를 넘는 사람들이 한국에 대해 친근감을 표시한 것이다. 그만큼 한국과 한국인에 대한 일본인의 이미지 변화를 짐작할 수 있는 부분이라고 할 수 있다.

---

5) 鄭貴連, 「『韓流』『嫌韓流』そして『韓流』」, 『アジア遊学 世界のコリアン』, 勉誠出版, 2006, 25~28쪽.

6) 内閣府大臣官房政府広報室, 「世論調査」(https://survey.gov-online.go.jp/h14/h14-gaikou/2-1.html) 참조.

한일관계에 관한 여론조사는 한일 양국의 신문사에서도 실시되었다. 2001년에 『朝日新聞』과 『동아일보』가 공동으로 실시한 여론조사 결과에 따르면, 한일관계에 대해서 부정적인 의견은 46.5%, 긍정적인 의견은 37.7%, '모르겠다'는 의견은 15.8%로 조사되었다. 또 일본인의 한국에 대한 평가는 '좋다'가 20.8%, '싫다'가 15.3%, '모르겠다'가 61.1%로 조사되었다. 앞서 내각부가 조사한 여론조사와 비교해 보면 한국과 한국인에 대한 긍정적인 평가가 다소 낮은 결과를 나타내고 있기는 하지만 1990년대의 조사 결과와 비교할 때 점차 긍정적인 평가로 전환되고 있는 추세를 나타낸 것으로 볼 수 있으며 '좋다'는 의견이 '싫다'는 의견보다 높게 나타났다는 점을 알 수 있다. 또 한일월드컵이 공동으로 개최된 2002년의 『朝日新聞』과 『동아일보』의 공동여론조사에서 한국인에게 '이전보다 친근감을 느끼게 되었다'는 일본인이 53.3%로 조사되었다.[7)]

결국 한국에 대한 일본의 이미지 변화와 양국 간의 문화적 인적 교류의 증대는 일본에서 한류가 본격적으로 시작되는 바탕이 되었던 것이다. 다시 말해서 한류의 본격적인 시작을 알리는 '겨울연가'는 한일 양국의 문화적 인적 교류의 확대와 상호이해의 분위기 속에서 2003년 한류열풍의 촉매제가 된 것이다.

'겨울연가'는 한국에서는 2002년에 KBS에서 방영되어 23.1%의 시청률을 기록한 드라마이다. 일본에서는 2003년 4월에 NHK BS2를 통해 처음 방영되었지만 이때의 시청률은 1.1%에 불과하였다. 그러나 '겨울연가'에 대한 시청자들의 관심은 드라마 방영 중에도 점점 증가하였으며 방송종료 시점에는 NHK에 드라마에 대한 문의가 쇄도할 만큼 호평을 받았다. 이와 같은 시청자들의 반응을 계기로 NHK는 2003년 12월에 10일에 걸쳐

7) 韓英均, 『日本における韓流現象と韓国の韓流に対する認識』, 早稲田大学大学院社会科学研究科, 2013, 27쪽.

재방송을 하게 되었으며 드라마의 DVD도 대여를 개시하게 되었다. 그리고 2004년 4월에는 지상파 방송을 희망하는 시청자의 요구를 받아들여 그 해 8월까지 한국드라마 최초로 지상파 방송 NHK 종합텔레비젼 방송을 통해 재방송되었다.

이때 '겨울연가'의 남자 주인공 역의 배우 배용준이 2004년 4월에 도쿄 하네다공항을 통해 일본방문을 하였는데 공항에는 약 5,000여 명의 팬들이 운집하였다. 이 광경은 4월 4일자의 『スポーツ報知』, 『日刊スポーツ』 등 많은 일본미디어를 통해 보도되면서 일본 사회에 주목을 끌었으며 한류는 일본 대중들에게 큰 호응을 얻었다. 이후에도 NHK방송에서는 '겨울연가'와 배용준에 대한 시청자들의 뜨거운 반응을 바탕으로 2004년 12월에 드라마 미공개 장면과 일본어 자막이 삽입된 '겨울연가' 무삭제판을 NHK BS2를 통해 재방송하였다. 그 외에도 2007년에는 각 지방의 민간방송국에서도 속속 방송되게 되었다. '겨울연가'의 폭발적인 인기는 드라마의 수준을 넘어 일본사회의 한류 열풍으로 확대되었다. 주인공역의 배우 배용준은 일본대중들에게 일본어의 극존칭을 사용한 '욘사마'로 불렸으며, 그의 행동이나 일화 등은 연일 일본의 각 미디어에서 화제로 보도하게 되었다.

일본의 각 방송사에서는 '겨울연가'의 폭발적인 인기를 계기로 지속적으로 한국드라마를 편성하였으며 '올인', '가을동화', '내 이름은 김삼순', '파리의 연인', '대장금', '풀 하우스', '아름다운 날들', '천국의 계단' 등의 드라마가 속속 방송되었다.

특히 2004년 10월부터 2005년 10월까지 주 1회로 총 54회에 걸쳐 NHK BS2에서 방송된 역사드라마 '대장금'은 '겨울연가'의 뒤를 잇는 히트 드라마로 큰 인기를 얻었다. '대장금'의 인기는 NHK BS2에서 정규방송 도중인 2005년 7월에 전반부에 해당하는 1화부터 27화까지를 집중방송하고,

후반부에 해당하는 28화부터 54화까지를 같은 해 12월에 집중방송 할 만큼 높았다. 또 '대장금'은 2005년 10월 8일부터 NHK 종합방송에서도 매주 토요일 밤 11시경에 방송되기 시작하여 2006년 11월 18일까지 방송되었으며, 2007년 1월부터는 삭제나 편집되지 않은 완전판이 2008년 2월 15일까지 매주 금요일 저녁 7시 45분에 방송되기도 하였다. '겨울연가'가 주로 일본의 중년여성을 중심으로 큰 인기를 얻었다면 '대장금'은 일본의 여성층은 물론 남성층과 젊은 세대들에게도 호응을 얻으며 한류 열풍의 지지층을 확대하는 데 큰 역할을 하였다. 그와 동시에 '대장금'의 히트로 일본에서는 한국의 역사드라마에 대한 인기가 높아졌으며 중년의 남성층을 중심으로 한국역사드라마 붐이 일어나기도 하였다.

그런데 한국드라마를 바탕으로 선풍적인 인기를 얻었던 한류는 2006년 이후 '겨울연가'나 '대장금'과 같은 히트 작품이 등장하지 않으면서 인기가 주춤하게 되었고, 한류 관련 산업의 수출 성장세도 둔화되었다. 그와 함께 2005년부터 점차 심화되기 시작한 일본 내의 반한(反韓) 또는 혐한(嫌韓)현상이 그때까지의 한류 열풍에 제동을 거는 양상도 등장하면서 한류는 일시적인 침체 국면을 맞이하기도 하였다.

그러나 한류는 드라마나 영화를 중심으로 한 콘텐츠로부터 탈피하여 점차 대중음악, 게임, 애니메이션, 캐릭터산업 등으로 그 분야를 확산시켜 가며 일본에서의 세력권을 확대해 갔다. 2010년대에 이르러서는 동방신기, 소녀시대, KARA 등을 중심으로 한 K-pop 장르가 한류의 새로운 트렌드로 부각하면서 일본에서의 한류를 견인하는 역할을 하게 되었다. 동방신기와 소녀시대, 그리고 KARA가 2011년 NHK '홍백가요대전(紅白歌合戦)'에 나란히 참가할 정도로 일본에서의 K-pop의 위상은 높아졌다. 그와 함께 한국의 다른 K-pop 뮤지션의 일본진출도 점점 증가하였으며, K-pop 관련 산업은 물론 한국음식이나 한국 소비재에 대한 관심도 다시 높아지는 추세가 되었다. 다시 말해서 일본인의 한류에 대한 인지도는 다소 회복 양상을 보였으며, 일본에서의 한류 수용자 층의 범위도 2004년 무렵의 한류 열풍 지지층에 비해 많이 확산되었다.

2. 한류와 재일코리안

한류가 일본의 사회현상의 하나로 등장하면서 한류를 둘러싼 평가와 담론도 다양하게 등장하였고, K-pop의 활기로 다시 한류가 주목받고 있는 현재에도 많은 평가가 나오고 있다. 한국에서는 한국대중문화의 우수성과 문화적 긍지를 긍정적으로 바라보는 시각과 함께 한류의 경제적 효과나 상업적인 이익, 한일 양국의 문화교류와 우호관계의 개선 등을 평가하는 내용이 강하다. 이와 같은 긍정적인 평가는 일본 내의 평가에서도 확인할 수 있다. 한일 관계에 관한 연구자 고하리 스스무(小針進)는 한류 현상이 한일 양국 관계에 미친 긍정적인 효과에 대해 일본인의 한국에 대한 이미지 향상, 대중문화의 한일 양국 간의 쌍방향 교류의 시작, 경제 분야에 있어서의 한류비지니스의 등장과 개척, 한일 양국의 예능계에 대한 자극, 서구 중심의 문화 현상이 아닌 한국발 문화적 붐 현상의 최초 사례, 한국인의 일본에 대한 이미지의 재고 등을 지적한 바 있다.[8)]

물론 일본에서는 한류에 대한 긍정적인 시각이나 평가가 있는 반면에 부정적인 시각이나 평가도 확인된다. 예를 들면 한국 대중문화의 질적 수준과 경쟁력에 대한 의구심, 민족적 배타주의의 자극, 대중문화 발신자로서의 상대적 우월감의 균열과 경쟁력의 자극에 따른 반작용 등은 그 대표적인 평가라고 할 수 있다. 즉 일본에서는 한국대중문화라는 이문화에 대한 호기심과 이질감이 교차하며 한일관계의 희망과 불안이 공존하는 양상을 노정하고 있다. 이와 같은 일본의 반응은 아시아지역에 있어서 선진적인 문화를 지속적으로 발신해 왔다고 판단하는 문화적 우월의식이 일정 부분 관여한 결과일 것이다. 특히 과거 식민지였던 한국의 대

8) 小倉紀蔵・小針進, 『韓流ハンドブック』, 新書館, 2007 참조.

중문화를 수용하고 평가한다는 것은 그만큼 복잡한 심리가 작용하는 것도 당연할지 모른다.

일찍이 정대균(鄭大均)은 일본인의 한국에 대한 이미지를 세 개의 시기로 구분하여 논한 바 있다. 제1기는 일본의 패전으로 식민지시대가 막을 내린 1945년부터 한일기본조약이 조인된 1965년까지이다. 이 시기에 일본은 경제적으로는 고도성장을 구가하는 한편 미국과의 관계강화를 위한 외교노선을 지향하였다. 이 때문에 한국에 대해서는 거의 무관심 상태였다. 제2기는 1965년 국교정상화 이후부터 1983년까지이다. 이 시기는 한국의 군사정권하에서 김대중 납치사건, 광주민주화운동 등이 일어났으며 일본 국내에서도 정치적 관심이 고조된 시기이다. 그와 함께 한국의 군사독재를 비판하는 일본 내의 진보적 지식인의 활동도 활발하게 전개된 시기이다. 제3기는 1984년 이후부터 현대(1995년 시점)에 이르기까지의 시기로 한일 양국 간의 인적 왕래와 물적 교류가 활발하게 이루어진 시기이다. 특히 1988년 서울올림픽 이후 문화적인 관심이 증대한 시기이다. 정대균은 패전 이후 일본의 한국에 대한 이미지가 '무관심'에서 '정치적 관심'으로, 그리고 다시 '문화적 관심'으로 변화하는 추세를 지적하였다.[9] 정대균이 지적한 '문화적 관심'은 결과적으로 한류 열풍으로 인해 일본 내의 한국에 대한 이미지를 더욱 고조시켰다는 점에서 현재도 지속되고 있다고 할 수 있다.

그런데 여기에서 주목할 부분은, 일본이 한류를 통해 한국과 한국문화 등에 대한 관심이 고조되고 나아가 양국의 교류의 폭도 확대되었음에도 불구하고 일본 내에서 한국문화를 공유하는 마이너리티인 재일코리안의 존재에 대한 인식은 결여되어 있거나 극히 빈약한 상태라는 점이다. 즉

9) 鄭大均, 『韓国のイメージ』, 中央新書, 1995, 11~21쪽.

한류에 대한 일본 미디어의 담론은 어디까지나 이문화로서의 한류일 뿐이며 그것도 일본 내의 소수 민족인 재일코리안이 한국문화를 공유하는 존재라는 인식이나 재일코리안의 문화적 정체성에 대한 관심은 그다지 나타나지 않는다.

재일코리안은 일제강점기부터 해방, 냉전의 '전후'를 거쳐 현재에 이르기까지 역사적 트라우마와 민족적 차별을 안고 일본에서 살아왔다. 그동안 재일코리안은 교육문제, 주택문제, 취직문제, 지문날인문제, 국민연금지급문제, 공무원채용문제, 지방참정권문제 등등의 다양한 사회적 차별문제에 봉착하면서도 스스로의 민족적 문화적 정체성을 지키며 일본 내의 소수 민족으로서 생활하고 있다. 물론 이와 같은 사회적 차별문제는 재일코리안의 적극적인 문제제기와 투쟁활동, 한일 양국의 정치적 외교적 교섭의 결과 등으로 조금씩 개선된 것은 사실이지만 재일코리안을 둘러싼 일본사회의 차별과 인식의 문제는 여전히 중요한 사회적 해결과제로 남아있다.

일본 사회에서 이미 100년 이상의 이주와 정주의 역사를 살아온 재일코리안이지만 일본 사회는 재일코리안에 대한 사회적 인식이나 승인에 있어서 오랫동안 냉소적 입장을 취해 왔다. 다시 말해서 일본 사회에 있어서 재일코리안은 일본인들의 일상에 가장 가까이에서 대면할 수 있는 한반도 출신자임에도 불구하고 일본 사회는 이들의 존재를 주변화하고 동시에 타자화할 뿐 재일코리안의 민족적 아이덴티티에 대한 관심과 문화적 주체성을 인정하려는 노력은 등한시 하였다.

한류가 일본 사회에 화제를 불러일으키기 이전에도 재일코리안의 문화 활동이 일본의 주류 미디어의 주목의 대상이 된 경우는 여러 차례 있었다. 특히 문화예술 분야나 스포츠 분야 등에서는 재일코리안의 활약이 두드러지게 많았던 만큼 일본 사회의 관심도 높았다.

패전 이후 일본 최고의 영웅이라고 할 수 있는 역도산과 야구계의 장훈의 활약, 미야코 하루미를 비롯한 수많은 연예계 스타들의 활동, 이회성을 비롯하여 아쿠타가와상(芥川賞)을 수상한 이양지, 유미리, 현월, 나오키상(直木賞)을 수상한 가네시로 가즈키 등의 재일문학 작가들의 활약 등은 각 분야에서 일본의 주류문화의 한축을 견인하는 역할을 해 왔으며 일본의 주류 미디어의 주목의 대상으로 각광을 받았다.

그러나 이들 재일코리안의 눈부신 활약에도 불구하고 일본 사회에 있어서 재일코리안의 민족적 아이덴티티는 관심의 대상에서 제외되어 있었다. 오히려 이들 재일코리안의 민족적 아이덴티티는 일본의 단일 민족성을 불안하게 만드는 요소로 지목되었으며 나아가 금기시하고 타자화하는 정도에 지나지 않았다. 그러면서 재일코리안을 둘러싼 역사와 민족적 억압, 사회적 차별은 계속해서 간과된 채 재일코리안에 대한 일본 사회의 인식도 희박화되는 경향이 강해졌다.

일본에서 한류가 본격적으로 시작되기에 앞서 다수의 한국영화가 일본으로 진출하여 주목을 받았다. 그 대표적인 예로 '쉬리'(1998년)와 '공동경비구역 JSA'(2000년)를 들 수 있다. '쉬리'와 '공동경비구역 JSA'는 일본에서 각각 2000년과 2001년에 개봉된 영화로 한반도의 분단현실을 배경으로 전개되는 남북의 갈등과 대립, 사랑과 우정을 그린 영화로 일본인들에게 한반도의 분단 상황에 대한 관심을 갖게 하였다.

그러한 가운데 일본 내에서는 재일코리안 3세의 민족적 아이덴티티에 대한 고뇌와 세대 간의 갈등, 재일코리안 청년과 일본인 소녀 사이의 사랑 등을 그린 재일문학 작가 가네시로 가즈키(金城一紀)의 소설 『GO』가 2000년에 발표되었다. 소설 『GO』는 발표 직후 일본에서 우수한 대중문학 작품을 선고대상으로 하는 문학상인 나오키상(直木賞)을 수상하며 문단의 화제가 되었다. 일본에서 나오키상은 아쿠타가와상과 함께 일본문단의 대표적인 등용문이자 작품의 문학성과 권위를 인정하는 상이라고 할 수 있다.

2001년에는 소설 『GO』를 원작으로 하는 영화 『GO』가 제작 발표되어 일본 국내의 수많은 영화상을 수상하였다. 영화 『GO』는 한국의 영화사 스타맥스와 일본의 영화사 도에이(東映)가 공동으로 제작하여 2001년에 한국과 일본에서 모두 개봉되었다. 이렇게 소설 『GO』와 영화 『GO』는 일본 내의 주류 미디어의 각광을 받으며 자연스럽게 재일코리안의 존재와 아이덴티티, 사회적 문제 등을 일본 사회에 가시화 하는 역할을 하였다. 또 조선학교를 다니는 재일코리안 3세 고등학생의 일상과 감정을 그린 이상일 감독의 영화 『青~chong』이 2001년에 일반에게 공개되면서 일본 사회에서의 재일코리안의 이미지를 더욱 부각시키기도 하였다.

그밖에도 일본에서 '겨울연가'를 계기로 일본에서 한류 열풍이 본격적으로 시작되었던 2004년에는 재일문학가 양석일의 자전적 소설을 원작으로 제작된 최양일 감독의 영화 『피와 뼈』가 개봉되었다. 영화 『피와 뼈』는 일본의 대표적인 남자 영화배우 비트 다케시(ビートタケシ, 北野武)를 주인공으로 제주도 출신의 재일코리안의 삶과 공동체와의 갈등을 그려내며 화제가 되었다. 영화 『피와 뼈』는 마이니치영화 콩쿠르 일본영화대상을 수상하는 등 일본 내의 많은 영화상을 수상하며 재일코리안의 삶과 일상을 다시 한 번 일본 사회에 각인시키는 역할을 하였다.

재일코리안의 존재와 삶을 다룬 내용은 영화에서 뿐만 아니라 텔레비전 드라마를 통해서도 화제를 모았다. 후지TV에서 2004년 7월 5일부터 9월 13일까지 매주 월요일 오후 9시에 방영된 드라마 '도쿄만경(東京湾景~Destiny of Love)'은 재일코리안 여성과 일본인 청년의 사랑을 그려내며 총 11화에 걸쳐 방송되었다. '도쿄만경'은 재일코리안을 둘러싼 연애와 결혼, 세대 간의 갈등과 의식의 변화 등을 모티브로 일본에서 살아가는 재일코리안의 일상적인 문제를 다루고 있다. 드라마는 일본의 대표적인 인기 여배우 나카마 유키에(仲間由紀恵)가 주연으로 활약하면서 화제를 불러일으켰으며 마지막화의 방송을 남긴 도중에 이전까지의 전 10화분이 재방송되면서 더욱 관심을 끌었다. 또 '도쿄만경'은 일본 지상파 방송의 프라임타임에서 처음으로 재일코리안을 주인공으로 다룬 드라마로 일본 텔레비전 방송사에서는 획기적인 일이었다.

이와 같이 한류 붐을 전후하여 일본 내에서는 재일코리안에 대한 인식과 관심이 점차 확산되는 양상을 보였다. 그리고 그 이전에 일본 사회가 보였던 재일코리안에 대한 관심과 사회적 인식에 비하면 다소 긍정적인 시각으로의 변화 추세가 나타나고 있다는 것을 알 수 있다.

이러한 변화 추세는 일본의 사회학자 이와부치 고이치(岩渕功一)도 이미 지적한 바 있다.[10)] 그런데 이와부치는 한류드라마의 일본 진출을 계기로 일본에 거주하는 재일코리안에 대한 관심과 사회적 인식이 긍정적으로 변화한 것에 대해서 평가하는 한편에 재일코리안의 역사와 정체성에 대한 일본 사회의 이해에 있어서는 한계도 지적하고 있다. 이와부치에 의하면 일본 사회의 재일코리안에 대한 긍정적인 시각의 변화 추세는 어디까지나 한국과 일본 양국의 국제관계의 틀 속에서 이루어지는 부분적인 요소로 이해되는 경향이 강하며, 재일코리안에 대한 근원적인 역사나 사회적 차별에 대한 이해는 그다지 높지 않다는 것이다. 그리고 그와 함께 한류가 한일 양국의 역사적 갈등을 치유하고 상호 간의 이해를 위한 중요한 기회로 작용할 것이라는 전망에 대해서도 다소 의문을 제기하기도 하였다. 다시 말해서 한류가 초국가적인 문화 교류 현상이라는 점에서는 동의를 하지만 한일 양국의 역사적 문제까지 해소하고 치유할 만큼의

10) 岩渕功一, 「国境を越える日本のテレビの公共性」, 『研究報告』, 放送文化基金, 2004 참조.

탈역사적 작용까지 기대할만한 요소는 아니라는 지적으로 볼 수 있다.

결국 이러한 지적은 일본 사회에서의 재일코리안에 대한 인식은 어디까지나 한일 양국의 국제관계의 틀 안에서 야기된 문제이며, 동시에 국가 대 국가의 차원에서 해결해야 할 문제라는 시각을 더욱 공고히 해버리는 결과를 초래하기도 한다는 의미로도 해석할 수 있다. 그리고 재일코리안에 대한 이러한 관점은, 일본 사회에서 한류 붐을 계기로 한국에 대한 관심과 이해 또는 한국에 대한 이미지 상승효과로는 작용하였지만, 재일코리안의 민족적 아이덴티티에 대한 이해와 사회적 차별의 해결을 위한 일본 사회의 공감대 형성의 한계를 지적한 논의로 볼 수 있다.

한편 한류는 일본 사회의 한국에 대한 이미지의 변화 혹은 재일코리안에 대한 존재 인식의 측면에만 영향을 준 것은 아니다. 무엇보다 대중문화가 공동체의 집단적 기억과 역사, 사유와 행동 방식을 공유하는 양식이자 소통의 수단인 이상 한류를 공유하고 수용하는 재일코리안 사회에도 많은 영향을 주었다. 분명 재일코리안은 일본 사회에서 한류에 대한 공감과 이해 또는 소비의 폭이 넓고 수월한 존재이며 가장 자연스러운 수용자일 것이다. 그런 만큼 일본 사회에 한류의 유입은 재일코리안 사회에 많은 변화를 주었다고 할 수 있다.

일본 사회의 한류 수용에 대해 논한 이향진은 한국 대중문화가 재일코리안 사회에 미친 영향에 대해 몇 가지를 제시한 바 있다.[11] 그 내용을 좀 더 구체적으로 살펴보면, 먼저 '재일사회에서 소비되는 한국대중문화는 변화하는 자이니치의 민족정체성 및 역사의식에 중요한 단서'가 되며, 아울러 한국대중문화의 '전달의 역할이 아니라 자신의 문화적 취향과 사회적 입장으로 주변의 일본인들의 문화적 선택에 영향력을 행사

11) 이향진, 「한류와 자이니치」, 『일본학』 32집, 동국대학교 일본학연구소, 2011, 186~188쪽.

하고 있다'고 지적하고 있다. 즉 한류는 재일코리안 사회에 민족적 아이덴티티와 역사인식을 재인식하게 하는 계기로 작용하는 한편 재일코리안으로 하여금 일본 사회에 개개인의 문화적 선택의 범주를 확산시키는데 일정 부분 역할을 한 것으로 해석할 수 있다.

다음으로는 재일코리안을 포함하여 '한국대중문화의 수용자들이 이처럼 일본 주류사회가 인정하지 않던, 가볍게 여기던 가치관을 지향하고 소통한다'는 점에서 일본 내의 대안 문화로서 한국대중문화를 수용하고 아울러 비슷한 문화적 취향과 집단적 성향을 형성하는데 영향을 주었다는 견해를 제시하였다. 즉 한류는 그동안 일본 내의 주류 문화와 구별되는 이질적인 문화를 공유하는 '대안 문화'의 수용자로서 재일코리안의 문화적 가치관을 표출하고 인정하게 하는 작용을 한 것이라 볼 수 있다.

다음으로는 '한국의 대중문화는 일본이 부정하던 자국의 소수민족의 존재인 재일을 사회적으로, 문화적으로 가시화 시켰다. 동시에 한국, 일본, 자이니치라는 엄격한 경계도 점점 희미해짐을 확인케 했다'고 지적하였다. 이 점은 한류를 통해 재일코리안의 사회적 문화적 존재감은 일본 사회에서 보다 명확해졌으며, 동시에 한류의 공유와 수용이라는 측면에서는 탈국가적 탈경계적 문화적 지형을 한국, 일본, 재일코리안 사회에 제시한 것으로 볼 수 있다. 이상의 논의와 함께 이향진은 다음과 같은 결론을 내리고 있다.

> 한국 대중문화의 수용은 자이니치사회 내에서도 세대 간의 정서적 차이와 의식차이를 선명히 보여줄 수 있다고 본다. 한류는 재일임을 숨기고 활동을 하던 적지 않은 셀러브리티들이 자신의 민족적 뿌리를 대중들 앞에서 밝히게 하였다. 또 재일이었거나 재일부모님을 가진 일본인도 자신이 가진 '조선'이라는 민족적 뿌리를 부끄러워하지 않게 되었다. 이러한 변화는 비록 대중문화

가 생태적으로 보수 성향을 가졌었다 하더라도 국경을 초월해 주변국의 대중 문화가 중심으로 이동해 오면서 결과적으로는 기득권의 인식변화에 기여한 것이라고 본다.[12)]

이향진의 이와 같은 논의는 주로 한류가 재일코리안 사회에 미친 긍정적인 영향을 제시한 것으로 판단된다. 그러나 한류가 재일코리안 사회에 미친 영향은 단지 긍정적인 측면만이 있는 것은 아니다. 분명 긍정적 혹은 플러스적인 영향과 함께 부정적 혹은 마이너스적인 영향도 동시에 고려해 볼 필요가 있다.

한류와 한일 문화 교류의 확산이 초래한 일종의 역효과에 대해 김경희는 다음과 같이 논하고 있다.

한류의 확산과 한일 문화 교류의 진전이 재일 한국인에 대해 긍정적인 형태로 영향을 미치고 있는 데에 반해, 북한에 대해서는 부정적 감정이 더욱 커져가기만 하고 있다. 일본에서 '겨울연가' 붐과 북한에 대한 반감이 동시에 일어나는 것을 통하여 일본에게 있어서는 한국과 북한은 같은 한민족이라는 관점이 없으며 엄연히 서로 다른 나라로 인식되고 있다는 것을 알 수 있다. 재일코리언 중에는 한류에 의해 한국이 친근해진 만큼 '재일한국인'이라는 이름을 쉽게 거론되게 되었지만, 조선적에 대해서는 핵무기와 납치 문제로 연결해 버리기 때문에 '재일조선인'이라고 말하기는 어려워졌다고 하는 이도 있다. 한반도의 분단 현실에 대한 자각이 없이 한국만을 수용하고 북한은 인식으로부터 소거해 가려는 것이나, 한국이 붐을 이루고 있지만 '자이니치'의 문제는 전혀 다르게 인식되고 있다는 점을 주시해야 할 것이다.[13)]

12) 이향진, 「한류와 자이니치」, 『일본학』 32집, 동국대학교 일본학연구소, 2011, 189쪽.

13) 김경희, 「한류를 통한 한국 · 일본 · 재일코리언의 새로운 관계구축을 위한 제언」, 『재외한인연구』 vol.22, 재외한인학회, 2010, 11쪽.

한류의 확산과 한일 문화 교류의 진전에도 불구하고 일본 내의 한민족은 여전히 한국, 북한, 재일코리안이라는 세 개의 경계 속에 제각각의 이미지로 재단되고 있다는 시각은 대단히 자극적이지만 동시에 냉철한 현실 인식이라는 점에서 시사하는 바가 크다고 할 수 있다. 무엇보다 한류 열풍의 그늘에 가리워진 또 하나의 문화공동체인 북한에 대한 일본 사회의 반감, 그리고 재일코리안 사회를 과거 냉전시대의 진부한 이데올로기로 양분하여 인식하고 있다는 지적은 한류의 경제적 문화적 가치와 사회적인 긍정적 효과에만 지나치게 관심을 두는 경향에 경계와 주의를 환기시키는 적확한 시각이 아닐 수 없다.

이와 같은 관점에서 한국은 한류의 발산과 확산 주체로서의 역할에 대해 보다 다각적으로 인식할 필요가 있으며 그 시각 또한 보다 폭넓고 복합적으로 확대될 필요가 있다. 그리고 한류의 지속과 확대를 위해서는 재일코리안과 일본 사회에 대해서도 단순히 일방적으로 한류에 대한 문화적 수용자로서만 접근할 것이 아니라 한류의 발신과 수용이 동시에 가능한 쌍방향 교류의 주체가 될 수 있는 가능성을 모색하고 그 방법을 실천해 갈 수 있는 전략이 강구되어야 한다고 판단된다. 문화의 교류는 상호이해와 소통을 전제하는 만큼 한국과 일본, 한국과 재일코리안, 그리고 일본과 재일코리안의 상호이해의 관계구축이야말로 문화교류의 궁극적인 목표가 되어야 할 것이다. 또한 한류는 그러한 문화교류의 한 방법으로서 보다 다양한 양식과 폭넓은 분야로의 확산을 통해 지속적인 문화적 공감대의 형성을 추구해야 할 것이다.

3. 혐한류의 등장과 전개

앞서 살펴본 바와 같이 일본에서의 한류 열풍은 분명 한일 양국의 문화적인 교류에 큰 기여를 했을 뿐만 아니라 상호 간의 이해와 이미지 개선에도 큰 역할을 하였다. 즉 일본에서의 한류는 사회, 문화, 경제 등 다방면에 걸쳐 가시적이고 실천적인 효과를 이루어내며 긍정적인 측면이 부각된 것이 사실이다. 그런데 일본에서는 한류가 긍정적인 효과를 창출하며 확산되는 한편에 한류를 부정하고 나아가 한국과 한국문화를 배척하려고 하는 우려할만한 사회 현상도 나타나기 시작하였다.

이른바 '혐한류(嫌韓流)'로 불려지는 사회현상으로 한류에 대한 반감과 부정, 한국 및 한국인(재일코리안을 포함)에 대한 혐오를 노골적으로 표출하며 나아가 배외주의적 사회 분위기를 조장하는 일련의 사회현상이 등장한 것이다. 혐한류는 일본에서 한류 열풍이 절정이었던 2005년 7월에 야마노 샤린(山野車輪)의 『만화혐한류(マンガ嫌韓流)』가 출판된 것을 계기로 그와 관련된 출판물이 지속적으로 출간되면서 한국에서도 걱정과 우려가 섞인 관심을 나타내기도 하였다.

『만화혐한류』는 출판사의 선전에 따르면 출간 후 일주일 만에 판매량이 20만부를 돌파하였으며, 2006년 6월에는 45만부가 인쇄될 만큼 화제를 모았다. 그리고 2006년 2월에는 『만화혐한류2(マンガ嫌韓流2)』도 출판되어 2006년 7월까지 두 책을 합쳐 67만부가 판매되었다. 그 이후에도 『만화혐한류』 시리즈로 계속 출판되어 4편까지 출판되었으며, 2015년 4월에는 『대혐한류(大嫌韓流)』도 출판되었다.

『만화혐한류』가 출판된 이후 이와 관련되거나 유사한 서적의 출판양상을 살펴보면 다음과 같다. 『만화혐한류』가 출판된 직후인 2005년 10월에는 나카오카 료마(中岡竜馬)의 『한국인에게 바르는 약－한국자각 증상 없는 우리나라주의의 병리』가 출간되었다. 이 서적은 서울에서 거주하던 한 일본어 강사의 자기 체험을 블로그에 일기 형식으로 쓴 내용을 출판한 것으로 이 블로그는 약 1년 만에 200만 건 이상의 블로그 히트를 달성할 만큼 화제를 모았었다. 그리고 2006년 7월에는 같은 시리즈의 2편이 출판되기도 하였다.(〈표 25〉 참조)

〈표 25〉 혐한류 관련 서적의 출판(2005년부터 2006년까지)

출판년월	저자	제목	출판사
2005.7	山野車輪	만화혐한류(マンガ嫌韓流)	晋遊舎
2005.10	中岡竜馬	한국인에게 바르는 약-한국자각 증상 없는 우리나라주의의 병리(韓国人につけるクスリ一韓国自覚症状なしのウリナライズムの病理)	オークラ出版
2005.11	別冊宝島編集部	만화혐한류의 진실! 한국/반도의 터부(マンガ嫌韓流の真実！韓国/半島タブー)	宝島社
2005.12	桜井誠	혐한류:반일망언격퇴매뉴얼;실천핸드북(嫌韓流：反日妄言撃退マニュアル；実践ハンドブック)	晋遊舎
2006.1	北岡俊明	혐한류 디베이트: 반일국가 한국에 반박한다(嫌韓流ディベート：反日国家韓国に反駁する)	総合法令出版
2006.2	晋遊舎編集部	만화혐한류: 공식 가이드북(マンガ嫌韓流：公式ガイドブック)	晋遊舎ムック
2006.7	中岡竜馬	한국인에게 바르는 약 2타!(韓国人につけるクスリ2打！)	オークラ出版
2006.9	桜井誠	반일망언반도가 불타다 편(反日妄言半島炎上編)	晋遊舎

한편 일본 내의 혐한류 관련 서적이 계속해서 출판되면서 한국 내에서도 이에 대응하는 유사 제목의 『만화혐일류』가 연속적으로 출간되기도 하였다.[14] 하지만 이들의 출판 대응은 역사적인 고증이 부족하고 감

14) 양병설은 2006년 1월에, 김성모는 같은 해 8월에 동일 제목의 『만화혐일류』를 출판하였다.

정적이며 논리적인 반박에 미치지 못한다는 비판을 받기도 하였다.[15)]

『만화혐한류』에 대한 비판은 일본에서도 제기되었다. 한일관계사를 연구하는 오타 오사무(太田修) 등이 편찬한 『「만화혐한류」의 여기가 엉터리(「マンガ嫌韓流」のここがデタラメ)』(2006)가 대표적이다. 이 책은 『만화혐한류』에서 다루어진 각각의 주제들에 대해, 그 내용을 하나하나 검증하는 형식을 취하며 『만화혐한류』의 감정적이고 비논리적인 근거를 비판하고 있다.[16)]

일본에서의 혐한류 현상은 한류에 대한 비난과 비판도 일부 포함하고 있으나 그보다 주된 내용은 한국정부의 대일외교정책, 영토문제, 재일코리안에 대한 인권문제, 북한에 대한 배격, 한국의 특정 유명인에 대한 비방과 인신공격 등이었다. 이 때문에 일본에서의 혐한류 현상은 한국의 신문방송 보도에서도 주목하였으며, 일부에서는 한류정책의 문제점에 대한 반성과 쌍방향의 문화 교류의 추진 등을 촉구하는 계기가 되기도 하였다.

혐한류는 일본 주류미디어의 입장은 아니었지만 일본의 여러 TV방송사는 그동안 일본 내에서 큰 인기를 모으며 한류 열풍을 견인한 한류드라마의 편성을 방송개편과 함께 대폭 축소하는 등 한국의 관련업계에 위기감을 주었으며 동시에 대책 마련을 위한 논의를 자극하는 결과를 가져왔다. 하지만 혐한류 현상은 한류 열풍에 큰 영향을 줄 정도는 아니었으며 한류에 대한 직접적인 비판보다는 앞서 지적하였듯이 종래의 한국과

15) 『경제 Today』 2006년 2월 11일; 『국민일보』 2006년 8월 31일.

16) 이 책의 목적은 목차를 살펴보면 어느 정도 유추가 가능하다. 목차에는 모두 '검증'이라는 용어를 사용하여 『만화혐한류』의 각 주제를 반박하고 있다. 목차의 일부만 제시하면 '第1話 W杯サッカー史に新たなページを加えた日韓大会ー検証「日韓共催ワールドカップの裏側」', '第2話「補償問題は解決したのか？ー検証「戦後補償問題」', '第3話 在日コリアンへの誤解と偏見の増幅を斬る！ー検証「在日韓国・朝鮮人の来歴」' 등 총 9화로 구성되어 각 주제에 대한 검증을 전개하고 있다.

한국문화 전반에 대해 지속적으로 전개되었던 비판 혹은 대일외교정책 등에 대한 비난이 주요 내용으로 다루어졌다.[17)]

혐한류 현상의 대두가 한류에 대한 반감과 부정이 직접적인 계기는 아니었지만 한류드라마를 중심으로 한 소위 1차 한류 붐이 잠시 주춤하던 시기에 혐한류 현상도 다소 잠잠한 양상을 보였다. 그러다가 2010년 이후 K-pop을 중심으로 한 한류가 다시 인기를 얻으면서 혐한류 현상도 다시 활발해지는 양상이 나타났다.

이 시기의 혐한류 현상은 과거에 주로 인터넷을 통한 익명성에 의존하여 표출된 것과는 달리 인터넷이나 SNS 등의 미디어에서의 활동은 물론 대규모 가두시위와 같은 직접적인 행동으로 표출하는 형태로 전개되기도 하였다. 그 대표적인 예로 2011년에 후지TV의 한류드라마 편성비중이 다른 방송사들에 비해 높다는 것에 불만을 나타낸 대규모 시위가 8월부터 10월까지 4차례에 걸쳐 일어난 일을 들 수 있다. 후지TV에 대한 반발시위는 2012년에도 여러 차례 일어났다. 그리고 이러한 시위는 일본의 주류미디어보다는 인터넷 방송과 유튜브, 페이스 북, SNS 등의 소셜미디어를 통해 빠르게 유포되고 확산되었다. 또 혐한류 관련 출판 서적도 다시 속속 등장하였다.

〈표 26〉에서도 알 수 있듯이 2011년부터 2012년에 출간된 혐한류 관련 서적에는 혐한 관련 시위와 관련한 일본 주류미디어의 반응에 대한 불만과 한류에 대한 반감을 노골적으로 표출하고 있다.

17) 한영균, 「일본 내 '혐한류' 현상의 실체」, 『일본문화연구』 제48집, 동아시아일본학회, 2013, 442쪽.

〈표 26〉 혐한류 관련 서적의 출판(2011년부터 2012년까지)

출판년월	저자	제목	출판사
2011.11	但馬 オサム編	이권매스컴의 진실 「보도 안하는 자유」를 만든 것은 누구인가(利権マスコミの真実「報道しない自由」を作ってきたのは誰だ)	オークラ出版
2011.12	別冊宝島 編集部	혐「한」제2막! 만들어진 한류 붐 왜 우리들은 시위로 향하는가? 그 심층을 파헤친다!(嫌「韓」第二幕！作られた韓流ブームなぜ僕たちはデモに向かうのか？その深層を探る！)	宝島社
2012.1	古谷 ツネヒラ	후지TV 시위에 가보았다! 매스컴이 일절 보도 못한 네트시위의 모든 기록(フジテレビデモに行ってみた！マスコミが一切報道できなかったネトデモの全記録)	青林堂
2012.5		이것으로 알 수 있다! 어둠의 마케팅의 전부 〈이제는 절대 속지 않는다!〉AKB48부터 한류까지 모든 스텔스 마케팅 해부!!(これでわかる！裏マーケティングのすべて＜もう絶対ダマされない!!＞AKB48から韓流まで全ステマ解部!!)	晋遊舎ムック
2012.6	古谷 ツネヒラ	한류, TV, 스텔스 마케팅으로 한류 밀어붙이는 진범은 이 녀석이다!(韓流、テレビ、ステマした韓流ゴリ押しの真犯人はコイツだ!)	青林堂
2012.6		날조, 표절, 척하는 치사한 한국(捏造、剽窃、なりすまして嗤われる韓国)	オークラ出版

이 뿐만이 아니다. 2013년부터는 혐한류 관련 서적이 출판업계의 베스트셀러 부문에 등장하는 등 화제를 모으기도 하였다. 2013년에 무로타니 가츠미(室谷克美)가 출판한 『매한론(呆韓論)』은 일본의 최대 출판유통회사 도한(トーハン)이 발표한 '2014년 연간 베스트셀러'에서 논픽션·신서 부문 1위, 종합 17위를 기록하며 화제를 모았다. 또 2014년에는 신시아리(シンシアリー)의 『한국인에 의한 치한론(韓国人による恥韓論)』이 논픽션·신서 부문 7위에 오르며 흥행하였다. 그밖에도 한국과 재일코리안을 대상으로 하는 헤이트스피치를 주도한 사쿠라이 마코토(桜井誠)의 『대혐

한류(大嫌韓流)』가 2014년에 출판되었다. 또 같은 해 보코쿠노이지스(某国のイージス)라는 인터넷 필명을 사용한 저자는 일본의 인터넷 우익으로 불리는 소위 네토우요(ネトウヨ)의 언설들을 모아 엮은 『비한오원칙(非韓五原則)』 등을 출판하였다. 이와 같은 혐한류 관련 서적이 출판계의 화제를 모으며 흥행 기록을 올리는 상황이 되자 서점에서는 이러한 종류의 서적을 한곳에 모아 진열하는 특별코너를 마련하기 시작하였다.

그런데 이와 같은 혐한류 관련 서적들은 대부분이 한국에 대한 반감과 부정, 혐오와 증오를 원색적이고 노골적으로 표출하고 있으며 상호 간의 이해와 협력보다는 대립과 갈등을 조장하고 차이와 단절을 강조하는 표현을 사용한다. 그리고 그러한 과정에 유언비어나 근거 없는 비방이 사실처럼 확대 재생산되는 양상을 초래하며 상호 간에 오해와 불신을 확산시키는 요인으로 작용한다. 또한 재일코리안에 대한 차별과 위화감을 조성하기도 한다.

일본에서의 혐한류 현상은 서적의 출판 외에도 인터넷 공간에서도 활발하게 확산되었다. 인터넷 공간에서는 반일과 혐한에 관한 언설이 동시에 격한 논쟁을 불러일으키며 대중들에게 무차별 전파되는 양상을 만들었다. 하지만 인터넷 공간에서 유통된 많은 정보와 언설은 정보의 근거와 사실관계가 불명확한 일방적이고 감정적인 내용이 여과 없이 확산되는 경우가 많았다. 특히 무엇보다 대부분의 유통정보가 익명성을 바탕으로 생산된다는 점에서 정보의 왜곡과 조작은 더욱 용이하게 이루어졌으며 그만큼 반감과 마찰, 갈등과 대립, 차별과 멸시를 조장하는 분위기를 만들었다고 할 수 있다. 그리고 그러한 사회적 분위기는 혐한류 관련 서적의 출판에도 영향을 주었다고 할 수 있다. 실제로 『만화혐한류』를 비롯한 다수의 혐한류 관련 서적은 인터넷 공간에서 유통된 혐한 언설이 상업출판의 형태로 나타난 것이다.

인터넷 공간에서 익명으로 상대에게 적대감정을 표출하고 공격하는 경향에 대해 다카하라 모토아키(高原基彰)는 일본 사회에 확산되고 있는 '사회 유동화'와 그에 따른 주로 젊은 세대들의 '불안'이 그 배경에 자리하고 있다는 분석을 내놓은 바 있다. 다카하라는 일본의 고도경제성장 이후 글로벌화라는 새로운 시대흐름과 개혁을 요구하는 '사회 유동화'가 급속하게 진행되었으며, 특히 젊은 세대들이 '사회 유동화'의 요구에 가장 큰 영향을 받으며 '불안'을 느끼게 되었다고 지적하였다. 즉 일본의 젊은 세대들이 자신들이 느끼는 '불안'을 안정시키고 스스로를 납득시키기 위해서 가상의 적을 외부로부터 필요로 했다고 볼 수 있는 것이다. 다카하라는 이러한 사회적 문제가 일본의 젊은 세대들의 내셔널리즘을 자극하는 원인이 되었다고 분석하면서 인터넷을 중심으로 한 일본 젊은이들의 동향을 다음과 같이 기술하고 있다.

> 나는 인터넷을 중심으로 한 동향은 분명한 '우경화'라고 생각한다. 인터넷, 특히 블로그라는 그 새로운 형태가 기존의 매스미디어로부터 완전히 독립한 오리지널한 의견을 말하는 장소일 수가 없고, 매스미디어의 정보에 자신의 코멘트나 주석을 붙이는 것을 중심으로 하고 있기 때문에 그런 의미에서 기존 미디어에 크게 의존하고 있다. (중략) '혐한 · 혐중'은 분명히 그 속에서 '우(右)'의 정보원에 친화성이 강하고, 그 정보를 재이용하거나 가공하거나 하는 식으로 네트상의 언론을 전개하고 있다. 그리고 아사히신문을 대표로 한 '좌(左)'의 미디어에 대한 숨길 수 없는 적의를 끊임없이 분출하고 있다.[18]

여기에서 주목할 부분은 일본 젊은이들의 인터넷 공간에서의 활동이 우경화 경향을 나타내고 있다는 지적과 함께 '혐한 · 혐중'은 인터넷 상에

18) 高原基彰, 『不安型ナショナリズムの時代ー日韓中のネット世代が憎みあう本当の理由』, 洋泉社新書, 2006, 11~12쪽(인용은 고길희, 「일본의 한류와 혐한류로 본 한일관계－다원화 내셔널리즘을 모색하며」, 『일본근대학연구』 제17집, 한국일본근대학회, 2007, 88쪽 재인용).

서 우경화 양상이 만들어낸 정보의 재이용과 가공에 의해 다시 인터넷 상에서 전개된다는 점이다. 다시 말해서 인터넷이라는 매체가 혐한류를 둘러싼 언설의 유통과 전파에 큰 역할을 한 것이라고 할 수 있다.

오타 오사무는 혐한류 현상의 특징과 배경에 대해 다음과 같이 기술하고 있다.

> '혐한류' 현상의 첫 번째 특징은 실제로는 지극히 다양한 '조선(인)', '한국인'을 정형화하여 비난하거나 멸시한다는 점이다. 그러므로 대극점에 있는 허구의 '일본(인)'을 정당화하는 것이다. 두 번째 특징은 조선의 식민지 지배를 정당화하는 점이다. 사실 오인이나 과장된 부분이 많지만, 근저에는 식민 지배했던 '조선(인)'을 차별하고 배제하려는 식민주의가 내포되어 있다. 재일한국인·조선인에 대한 공격도 식민주의에 근거한 것이며, 국민으로서의 '일본인'이 다른 역사·문화를 가진 사람들을 차별하는 인종주의와 결부되어 있다. 세 번째는 가부장제, 교통질서, 장애인 차별, 성매매 문제 등 현대 한국 사회가 안고 있는 문제를 비난할 뿐, 이러한 현상을 역사·사회적 맥락에서 파악하거나 일본 사회에도 마찬가지로 존재하는 문제로 생각하지 않는다는 점이다. '혐한류' 현상이 퍼지는 배경에는 현대 일본의 고용 불안정, 사회 구성원 간의 격차의 확대, 폐쇄성 등 사회가 안고 있는 불안이 전제되어 있는데, 그것을 '조선인', '한국인'을 비난하거나 멸시함으로써 해소하려는 움직임이 인 것이다.[19]

오타가 지적한 혐한류의 특징의 주요 키워드를 살펴보면 비난과 멸시, 차별과 배제, 식민지지배 정당화와 인종주의 등이다. 다시 말해서 혐한류 현상의 기저에는 갈등의 해결과 이해 또는 상호 협력보다는 갈등과 차별의식의 조장, 한일관계의 부정과 반목을 자극하는 요소들이 자리 잡고 있다고 할 수 있다. 그리고 오타는 혐한류의 확산 배경으로 '현대 일

19) 국제고려학회 일본지부, 재일코리안연구소 역, 『재일코리안사전』, 선인, 2012, 481쪽.

본의 고용 불안정, 사회 구성원 간의 격차의 확대, 폐쇄성' 등과 같은 일본 사회의 '불안'에 주목하고 있다. 즉 일본 사회의 내적 불안을 외부('조선인', '한국인') 사회에 발산하고 표출함으로써 해소하고자 하는 발상이 작용한 것으로 분석하고 있다. 이 점은 앞서 일본 사회의 '불안형 내셔널리즘' 심리를 분석한 다카하라의 해석과 궤를 같이 하는 분석이라고 할 수 있다.

이와 같은 논고에서 혐한류에 대해 공통적으로 지적하는 것은 혐한류의 내용이 한류와 함께 새롭게 생겨난 현상이 아니며 아주 편협한 민족주의와 인종차별주의를 바탕으로 전후 일본 사회에 지속적으로 유지되어 온 반한(反韓) 감정과 배외주의가 일본 사회의 불안 요소의 확산과 함께 외부로 표출한 것이라는 점이다.

물론 혐한류에 대해 일부에서는 극히 보수적이고 우익적인 세력의 편견과 차별, 역사왜곡과 선전, 비난과 악의가 빚어낸 일시적인 반작용으로 언급할 가치나 관심을 둘 필요가 없다는 의견도 있다. 하지만 혐한류에 대한 지나친 우려나 비판 풍조도 문제일 수 있지만, 혐한류 현상 자체를 무시하며 방치하거나 단순화 해 버리는 경향도 문제가 될 수 있다. 즉 혐한류에 대한 각각의 내용과 다양한 시각, 그리고 문제점을 정확하게 분석하고 이해함으로써 그 실체를 파악하고 대응책을 모색하는 일은 분명히 필요하다.

이러한 차원에서 혐한류 현상의 계기가 되었다고 할 수 있는 야마노 샤린의 『만화혐한류』(1권)를 분석하는 일은 유의미한 작업이 될 것이다. 다만, 여기에서는 2005년에 출판된 『만화혐한류』에 나타난 재일코리안에 대한 담론을 중심으로 그 내용과 문제점을 살펴보고자 한다.

『만화혐한류』는 Web만화가 출신의 작가 야마노 샤린이 2005년에 처음 출판하였다. 야마노 샤린은 2002년에 재일코리안을 비난하는 내용의 만화 『CHOSEN』을 인터넷에 게재한 바 있으며, 2003년부터는 혐한을 테마로 다룬 만화를 주로 그렸다. 하지만 이들 만화의 출판은 이루어지지 않았다. 그 후 일본 내의 반한 감정과 한국에 대한 부정적인 이미지가 점차 확산되면서 2005년에 『만화혐한류』를 출판하게 되었다.[20)]

『만화혐한류』는 근현대사에 별로 관심이 없었던 고등학생 오키아유가나메(沖鮎要)가 월드컵 한일공동개최를 계기로 한국에 대해 관심을 갖기 시작했으며, 대학에 들어가서 '극동아시아 조사회'라는 동아리에 가입하여 한일 양국의 역사를 새롭게 접해가는 과정을 그리고 있다.

『만화혐한류』에서 주로 다루고 있는 문제는 한일 간의 역사인식의 문제, 독도문제, 재일코리안 차별문제, 반일 여론, 외국인 참정권 문제 등이다.[21)] 이들 내용 중에서 재일코리안에 관한 문제를 직접적으로 다룬 것은 '제3화 재일한국 · 조선인의 내력－재일이 걸어온 역사와 「강제연행」의 신화'와 '제7화 외국인 참정권－외국인(=재일한국인)이 참정권을 갖는다는 것'이라는 내용이다.

먼저 제3화의 내용을 간략하게 정리하면 다음과 같다. 일본의 패전 후, 일부의 조선인은 스스로를 전승국민(조선진주군)이라고 부르며 일본 각지에서 약탈과 폭력행위를 일삼았다. 1948년까지는 한반도에 국가는 없었으며 조선인의 국적은 모두 일본이었다. 당시의 GHQ는 조선인을 전승국민으로 인정하지 않았다. 패전 당시 약 200만 명의 조선인이 일본

20) 板垣竜太, 「혐한류의 해부학」, 『창작과 비평』 여름호, 통권132호, 창작과 비평사, 2006, 407~409쪽.

21) 2005년에 출판된 『만화혐한류』의 목차(부제목 생략)만 제시하면, 「제1화 한일 공동개최 월드컵의 이면」, 「제2화 전후 보상 문제」, 「제3화 재일한국 · 조선인의 내력」, 「제4화 일본문화를 훔치는 한국」, 「제5화 반일 매스컴의 위협」, 「제6화 한글과 한국인」, 「제7화 외국인 참정권 문제」, 「제8화 한일병합의 진실」, 「제9화 일본영토 침략: 독도문제」 등이다. 이밖에도 『만화혐한류』에는 File(극동아시아 조사회 리포트), 컬럼, 에필로그, 특별편 등으로 구성되어 있다. 특히 컬럼란에는 일본의 대표적인 우익인사들의 칼럼을 중간 중간에 수록하고 있다.

에서 생활했는데 1946년 3월까지 약 140만 명이 귀국하였다. 그리고 조선인에 대한 '강제연행'이라는 사실은 없다. 강제연행이라는 용어는 1965년 재일코리안 역사학자 박경식의 저서 『조선인 강제연행의 기록』에서 유래한 것으로 이 기록은 사실을 왜곡한 것이다. 패전 이후 많은 재일코리안이 일본공산당에서 활동하였고, 무력에 의한 혁명을 지지하며 많은 데모시위를 주도하였다. 1955년에 재일본조선인총연합회가 결성되자 재일코리안은 일본공산당에서 이탈하여 북한을 지지하며 독자적인 노선을 걷게 되었다. 1959년에 시작된 '귀국사업'에 일본정부도 적극 협력하였지만 북한의 실정은 '지상의 낙원'이 아니라 '지옥'이었으며 귀국자 수는 점점 줄어들어 귀국사업 자체가 자연 소멸되었다. 1965년에 한일기본조약이 조인된 후, 한국적의 재일코리안에게 영주권을 인정하였다. 영주권을 인정받은 재일코리안들은 각종 차별을 받고 있다고 주장하며 일본의 좌익세력과 결탁하여 반정부, 반일운동을 펼치고 있다.

이상이 제3화의 대략적인 스토리의 전개이다. 내용에서도 알 수 있듯이 재일코리안에 관한 내용은 주로 일본의 패전 직전 무렵부터 전후에 걸쳐 다루어지고 있다. 즉 재일코리안의 본격적인 도항의 역사와 배경에 대해서는 전혀 기술하고 있지 않으며, 사실의 전후관계에 대한 언급도 생략된 채 이야기가 전개되고 있다. 그뿐만 아니라 일본의 패전 이후 상당수의 조선인이 귀국을 하지 못하고 일본에 체류하게 된 사정이나 배경, 재일코리안의 생존권과 인권을 둘러싼 일본 사회의 차별, 귀국사업과 일본 사회의 민족주의, 그리고 일본 사회의 보수우익과 진보좌익의 진영 논리 등의 문제에 대해서 구체적인 자료나 논의를 거치지 않고 일방적이고 감정적인 내용만을 집중적으로 제시하고 있다.

다음으로 제7화의 내용은 다음과 같이 정리할 수 있다. 외국인이 외국 국적을 가진 채 다른 나라의 정치에 참여한다는 것은 이상한 일이다. 독

일이나 프랑스가 외국인참정권을 인정하는 것은 주변 여러 국가들과의 연합해서 EU라는 국가연합을 지향하고 있기 때문이다. 일본은 중국, 한국, 북한 등의 반일국가에 둘러싸여 있으며 외국인에게 참정권을 인정하면 지방자치체를 빼앗길 우려가 있다. 재일코리안은 귀국할 수 있었는데도 귀국할 의사가 없어서 일본에 잔류한 것이며, 일본은 이들에게 특별히 영주권을 부여하였다. 그러한 재일코리안에게 참정권을 부여하면 한국과 북한이 내정간섭에 이용할 가능성이 있다. 혹시 재일코리안이 참정권이 필요하다면 귀화를 선택하면 될 일이다. 하지만 재일코리안 출신 정치가가 한일 양국의 이해관계가 대립했을 때 어떻게 움직일지 눈여겨볼 필요가 있다.

제7화의 내용은 주로 재일코리안의 참정권 문제로 압축되어 있다. 1965년에 한일법적지위협정이 체결되면서 재일코리안의 법적지위는 개선되었지만 주민 또는 시민으로서의 재일코리안의 지방참정권은 제한된 상태였다. 물론 이 무렵에는 재일코리안도 지방참정권에 대한 주민의식이나 권리의식이 부족하였지만 1980년대 후반부터 '정주외국인에 관한 기본법'의 제정을 요구하면서 지방자치체의 참정권을 요구하는 활동을 전개하기 시작하였다. 그 후 1990년대에 이르러서는 시민으로서의 권리와 의무가 침해당하고 있다는 의식이 재일코리안에게서 강하게 나타나면서 재판투쟁이 시작되었다. 지속적으로 재판투쟁을 전개한 결과, 1993년 9월에 오사카부 기시와다(岸和田)시의회는 일본정부에 대해 '정주외국인에 대한 지방선거에의 참정권 보장의 확립에 관한 요망결의'를 만장일치로 가결하였다. 그리고 이와 같은 의회의 지방참정권요구결의는 전국적으로 확대하여 2000년 2월까지 전국 총 3,302자치단체 중 1,439의회가 요망의견서를 채택하기에 이르렀다. 또 1995년 2월에는 영주 외국인의 지방참정권 부여가 헌법위반이 아니라 국가의 입법 정책에 관련된 사항이라는 판결이 나왔다. 이로써 지방참정권에 관한 법안이 국회에 제출되었다. 하지만 소위 '국민주권', '인권', '주민' 등의 논리가 정치적 쟁점이 되면서 국회에서의 심의는 진전을 보지 못하고 있는 실정이다. 특히 지방참정권 부여에 반대하는 진영의 주된 주장은 '외국인 주민의 투표 행동이 국가의 외교, 안전보장 정책과의 갈등을 일으킬 가능성은 충분히 있다'는 것이다.[22] 이와 같은 논리는 『만화혐한류』의 제7화에서 제시하는 논리와 크게 다르지 않다. 즉 『만화혐한류』의 논리는 한국과 재일코리안에 대해 비판적인 시각을 갖고 있는 일본의 보수우익 진영의 주장을 근거로 한 논리라고 할 수 있다.

현재 지방참정권 문제에 대한 재일코리안 사회의 의견은 크게 조총련 측과 민단 측(또는 민족 차별과 싸우는 전국 연락회－민투련)의 의견으로 양분되어 있다. 조총련 측은 '참정권의 요구는 조선인을 일본 사회의 동화로 쫓아 버리는 위험이 있으며, 통일 민족으로서 산다고 하는 이념에 상반된다'는 의견을 제기하며 지방참정권 부여에 반대 입장을 표명하였다. 이에 반해 민단 측과 민투련에서는 과거의 행정 차별 철폐 운동(사회보장 등 복지정책의 차별 철폐), 지문날인제도 철폐(법적 지위의 확립), 생활권 확충 운동(국적 조항의 철폐) 등과 같은 일련의 재일코리안 권익옹호운동의 연장선에서 전개되고 획득되어야 할 '주민권'의 보장이라는 방침을 세우고 적극적인 찬성과 참정권 요구운동을 전개하고 있다. 특히 민단은 지방 참정권의 획득은 영주 외국인에게 기본적인 인권을 확립하는 것, 전후처리 청산의 일환, 일본 사회의 참된 국제화 구현, 소수민족권의 보장이라는 의의를 갖는다는 점에서 지방 참정권 문제의 해결을 위해 적극적으로 활동하고 있다.

22) 鄭大均, 「外国人参政権に反対のこれだけの理由」, 『中央公論』 2010.1, 213쪽.

이상의 내용에서도 알 수 있듯이 『만화혐한류』는 한국에 대한 반감과 부정을 바탕으로 일본에서의 혐한류 현상을 이끌어 낸 계기가 되었으며, 특히 민족주의와 배외주의 그리고 인종차별주의를 노골적으로 분출시킴으로써 일본 내의 마이너리티인 재일코리안에 대한 적의와 차별을 정당화 하고 있다. 그리고 이와 같은 주장은 인터넷 공간에서 급속도로 확산되었으며, '재일특권을 허용하지 않는 시민 모임(在日特権を許さない市民の会)'(이하, 재특회)과 같은 극단적 배외주의와 차별주의를 표방하는 시민단체의 폭력적인 위협과 가두시위를 가능하게 하는 작용을 하였다고 할 수 있다.

재특회의 재일코리안에 대한 민족적 멸시와 폭력적인 위협, 재일코리안의 권익문제에 대한 공격과 왜곡선전은 단순한 가두시위가 아닌 폭력행위를 수반한 조직적 범죄의 형태로 악화되었다. 그만큼 재특회의 활동은 일본 사회의 주목을 끌었으며 혐한시위에서 표출된 재일코리안에 대한 증오심과 적대심의 수위는 증폭되었다. 결국 재특회 등의 혐오시위(헤이트스피치)로 일본 정부와 정치계에는 헤이트스피치에 대한 경계와 규제의 필요성이 부각되었으며, 마침내 2016년 6월에 '헤이트스피치규제법(本邦外出身者に対する不当な差別的言動の解消に向けた取組の推進に関する法律)'이 제정되기에 이르렀다.(〈표 27〉 참조)

하지만 헤이트스피치규제법의 제정에도 불구하고 재일코리안이 처하고 있는 일본 내의 여건은 여전히 불안정하고 재일코리안에 대한 사회적 차별 분위기도 끊임없이 지속되고 있다. 즉 일본 사회는 재일코리안을 포함한 일본 내의 마이너리티의 인권이나 생활 보장과 관련한 문제를 보다 객관적으로 확인할 필요성이 있으며, 나아가 그러한 문제의 근본적인 해결책의 모색이 중요한 과제라는 점을 인식해야 할 것이다. 이와 같은 차원에서 다음 장에서는 일본 사회가 지향해 온 다문화공생정책의 전개와 문제점 등을 살펴보고자 한다.

〈표 27〉 혐한 관련 일본 정부 및 정치계의 적극적인 움직임에 대한 기사[23)]

일자	제목	매체
2016.5.12	日 참의원 법무위, '헤이트스피치 법안' 가결	교도통신
2015.12.22	법무성, 혐한단체 인사에 "혐오시위 하지 말라" 첫 권고	교도통신
2015.1.18	법무성 포스터 제작, '헤이트스피치 용납 않겠다'	아사히신문
2015.1.17	헤이트스피치, 오사카시가 인정 · 공표 독자 대책안 마련	아사히신문
2014.12.27	지방의회, 정부에 속속 헤이트스피치 대책 요구 의견서 전달 유엔 권고 · 최고재판소 결정으로 탄력	아사히신문
2014.12.20	돗토리현)현의회에서 헤이트스피치 법적규제 요구하는 의견서 가결	아사히신문
2014.12.13	중의원선거 후보자 대상 설문조사, 시민단체가 헤이트스피치 관련해 실시	아사히신문

23) 노윤선, 「한 · 일 수교 50주년, 혐한(嫌韓)에 대한 재인식－혐한 현상과 혐한 인식의 전개를 중심으로」, 『일본문화연구』 제59집, 동아시아일본학회, 2016, 79쪽 참조.

4. 일본의 '다문화공생'정책과 재일코리안

1990년대를 전후한 글로벌 시대의 도래와 함께 각 국의 정치적, 경제적 교류는 물론 문화적 교류도 빈번하게 이루어지고 있다. 또한 과학과 통신기술, 교통의 발달은 상품이나 자본의 이동뿐만 아니라 국가 간의 인구 이동도 활발하게 만들고 있다. 특히 국가 간의 인구 이동에서는 단순한 관광 목적의 이동에서부터 교육과 노동, 결혼과 이민(난민도 포함) 등과 같은 목적에 이르기까지 다양한 유형의 이동(이주) 형태를 더욱 가속화 시키고 있다고 할 수 있다. 이에 따라 각 국(혹은 각 지방)의 외국인 유입은 크게 증가하고 있으며, 이른바 국적국이 아닌 국가에서 생활하고 있는 인구는 나날이 증가 추세에 있다.

이와 같은 인구 이동의 추세는 일본 또한 예외는 아니다. 2015년 말 현재 일본의 외국인등록자 수는 2,232,189명이며, 1986년 말 일본의 외국인등록자 수 850,612명에 비해 1,381,577명(162.4%)이 증가했다. 외국인등

〈표 28〉 재류외국인 수 추이와 일본 총인구 대비 비율 추이[24]

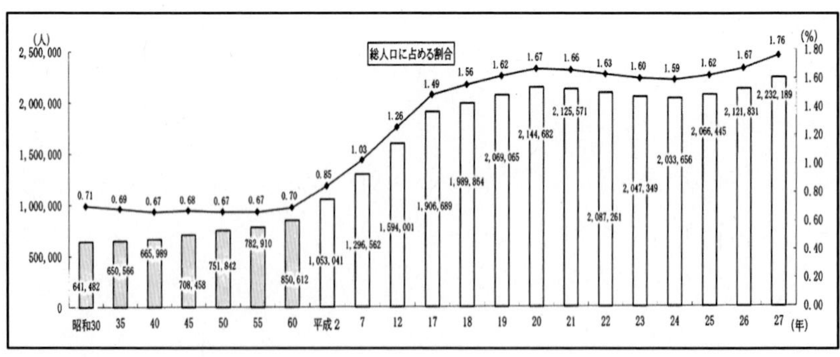

24) 일본 법무성 통계자료 참조
(http://www.moj.go.jp/housei/toukei/toukei_ichiran_index.html, 검색일: 2017.6.20).

록자가 일본 총인구에서 차지하는 비율도 총인구 1억 2,711만 명(2015년 10월1일 기준)에 대해 1.76%로 나타났으며, 1986년 말의 0.70%보다 1.06% 증가한 것으로 나타났다.

하지만 〈표 28〉에서도 알 수 있듯이 일본의 외국인등록자 수의 추이는 제2차 세계대전 이후부터 1980년대 말에 이르기까지는 그다지 뚜렷한 증감이 확인된다고 볼 수는 없다. 그 증감수를 살펴보면 1955년의 641,482명에서 1986년의 850,612명으로 증감한 것으로 30년 이상의 기간 동안에 불과 209,130명(32.6%)의 증가에 지나지 않음을 확인할 수 있다. 이와 같은 결과가 나타나게 된 주된 이유 중에 하나로 일본정부의 외국인 및 이민자의 유입에 대한 부정적 사고와 배타적 정책을 들 수 있다. 소위 '단일민족신화'에 기초한 단일민족국가관이 강하게 작용했던 일본사회에 있어서 밖으로부터 유입되는 외국인이나 이민자는 일본에게 득이 되기보다 손실을 가져다줄지 모르는 존재 혹은 심각한 사회 문제를 초래할지도 모르는 대상 정도로 인식하고 있었다는 것이다. 이와 같은 인식은 일본이 외국인노동자 및 이민자의 유입에 대단히 배타적이고 소극적으로 대응했음에도 불구하고 고도경제성장이라는 자타가 인정할 만한 발전과 성장을 이끌어내었다는 자신감이 강하게 작용한 결과라고도 유추할 수 있다. 또한 그러한 자신감이 외국인에 대한 수용정책이나 이민제도의 성립을 방해하고 지연시키는 요소가 되었음을 짐작할 수 있다.

다시 한 번 도표를 살펴보면 1986년에서 1990년 사이에 외국인등록자 수가 증가 추세로 전환되고 있다는 것을 알 수 있다. 이것은 그 이전까지 외국인노동자의 수용에 소극적이고 배타적이었던 일본이 상대적으로 외국인노동자의 일본유입을 허용하였다는 것을 알 수 있다. 실은 이때부터 많은 수의 소위 '닛케이진'(日系人)으로 불리는 남미지역의 일본계 외국인이 1989년 12월에 개정된 입국관리법의 '정주자'라는 재류자격으로 일본으로 입국하여 노동자로서 취로활동을 하기 시작한 것과 무관하지 않다.[25] 그리고 1990년대 이후에는 버블경제의 붕괴가 초래한 불황과 3D업종에 대한 기피현상이 외국인노동자의 수요를 더욱 가속화시킴으로써 90년대 이후의 외국인노동자 수는 증가 일로의 현상을 보이게 된다. 또한 1990년대 이후부터 사회적 이슈로 자리 잡게 되는 고령화와 저출산 문제는 노동인구의 감소라는 위기감을 조성하였으며 동시에 외국인노동자에 대한 일본의 노동시장 개방과 이민정책의 수립을 적극적으로 논의하게 하는 계기가 되었다.

이민정책에 대한 논의는 1999년에 사카이야 다이치(堺屋太一)경제기획청 장관이 경제심의회 '글로벌리제이션부회'에서 '다양하고 열린사회로의 변화와 장래 예상되는 저출산 · 고령화대책의 관점에서 이민국가, 이민을 받아들이는 나라가 되어야만 한다'고 제시한 발언이 계기가 되었다고 할 수 있다. 또한 2000년 1월에 오부치 게이조(小渕恵三) 수상의 자문기관인 '21세기 일본의 구상 간담회'가 발표한 최종보고서에도 글로벌 사회에 대한 대응과 일본의 경제적 사회적 활력을 유지하기 위해 이민정책의 필요성을 언급하고 있다.[26]

이러한 일본 사회의 분위기와 발맞추어 외국인등록자 수가 점차 증가하는 가운데 일본의 국립사회보장 · 인구문제연구소가 2016년 1월에 발표한 내용에 따르면, 2060년의 일본의 총인구는 8,673만여 명으로 급감할 것으로 추정하고 있으며, 더욱이 65세 이상의 고령자 인구비율은 약 40%로 급증하는 반면, 생산연령인구는 약 50.9%로 급감하는 것으로 나타났

25) '닛케이진'(日系人)은 일본 이외의 국가에 이주해서 해당 국가의 국적 또는 영주권을 취득한 일본인과 그 자손을 지칭하는 용어이다. 현재 '해외일계인협회'자료에 의하면 전 세계에 약 3백만 명 정도로 추산되고 있다.

26) 정미애, 「일본의 단일민족국가관에서 다문화공생으로의 인식변화와 다문화공생의 거버넌스」, 『한국정치학회보』 제45집 제4호, 2011, 240~241쪽.

다.(〈표 29〉 참조)

〈표 29〉 일본 사회보장 · 인구문제연구소『인구통계자료집(2016년도판)』[27]

(『일본의 장래추계인구』 2012년 1월 추계, 각 년 10월 1일 현재)

연차	인구 (1,000명)				연평균 인구증감율(%)			
	총수	0~14세	15~64세	65세 이상	총수	0~14세	15~64세	65세 이상
2016	126,193	15,574	75,979	34,640	-0.32	-1.60	-1.09	2.03
2017	125,739	15,311	75,245	35,182	-0.36	-1.69	-0.97	1.57
2018	125,236	15,056	74,584	35,596	-0.40	-1.66	-0.88	1.17
2019	124,689	14,800	74,011	35,877	-0.44	-1.70	-0.77	0.79
2020	124,100	14,568	73,408	36,124	-0.47	-1.57	-0.82	0.69
2025	120,659	13,240	70,845	36,573	-0.56	-1.89	-0.71	0.25
2030	116,618	12,039	67,730	36,849	-0.68	-1.89	-0.90	0.15
2035	112,124	11,287	63,430	37,407	-0.78	-1.28	-1.30	0.30
2040	107,276	10,732	57,866	38,678	-0.88	-1.00	-1.82	0.67
2045	102,210	10,116	53,531	38,564	-0.96	-1.18	-1.55	-0.06
2050	97,076	9,387	50,013	37,676	-1.03	-1.48	-1.35	-0.46
2055	91,933	8,614	47,063	36,257	-1.08	-1.70	-1.21	-0.76
2060	86,737	7,912	44,183	34,642	-1.16	-1.69	-1.26	-0.91

조사 결과는 당연히 일본정부로 하여금 외국인노동자의 수용을 적극적으로 검토하게 하였으며, 아울러 이민정책에 대한 논의도 더욱 자극하는 계기가 되었음은 분명하다. 실제로 2012년 2월에 나카가와 마사하루(中川正春) 소자화(少子化)담당장관이 '이민정책을 검토할 시기가 되었다'는 담화를 발표하기도 하였다.

한편 외국인등록자 수의 증가와 이민정책에 대한 담론의 확산은 일본사회에 종래의 외국인에 대한 인식과 시각에 변화를 가져왔다. 그것은

27) 国立社会保障 · 人口問題研究所,『人口統計資料集(2016年度版)』 참조 (http://www.ipss.go.jp/. 검색일: 2017.6.3).

외국인노동자와 거주자에 대한 '관리'와 '통제', '활용'과 '동화'의 대상으로 접근하던 태도에 대한 변화의 요구이기도 하다. 즉 일본사회는 외국인노동자와 거주자에 대해 일시적이고 배타적인 존재로서 인식하기보다 함께 생활하는 주민이나 이웃으로 인식해야 한다는 관점의 전환이 쟁점으로 부상하게 된 것이다. 이와 같은 일본사회의 인식 변화는 외국인노동자와 거주자가 보여주는 문화적 차이를 수용하고자 하는 방향으로 수렴된다. 다시 말해서 외국인들이 체현하는 이문화(異文化)에 대한 이해의 문제라고 할 수 있다. 그리고 이러한 이문화의 이해라는 문제는 당연히 다문화의 수용을 위한 다양한 정책과 시스템의 정비를 요구하게 되며 각 지역의 주민정책에도 반영하게 된다.

일본 사회가 외국인 거주자에 대한 정책을 제시하기 시작한 것은 1970년대에 들어선 이후의 일이며, 재일코리안에 대한 일본 지역사회의 주민정책으로부터 시작되었다고 할 수 있다. 이러한 주민정책은 1980년대와 1990년대에 마련된 '지방공공단체의 국제교류 양상에 관한 지침', '국제교류를 위한 지역 만들기 지침', '지역국제교류추진대강의 시책에 관한 지침' 등의 지침을 통해 활발히 전개되었으며 외국인 노동자와 거주자에 대한 지역사회의 기본 정책과 계획 수립을 보다 체계화 하고 종합화 할 수 있도록 유도하는 계기로 작용하였다.[28]

외국인등록자 중에 영주자의 수는 매년 증가추세에 있으며, 특별영주자는 매년 감소추세에 있다. 영주자 수는 2015년 말을 기준으로 보면 2011년 말 대비 102,060명(17%) 증가하였다. 그중에 일반영주자는 700,500명, 특별영주자는 348,626명으로 집계되었다.(〈표 30〉 참조)

28) 総務省, 「多文化共生の推進に関する研究会報告書」, 2006, 1~50쪽.

〈표 30〉 영주자격자 수의 추이(각 연말 현재 – 법무성재류외국인통계)[29)]

구 분	2011	2012	2013	2014	2015	2015년 구성비율(%)
영주자	987,525	1,005,865	1,028,536	1,035,428	1,049,126	100
일반영주자	598,440	624,501	655,315	677,019	700,500	66.8
특별영주자	389,085	381,364	373,221	358,409	348,626	33.2
특별영주자 중 한국 · 조선인	385,232	377,351	369,249	354,503	347,744	33.1

특별영주자란 1991년 11월 1일에 시행된 '일본국과의 평화조약에 근거하여 일본 국적을 상실한 자 등의 출입국관리에 관한 특례법'에 의해 규정된 재류자격을 말하며, 1945년의 패전 이전부터 일본에 거주하였으며 1952년 샌프란시스코강화조약에 의해 일본국적을 상실한 이후에도 일본에 재류하고 있는 한반도 및 대만 출신자와 그 자손들에게 인정된 영주자격이다. 특별영주자 중에 한국 · 조선적을 보유한 수는 99.7%를 차지하고 있으며 일반적으로 재일코리안의 수를 확인하는데 활용되기도 한다. 2015년 말 기준으로 한국 · 조선적의 총수가 491,711명으로 집계된 것에 비추어 보면 재일코리안의 수는 한국 · 조선적의 총수의 70.7%를 차지한다는 것을 알 수 있다. 말하자면 이것은 이른바 '올드커머'가 70.7%, '뉴커머'가 29.3%라는 것을 의미한다.

결국 일본 사회가 외국인 거주자에 대한 정책을 제시한 것은 이들 재일코리안 올드커머에 대한 지역사회와 지역주민들의 활동에서 비롯되었으며 중앙정부에 앞서 관련 활동과 정책을 마련한 것이라고 해야 할 것이다. 그리고 이와 같은 지역사회와 지역주민 주도의 변화 양상이 '다문화'와의 '공생'이라는 사회변화를 유도하였다고 할 수 있다.

29) 일본 법무성 통계자료 참조
(http://www.moj.go.jp/housei/toukei/toukei_ichiran_index.html. 검색일: 2017.4.21).

여기에서는 일본의 '다문화공생'정책의 추진과정과 내용을 살펴보고, '다문화공생'을 둘러싼 담론이 노정하는 문제점과 한계를 분석하고자 한다. 그리고 나아가 '다문화공생'정책이 재일코리안의 사회운동과 어떠한 관계에 있는지를 고찰하고, 그 문제점과 한계를 극복할 수 있는 방향을 살펴보고자 한다.

1) 일본의 '다문화공생'정책과 추진

앞서 기술한 바와 같이 일본의 외국인 거주자에 대한 정책은 1970년대 이후부터 시작되었으며, 80년대 이후부터는 각 지방의 국제화시책의 일환으로 전개된 것이다. 그리고 1990년대 이후부터는 뉴커머의 증가와 외국인의 정주화가 증가하면서 각 지방의 지자체가 이들에 대한 정책의 필요성에 따라 여러 가지 시책을 내놓기 시작하면서 부분적이나마 체계적인 지침과 계획이 만들어지게 된 것이다. 또한 2000년대 이후에는 일계남미인(日系南米人)을 중심으로 하는 정주인의 증가로 다수의 지방 지자체가 '외국인집주도시계획'을 설립하고 외국인주민에 대한 정책과 정보 등을 교환하는 한편 정부에 대해 외국인주민에 대한 정책제안과 시책 마련을 위한 활동을 전개함으로써 체계적이고 본격적으로 진행되었다고 할 수 있다. 일본정부는 1980년 전후에 '국제인권규약'을 비준하고 '난민의 지위에 관한 조약'에 가입함으로써 사회보장의 영역에 있어서 내외국인 평등이라는 가치를 추구하고자 노력하였다고 할 수 있으나 외국인거주자에 대한 생활환경의 정비라는 측면에서는 여전히 많은 과제들을 안고 있었다.[30]

30) 総務省, 「多文化共生の推進に関する研究会報告書」, 2006, 4쪽.

먼저 제기되었던 문제는 일본어를 통한 커뮤니케이션의 곤란이다. 다시 말해 외국인, 특히 뉴커머들 가운데 일본어를 이해하지 못하는 외국인이 다수 포함되어 있으며 이들에 대한 행정적인 서비스나 정보의 전달이 이루어지지 않거나 지연되는 경우가 빈번하게 발생하였던 것이다.

다음으로는 외국인주민의 증가를 뒷받침해 주어야 할 일본의 각종 사회적 행정적 제도가 충분히 갖추어지지 않은 관계로 발생하는 상대적 불평등 및 차별적 처우의 문제이다. 이러한 문제는 기본적으로는 의료 및 교육의 불평등과 차별을 야기하는 요인으로도 작용한다는 점에서 더욱 시급한 문제로 대두되었던 것이다.

그 외에도 지역사회 내에서의 인적관계와 문화적 교류의 부족으로 인해 생겨나는 문제, 예를 들면 외국인주민의 고립, 일본인주민과의 마찰 등의 문제가 지속적으로 지적되었던 것이다. 결국 이와 같은 문제는 '다문화공생'정책에 대한 중요성과 필요성을 일본 사회에 부각시키고 확산시켰다고 할 수 있다.

그러나 일본의 외국인에 관한 정책은 주로 법무성의 입국관리국이 관할하는 외국인의 출입국 및 재류관리에 관한 정책을 중심으로 진행되어 왔으며, 이러한 정책을 바탕으로 외국인을 관리와 규제의 대상으로 취급해 왔다. 이로 인해 외국인을 지역주민이나 지역사회의 구성원으로 인식하고 사회복지나 인권을 보장하며 사회적 참여를 지원해야 할 대상이라는 관점은 거의 형성되지 않았다.

그러한 가운데 2001년부터 외국인 거주자가 비교적 많은 일부 지방자치단체는 '외국인집주도시회의'를 설립하고 외국인등록제도의 재검토, 사회보험의 가입 촉진, 일본어학습기회의 제공, 외국인자녀의 교육 및 취학 촉진 등 외국인정책에 대한 재검토와 정비, 개혁을 중앙정부에 요청하기에 이른다. 예를 들면, 일계 브라질인이 많이 거주하고 있는 13개의 지방자치단체장으로 구성된 '외국인집주도시회의'는 2001년 10월에 중앙정부와 관계기관을 대상으로 외국인의 교육, 사회보험, 외국인등록 등의 정책에 대한 재검토와 정비를 촉구하는 '하마마쓰선언 및 제언'을 발표하였다. 또 지방자치단체와는 달리 외국인 정책에 대한 전문 연구자와 NPO의 대표자들로 구성된 '외국인과의 공생에 관한 기본법제연구회'는 2003년 3월에 중앙정부와 지방자치단체, 그 외의 관계기관을 대상으로 지역사회의 다문화공생사회 형성에 관한 정책 수립과 인식의 변화를 촉구함과 동시에 다문화공생사회 형성을 위한 기본법이나 기본조례, 기본계획의 수립을 요청하며 '다문화공생추진회의'의 설치를 제안하게 된다.

또 하나의 예를 덧붙이자면 2004년 4월에 만들어진 '사단법인 일본경제단체연합회'는 중앙정부와 각 기업을 대상으로 노동인구의 감소에 대한 보완적 의미가 아닌 다양성의 인정이라는 관점에서 국민들의 부가가치 창조력의 향상을 도모하기 위해 외국인에 대한 종합적 수용을 실시할 것을 제안하면서 외국인 상담창구의 증대와 일본어교육프로그램의 확대, 외국인자녀에 대한 교육시스템의 확충 등을 지방자치단체와 연계하여 해결해 나갈 것을 제시하기도 하였다. 이에 대해 일본정부는 '외국인수용문제본부'와 '특명담당대신'을 설치하고 '외국인청(또는 다문화공생청)'의 창설을 검토하기에 이르렀으며, '외국인고용법'에 의한 입국 후의 노무관리를 실시하게 되었다.

이와 같은 지방자치단체 및 각 단체와 기관들의 활동을 계기로 2005년 6월에 총무성은 '다문화공생추진에 관한 연구회'를 설치하였으며, 2006년 3월에 '지역사회의 다문화공생 추진 프로그램'을 만들었다. 그리고 이 프로그램에는 각 지방자치단체가 추진해야 할 다문화공생분야의 기본적인 시책을 사례로 제시하며 소개하고 있다. 먼저 이 프로그램에는 외국인 거주자에 대한 커뮤니케이션의 지원시책으로서 일본어습득지원이나 통역·번역체제의 정비를 통해 일본어를 활용한 커뮤니케이션의 지원을 제시하고 있다.

다음으로는 생활지원의 차원에서 의료나 교육, 노동, 방재 등에 대한 다양한 지원시책을 소개한다. 다음으로는 지역사회의 다문화공생화를 도모하고자 각종 다문화행사나 외국인주민의 참여를 촉진하는 이벤트 등을 통해 지역 전체의 다문화공생 의식 고취를 위한 시책 마련을 제안하고 있다. 또한 이와 같은 시책들의 추진을 위한 조례나 계획의 수립, 담당부서의 설치와 관련기관간의 연락회의 등을 위한 추진체제의 정비 등도 제시되어 있다. 그리고 총무성은 이 프로그램을 각 도도부현 및 정령지정도시에 다문화공생시책으로 추진할 것을 촉구하게 되었다. '지역사회의 다문화공생 추진 프로그램'은 종래의 노동인력의 보완과 치안유지라는 외국인에 대한 정책방향에 변화를 가져왔으며, 외국인 거주자에 대한 인식 또한 지역사회의 일원이라는 관점으로 변화를 꾀하는 계기가 되었다고 할 수 있다. 그와 함께 외국인 거주자는 출입국관리나 외국인등록과 같은 관리중심의 정책이 생활지원과 '공생'의 대상이라는 관점에서 각종 정책이 진행되게 되었다.

여기에서 2006년에 총무성의 '다문화공생 추진에 관한 연구회'가 발표한 보고서의 내용을 보다 상세히 살펴보고자 한다. 이 보고서에는 '다문화공생 추진 프로그램'을 지방자치단체가 추진하는 의의를 다음과 같이 기술하고 있다.

> 외국인의 출입국에 관한 행정은 국가의 소관이며, 외국인을 어떠한 형태로 일본사회에 받아들일 것인가에 대한 기본적인 입장의 결정은 국가가 근본적인 책임을 지고 있다. 그러나 일단 입국한 외국인의 지역사회 수용주체로서 행정서비스를 제공하는 역할을 담당하는 것은 주로 지방자치단체이며, 다문화공생시책의 수행기관으로서 맡은 역할은 크다.

> 지방자치단체가 다문화공생시책을 추진하는 것은 '국제인권규약' '인종차별 철폐조약' 등에 입각하여 외국인의 인권존중의 취지에 합치한다.
>
> 또 세계에 열린 지역사회 만들기를 촉진함으로써 지역사회의 활성화를 도모할 수 있으며 지역산업·경제의 진흥으로 연계된다.
>
> 더욱이 다문화공생의 지역 만들기를 지향함으로써 지역주민의 이문화에 대한 이해력의 향상이나 이문화커뮤니케이션 능력이 우수한 젊은 세대의 육성이 가능할 뿐만 아니라 다양한 문화적 배경을 가진 주민이 공생하는 지역사회의 형성은 유니버셜 디자인의 시점에 근거한 지역사회 만들기를 추진하는 일이 되기도 할 것이다.[31]

이 보고서에 기술되어 있는 '다문화공생 추진 프로그램'의 의의는 크게 외국인에 대한 인권존중의 관점과 지역사회의 활성화, 지역주민의 이문화에 대한 이해와 수용적 자세의 육성이라고 할 수 있다. 물론 이상의 내용과는 별도로 지역사회의 국제교류와 협력의 계기 마련, 노동력 확보를 위한 기반 구축, 결과적으로 경제적 효과의 기대 등등의 부수적인 측면의 의의 또한 추정할 수 있을 것이다. 한편 이와 같은 의의를 반대로 생각해 보면, 예컨대 다문화공생사회를 추진하지 않게 될 경우에는 국제화 사회의 일원으로서 국제사회에 인구의 국제적 이동에 소극적으로 대응한다는 인상을 줄 수 있을 것이며, 아울러 부족한 노동력에 대한 추가적 대안을 고민해야만 하는 번거로움 또한 발생하게 된다. 그 외에도 외국인배척(제노포비아)과 내셔널리즘적 선동에 따른 국제적 고립 등 향후에 예측되는 문제도 일정 부분 개선할 수 있다는 관점에서는 그 의의는 더욱 평가할 만 하다고 보아야 할 것이다.

그리고 이 보고서에는 '일단 입국한 외국인의 지역사회 수용주체로서 행정서비스를 제공하는 역할을 담당하는 것은 주로 지방자치단체이며,

31) 総務省,「多文化共生の推進に関する研究会報告書」, 2006.

다문화공생시책의 수행기관으로서 맡은 역할은 크다'는 기술과 함께 각 지역의 도도부현, 시구정촌, 국제교류협회 등이 연대와 협동을 할 수 있는 체제를 정비하고 각각의 역할분담을 하도록 예시를 제시하고 있다.

먼저, 도도부현의 역할에 대해서 살펴보면, 기본적으로 시구정촌의 경계를 초월한 광역적인 과제에 대한 대응을 시행하여야 하며, 구체적으로는 지침이나 계획의 책정, 각 현에 점재하는 사회자원(인재, NPO, 교재 등)의 조사, 광역통역자파견시스템의 구축과 운용, 대학 등과 연계한 인재계발, 시구정촌 정보의 공유화를 위한 제도 구축 등이 제시되어 있다.

다음으로 시구정촌의 역할에 대해서는 기본적으로 지역의 실정을 감안하여 외국인주민을 직접 지원할 것을 제시하고 있으며, 구체적으로는 지침이나 계획의 책정, 외국인주민에 대한 상담업무, 지역주민의 교류기회 제공, 학교와 NPO 등의 연계 촉진, 지역 내 관련 단체의 네트워크화 도모 등이 기술되어 있다.

마지막으로 국제교류협회에 대해서는 기본적으로 지방자치단체와 NPO 등과의 연결 역할을 제시하고 있으며, 구체적으로는 자치단체와 NPO 등의 연계 구조와 모델 사례의 광역적인 보급, 다언어정보의 수집과 유통 구조의 구축, 일본어교실이나 모국어교실 등의 개최, 외국인주민에 관한 정보의 수집과 발신, 통역자와 번역인재의 발굴 등의 역할이 제시되어 있다.

물론 이와 같은 역할분담에 대한 예시가 제시된 것과는 별도로 이 보고서가 발표되기 이전부터 외국인주민의 비율이 높은 지방자치단체에서는 중앙정부의 권고나 활동에 비해 일찍부터 적극적이고 활발한 다문화정책을 추진해왔으며, 외국인주민과의 교류와 협력, 이문화에 대한 이해와 수용 등의 역할을 수행하고 있었다는 점에서 총무성의 보고서가 제시한 역할분담은 일종의 소극적인 혹은 뒤늦은 제안이라는 비판을 피하기는 어려워 보인다. 다만, 이 보고서에는 앞서 기술한 바와 같이 각 지역의 다문화공생 추진의 주체가 지방자치단체나 각 지역에서 활동하는 NPO, NGO, 그 외의 민간단체라는 점을 인정하면서도 외국인에 관한 제반 제도를 소관하는 중앙정부와 외국인노동자를 고용해서 이익을 창출하고 있는 기업도 다문화공생정책의 추진을 위한 각각의 역할이 있음을 분명히 밝히고 있다.

우선, 중앙정부(국가)의 역할에 있어서는 크게 다섯 가지를 제시하고 있는데 'A. 외국인 수용에 관한 기본적 사고방식의 제시', 'B. 일본어 및 일본사회에 관한 학습기회의 제공', 'C. 외국인주민의 소재 정보를 신속, 정확히 파악하는 시스템의 구축', 'D. 외국인주민에 관한 각종 제도의 재검토 촉진', 'E. 다문화공생에 관한 정보 제공 및 조사연구기능' 등이다. A에 관해서는 외국인의 출입국정책과 국내 수용체제의 정비에 대한 필요성을 기술하면서 일본사회의 외국인에 대한 기본적인 사고(인식)의 제시를 지적하고 있다. B에 관해서는 종래의 외국인에 대한 일본어 및 일본사회에 관한 학습기회가 지방자치단체에 일방적으로 그 책임이 전가된 것을 지적하면서 이러한 문제점에 대한 재검토를 촉구하는 내용을 포함하고 있다. C에 관해서는 외국인주민에 대한 행정서비스의 제공과 편리성의 증대라는 차원에서 외국인등록제도의 재검토 필요성을 지적하고 있다. D와 E에 관해서는 각 지방자치단체의 의견을 참고하여 외국인주민에 대한 정부차원의 체제정비와 다문화공생에 관한 정책의 체계적 전략적 조사연구와 자료제공의 필요성을 제시하고 있다.

다음으로 기업의 역할에 대해서는 'A. 기업의 사회적 책임(CSR)의 이행', 'B. 기업에 요구되는 구체적인 대응'을 제시하고 있다. A에 관해서는 외국인노동자를 고용해서 이익을 얻고 있는 기업의 사회적 책임을 지적하면서 국적 등과 관계없이 외국인노동자에 대해 중요한 이해관계자라는 인식이 필요하며, 사회보험의 가입 촉진 등과 같은 사회적 책임을 성실히 이행할 것을 기술하고 있다. B에 관해서는 기업이 외국인노동자에 대해 노동관계법령을 준수해 줄 것과 각 유관단체(상공회의서, 지역 경제단체 및 지방자치단체, 국제교류기협회. NPO, NGO, 그 외의 민간단체)와 연계하여 외국인주민에 관한 제반 문제의 해결에 적극 참여할 것을 제시하고 있다.

그리고 총무성은 2007년 3월에도 '다문화공생의 추진에 관한 연구회 보고서'를 발표하였는데 주로 외국인주민에 관한 방재대책과 방재네트워크의 구축, 적절한 행정서비스의 제공에 관한 실태와 과제, 대책 등을 제시하기에 이른다.[32]

한편 2008년 이후부터 일본정부는 세계적인 금융위기와 경기부진으로 인한 고용불안의 여파로 외국인의 고용불안과 생활곤란 등이 사회문제로 부각하고 있다는 관점에서 외국인주민, 특히 정주외국인에 대한 시책의 추진을 도모하였다. 이러한 시책의 일환으로 2009년에는 내각부에 '정주외국인시책추진실'이 설치되었으며, 같은 해 4월에는 각 관계관청의 실무담당자로 구성된 '일계정주외국인시책추진회의'를 신설하여 생활이나 취직지원, 정주자의 자녀에 대한 교육대책 마련, 귀국지원, 국내외의 정보 제공 등의 지원책을 논의하였다. 또한 2010년에는 중앙정부 차원에서 체계적이고 종합적인 방침으로서 '일계정주외국인시책에 관한 기본지침'이 책정되었다. 기본지침에는 외국인주민에 대한 일본사회의 수용 책임이 국가에 있다는 점을 명시함과 동시에 일본어학습을 위한 체제정비, 공교육의 기회부여, 취직지원, 노동법령, 고용관행 등의 연수 및 직업훈련의 실시 등이 제시되었다. 이 기본지침이 책정됨에 따라 종래의 지방

32) 総務省, 「多文化共生の推進に関する研究会報告書」, 2007, 1~38쪽.

자치단체 주도의 외국인에 대한 각종 시책과 정책이 국가 또는 중앙정부 차원의 체계적이고 구체적인 사회통합정책으로서 자리를 잡아가게 되었다는 것은 부분적으로나마 고무적이 라고 평가할 부분이라고 판단된다.

2) '다문화공생' 담론을 둘러싼 문제

'다문화공생'이라는 말은 '다문화'와 '공생'이라는 용어가 결합하여 이루어진 만큼 두 용어에 대한 개념과 이해 또한 필요하다. 먼저 '다문화(multicultural)'는 다문화사회를 표방하는 다문화주의 개념으로서 널리 확산되었다. 다문화주의는 하나의 문화, 하나의 언어, 하나의 민족이 국가 형성의 원리라고 하는 국민국가의 정치적 사상으로 인하여 발생하는 문화적 민족적 차별을 극복하고 이문화간의 접촉을 인정함으로써 개별적이고 독자적인 문화에 대한 유지 · 발전을 지향하기 위해 등장한 이념이라고 할 수 있다. 즉 다문화주의는 다양한 언어나 문화의 유지와 계승발전, 서로 다른 민족과 인종에 대한 공적인 지원과 사회적 평등의 장려를 긍정적으로 받아들이며 동시에 적극적으로 확산시키고자 하는 발상에서 '다문화'라는 개념을 수용하였다고 할 수 있다.

한편 '공생'은 원래 생물학 혹은 생태학의 영역에서 생물 상호간의 이해관계와 득실을 나타내는 개념 또는 상호공존 양상을 나타내는 용어로서 주로 사용되었으나 현재는 한자말 그대로 '함께 살아간다(共生)'는 사전적인 의미로 통용되고 있다. 그리고 최근에는 원자력 관련시설이나 군사시설 등과 같은 각종 사회적 문제나 피해를 초래하게 될지 모르는 사안과의 공존을 주장하는 경우에도 사용되게 되었다. 김윤정(金侖貞)은 '공생'의 개념을 '아래로부터의 개념(실천적 개념)'과 '위로부터의 개념(관제적 개념)'으로 구분하고 그 개념의 양의성의 문제성을 지적한 바 있다.[33] 즉 '공생'이라는 개념에 대한 작위적 선택 가능성에 대한 우려를 내포한 지적이라고 할 수 있다.

다시 말하자면 '다문화공생'이라는 용어는 '다문화'와 '공생'이라는 서로 다른 개념이 결합함으로써 생겨난 일종의 불명확성과 모호성이 잠재하는 용어로서 확산된 것이다. 따라서 '다문화공생'의 개념에 대한 문제제기와 비판, 그 한계성 또한 검토해 볼 필요가 있다.

'다문화공생'에 대한 문제제기와 비판은 1990년대 말부터 점차 나타나기 시작하였으며, 그 흐름을 살펴보면 다음과 같다. 요네다 신지(米田伸次)는 '공생'에 대해 '그 개념이 일반적으로 애매하고 정서적인 만큼 다양한 입장의 사람들에게 안이하게 사용됨으로써 '공생'은 결과적으로 인권침해를 은폐할 경우에 적합한 개념이 될지 모르는 위험성을 안고 있다'고 지적하면서 '공생'이라는 개념의 문제성을 비판하고 있다.[34]

다음으로 박종석(朴鐘碩)은 일본의 노사협정에 있어서 경영자와 노동자의 관계를 공생상황으로 규정하고 노동자의 권리가 침해당하는 상황을 비판적으로 기술하고 있다.[35]

또 히구치 나오토(樋口直人)는 남미에서 이주해 온 외국인주민들의 시점을 통해 공생개념이 가진 문제점을 세 가지로 정리하여 지적하고 있다.[36] 먼저 히구치는 공생개념의 축으로서 지역사회와의 '대등한 관계'가 상정되어 있음에도 불구하고 실질적으로는 문화적인 영역에 한정되고 축소됨으로써 정치적인 문제와 경제적인 문제에 있어서는 배제와 격차

33) 金侖貞, 「多文化共生をどのように実現可能なものにするか」, 馬渕仁編, 『「多文化共生」は可能か一教育における挑戦』, 勁草書房, 2011, 68쪽.

34) 米田伸次, 「人権からの出発」, 『テキスト国際理解』, 国土社, 1997, 56쪽.

35) 朴鐘碩, 「日本における多文化共生とは何か」, 崔勝久・加藤千香子編, 『日本における多文化共生とは何か一在日の経験から』, 新曜社, 2008, 75쪽.

36) 樋口直人, 「「共生」が隠蔽する格差問題と一国主義思考一移住者の視点から」, 『<NGOと社会>の会ニューズレター』 第3号, 2008.4.15, 3쪽.

를 문제시 하지 않고 채택되고 있다고 기술하고 있다. 다음으로는 공생정책의 실효성에 대한 의문을 제기하면서 '격차'라는 근본적인 요인이 은폐됨과 동시에 공생정책의 구조적 모순에 대한 문제를 지적하고 있다. 마지막으로는 일본에서의 '공생'은 주권국가체제를 전제하고 있는 것으로서 트랜스내셔널을 표방하는 외국인이주자들에게는 배제와 포섭의 논리에 지나지 않는다는 점에서 한계를 노정하고 있다고 주장하고 있다. 더 나아가 히구치는 2010년에는 종래의 재일코리안이 직면한 문제에 근거한 '다문화공생'에 대한 연구가 '공생개념이 역사적 경위를 은폐하는 기능을 하고 있다는 것을 밝히고 있다'고 지적하면서도 다시금 재일남미일계인에 대한 입장에서의 '다문화공생'의 구체적인 문제점과 한계를 논의 대상으로 다루고 있다. 그 주요 내용을 열거하면 다음과 같다.

① 대등한 관계의 구축을 내세우면서 재일남미일계인의 압도적인 다수가 비정규고용인 상황을 문제시 하지 않는다. 조사를 해 보면 노동이 그들의 생활을 규정하는데 있어서 결정적으로 중요하다는 것을 바로 알 수 있다. 그 노동은 파견회사를 통한 고용이라는 부분에 특화되어 있지만, 왜 그러한 불안정고용상태를 무시하고 공생을 논하는지 이해하기 어렵다.

② '비행예비군'을 수용하기 위한 미취학해소에는 적극적이지만, 고교진학격차에는 둔감하다. 다만, 이것은 교육학이나 교육사회학에서도 같은 경향이지만, '다문화', '미취학'이 아닌 '진학'을 정면에서 다룬 연구는 신진연구자를 중심으로 조금 있을 뿐이다.

③ 언어서비스는 열심히 언급하면서 이중언어사용 교육은 왜 언급하지 않는가. 이것은 문화면에서의 대등을 내세우면서 남미일계인이 가진 문화(및 집단 내에서의 문화적 분기)가 실질적으로 존재하지 않는 것으로 취급하여 주체로서 인정하지 않는 것과 관계가 있다.[37]

---

37) 樋口直人, 「「多文化共生」再考ーポスト共生に向けた試論」, 『大阪経済法科大学アジア太平洋研究センター年報』 (7), 2010, 3~10쪽.

히구치는 이상의 세 가지 문제가 모두 기존의 체제질서를 변경하지 않으면서도 차이의 유지를 가능하게 한다는 점에서 공통된다고 기술하면서 다문화공생 개념에 대한 평등과 차이의 문제를 보다 상세하게 비판하고 있다.

그리고 최근에는 일본의 '다문화공생'정책이 '동화'이데올로기 정책과 병존하고 있는 상황이라고 지적하면서 '동화적 공생'이 아닌 '병존적 상생'을 지향해야 한다는 나카무라 히로시(中村広司)의 비판도 주목할 만하다.[38] 나카무라는 '마이너리티에 관한 국제적 합의에는 '반차별', '인권옹호', '아이덴티티보호'라는 인식이 밑바탕에 있으며, 이것에 근거하는 다문화주의는 서로 다른 것을 하나로 통합해 버리는 '동화'와는 공존하지 않는 사고방식이다. 그러나 일본정부는 외국인정책에 있어서 다문화주의정책을 선택하지 않았다'고 지적하면서 '일본은 동화정책을 변경하는 일 없이 일본 독자의 '다문화공생'이라는 애매한 이데올로기에 편승한 정책을 전개하기 시작했다'고 기술하고 있다. 그리고 '다양한 가치가 병립해서 존재하고 혹은 병립하면서 때로는 교차하여 영향을 주는 상태'인 '상생'을 제안하고 있다.

이상에서 살펴본 바와 같이 일본의 '다문화공생'담론은 다문화주의 혹은 문화다원주의가 표방하는 다양성의 인정과 유지 · 계승이라는 기본적인 인식의 공유과정을 거치지 않은 채 공생개념이 은폐해 온 불평등과 차별을 정치적, 경제적, 사회적으로 묵인하게 만드는 정책주체의 기만이 잠재된 정책이라고 할 수 있다. 또한 마이너리티인 외국인거주자의 인권옹호와 사회보장은 사회적 경제적 '격차'라는 구조적 모순을 극복하기보다 긍정함으로써 포섭과 배제의 논리를 인정해버리는 한계를 노정하고

38) 中村広司, 「日本の「多文化共生」概念の批判的考察」, 『日語日文学研究』 제91집, 한국일어일문학회, 2014, 395~417쪽.

있다. 그 결과 일본의 '다문화공생'정책은 '동화'정책으로 수렴되어버릴 가능성을 내재하거나 '동화'정책을 부추기는 주권국가체제 이데올로기의 단면을 표출하고 있다는 비판을 낳고 있다는 것을 알 수 있다.[39] 이하에서는 '다문화공생'정책의 한계와 문제점을 재일코리안의 사회운동과 전개과정을 통해 살펴보고자 한다.

3) '다문화공생' 담론과 재일코리안의 사회운동

앞서 기술하였듯이 일본의 '다문화공생'정책은 재일코리안에 대한 지역사회와 지역주민들의 활동에서 비롯되었으며, 중앙정부에 앞서 지방자치단체가 '다문화공생'이라는 사회변화를 유도하고 촉진하였다고 할 수 있다. 그 대표적인 지역에는 재일코리안 올드커머가 많이 거주하고 있던 가와사키시(川崎市)를 들 수 있다. 특히 가와사키시 남부의 사쿠라모토(桜本)라는 재일코리안 집주지역을 중심으로 활발히 전개된 인권확립운동을 계기로 지역사회와 지역주민의 '다문화공생'에 대한 관심은 높아졌으며 동시에 재일코리안에 대한 지방자치단체의 정책과 지침, 지원프로그램의 책정을 위한 노력이 이루어지게 되었다. 오카모토 고헤이는 '다문화공생'이라는 용어는 '1980년대에 가나가와현 가와구치시의 시민단체가 사용하기 시작한 것이 최초일 것이다'고 추정하면서 이 시민단체가 '민족차별과 싸우는 연락협의회'라는 것을 밝히고 있다.[40] 그리고 이 단체는 후에 '재일코리안인권협회'로 개칭되었는데 '공생사회'라는 용어를 활동목적에 명기하고 재일코리안의 인권옹호와 차별철폐를 위한 다양한

---

39) 中崎温子, 「多文化共生社会における文化普遍主義探求のための一考察—「同化」構造の要因を超克する視座から」, 『地域政策学ジャーナル』 第一巻第一号, 2012, 35쪽.

40) 岡本耕平, 「多文化共生をめぐるいくつかのキーワードと日本の状況」, 『中部圏研究』, 中部産業・地域活性化センター 2010,6, 21쪽.

사회활동을 추진하였다. 이렇게 가와사키시에 거주하는 재일코리안의 활동이 일본의 '다문화공생'정책의 계기로 작용한 것은 우연이 아니다.

가와사키시는 전전부터 공장노동자와 건설노동자가 많이 거주하던 지역으로 재일코리안이 다수 집주하던 지역이다. 2010년에 보고된『가와사키시외국인시민대표자회의연차보고서 〈2009년도〉』에 따르면 가와사키시의 전체 외국인 인구는 32,587명이며, 그중에 한국(조선)적은 9,349명으로 나타났다.[41] 2016년 12월 현재 가와사키시가 발표한 전체 외국인 수가 35,665명이라는 점을 고려할 때 한국(조선)적 인구도 다소 증감하였을 것으로 추정된다.[42]

가와사키시는 공장노동자와 건설노동자가 많고 동시에 외국인의 거주비율도 높은 지역으로 취직문제, 공해문제, 빈곤문제와 같은 사회문제를 안고 있는 지역이기도 하였다. 당연히 이와 같은 문제는 인권과 차별에 대한 관심이 고조되던 시기에 지역주민과 지역사회의 관심 사안이자 해결과제로 대두되었던 것이다. 그리고 그러한 문제에 대한 대표적인 사회운동이 '히타치취직차별투쟁'이라고 할 수 있다.

'히타치취직차별투쟁'은 1970년부터 1974년에 걸쳐 진행되었는데 이 운동의 거점이 다름 아닌 가와사키시 사쿠라모토지역이었던 것이다. '히타치취직차별투쟁'은 일본의 공립고등학교를 졸업한 박종석(朴鐘碩)이 히타치제작소 채용시험과 관련하여 일본식 이름으로 채용이 내정되었으나 이력서에 본명을 기재하고 있는 재일코리안이라는 이유로 회사 측이 채용을 취소하자 박종석이 회사를 상대로 소송을 내고 채용취소의 부당성을 호소한 운동이다. 소송에는 재일코리안에 대한 일본기업의 취직차

41) 川崎市外国人市民代表者会議 編,『川崎市外国人市民代表者会議年次報告＜2009年度＞』, 川崎市市民・こども局人権・男女共同参画室 2010, 55쪽.

42) 가와사키시 관할구별 연령별 외국인인구 통계 참조(http://www.city.kawasaki.jp, 검색일: 2017.3.20).

별을 문제시한 최초의 재판이라는 점에서 재일코리안은 물론 일본인들의 관심과 지원도 많았다. 이 운동은 처음에는 재일코리안 2세 청년들과 게이오대학의 학생단체 '베트남에 평화를, 시민연합'으로 구성된 '재일코리안의 취직차별을 분쇄하는 모임'이 '박 군을 감싸는 모임'으로 바뀌게 되었고 사무국을 중심으로 채용취소 무효를 요구하는 재판과 히타치제작소의 부당성을 직접 규탄하는 사회운동을 병행하게 되었다. 그 후 총 22회에 이르는 공판과정을 거친 후, 1974년 6월 19일에 요코하마지방재판소는 회사 측의 취직차별에 대한 부당성을 인정하고 원고 승소 판결을 내리게 되었다. 이 운동은 재일코리안 2세가 일본사회의 차별 속에서 자신들의 아이덴티티를 형성하며 살아가는 방법을 모색하게 하는 계기로 작용했을 뿐만 아니라 이후의 재일코리안의 사회운동의 성격에 큰 영향을 주었다고 할 수 있다.

1970년대 이후의 주요 재일코리안의 사회운동을 살펴보면 〈표 31〉과 같다.

〈표 31〉 재일코리안 사회운동의 추이와 변화[43)]

연도	재일코리안 사회운동	비고(사회운동의 추이와 변화)
1970	히타치취직차별투쟁(박종석)	시민의 연대와 사회보장운동의 확산
1976	국적조항 철폐를 요구하는 투쟁(김경득)	국적조항으로 인한 공공서비스 차별 및 민간기업 취직차별 규탄운동
1980	지문날인거부운동(한종석)	외국인등록법 개정 및 지문날인제도 폐지(1993년영주자, 2000년 비영주자)
1991	전상자장애연금청구(석성기) 등 전후보상문제 공론화	정주외국인의 특별영주제도 개시
1993	재일고령자 및 장애자급부금지급요망서 제출	무연금외국인장애자 및 고령자에 대한 급부지급개시 지방자치단체의 증가
1995	지방참정권문제로 소송	영주자등의 지방참정권부여가 위헌이 아니라는 최고재판소의 판시
2004	재일고령자무연금 소송	지방고등재판소 기각판결(2005년 오사카, 2011년 후쿠오카)
2010	조선학교고교무상화 배제문제 재판투쟁	

1976년에는 사법연수생 과정에서 국적조항 철폐를 요구하는 투쟁이 당시 사법시험을 합격한 김경득(金敬得)에 의해 시작되었으며, 최고재판소는 국적조항을 수정하지 않은 채 '한정해 허용한다'는 결정을 내리게 된다. 이 결정으로 영주권이 없는 외국인에 대해서도 사법연수에 특례를 적용하게 되었으며, 동시에 일본 내의 공공서비스(예를 들면, 육아수당 신청, 공영주택 입주 등) 관련 국적 조항의 철폐는 물론 민간기업의 취직 차별 규탄운동이 확산되었다.

1980년대에는 재일코리안1세 한종석(韓宗碩)이 외국인등록갱신수속을 진행 중에 지문날인을 '굴욕의 날인'이라고 거부한 것을 시작으로 전국에서 지문날인을 거부하는 사람들이 속속 나타났으며, 다수의 일본인들도 외국인들에 대한 인권침해라는 인식을 공유하며 80년대 시민운동의 하나로 확산되었다. '검지손가락의 자유(人差し指の自由)'라는 상징적인 표현과 함께 전개된 이 운동은 재일코리안은 물론 외국인주민들을 관리와 통제의 대상에서 일본사회의 일원으로 인정해야 한다는 공감대를 형성하는데 도움을 주었으며, 나아가 외국인에 대한 차별문제의 재인식 필요성을 환기시키는 계기가 되기도 하였다. 그 후 지문날인제도는 1987년에 외국인등록법 개정으로 지문날인을 원칙적으로 1회로 한정하는가 하면 거부자의 갱신기간을 5년에서 2년으로 단축하는 등 단속을 강화하였다. 그런 가운데 1991년에 열린 한일외무장관회담에서 '재일한국인의 지문날인을 2년 이내에 폐지한다'는 방침을 세운 후, 1992년 6월에 개정 외국인등록법이 성립하여 영주자 등에 한정해서 지문날인이 폐지되게 되었으며, 1993년 1월부터 시행되었다. 그리고 1999년 8월에는 외국인등록법의 개정과 함께 비영주자에 대한 지문날인제도도 철폐가 결정되면서 지문

43) 재일한인역사자료관 홈페이지 참조(http://www.j-koreans.org/. 검색일: 2017.3.25).

날인 거부투쟁은 일단락되었고 일본사회에 한 획을 긋는 사회운동으로 평가받게 되었다.

1990년대 이후에 전개된 재일코리안의 사회운동에는 지방공무원의 수험자격에 포함된 국적조항의 철폐와 관련한 운동이나 참정권 요구운동, 고령자무연금문제에 관한 운동 등을 들 수 있다. 먼저 지방공무원의 수험자격에 포함된 국적조항 철폐는 1996년에 가와사키시를 시작으로 전국적으로 확산되었으며, 현재는 대부분의 지방자치단체가 외국인의 일반 사무직 공무원 수험자격을 인정하고 있다. 그러나 관리직이나 일부 직무와 관련한 수험자격은 여전히 예외사항으로 남아있다는 점에서 이 부분의 운동은 현재진행형이라고 할 수 있다.

다음으로 참정권 요구운동은 1995년에 일본 최고재판소가 '영주자 등의 지방참정권부여는 헌법상 금지되어 있지 않다'고 판시하고 있음에도 불구하고 지금까지 재일코리안의 지방참정권 획득은 어려움에 봉착해 있다. 아울러 재일코리안의 고령자무연금문제와 관련한 소송에서도 지방고등재판소는 계속해서 원고패소라는 판결을 통해 고령자에 대한 연금지급을 인정하지 않고 있다. 물론 2000년대 이후부터 재일코리안의 집주지역을 중심으로 NPO 및 지원단체로부터 재일코리안 고령자를 대상으로 일일개호서비스활동이 전개되고 있지만 역사적 문화적 차이를 고려한 서비스의 제공이나 사회적 교류 등의 확대문제는 중요한 과제로 남아있다.

이상에서 살펴본 재일코리안의 사회운동은 그 결과와는 관계없이 표면적으로는 재일코리안의 민족차별철폐에 국한된 운동으로 보여질 수 있지만 실질적으로는 개개의 일본인은 물론 동시대의 민간단체, 공적기관 등이 함께 전개한 시민운동으로서 그 밑바탕에 '함께 살아간다(共生)'는 공통인식을 공유하고 있었기에 가능한 일이었을 것이다.

그 대표적인 예를 하나 더 제시하자면, 가와사키시 사쿠라모토지구의 청구사(青丘社, 1973년에 재일대한기독교회 가와사키교회가 설립한 사회복지법인)를 중심으로 한 재일코리안과 일본인의 협력에 의한 사회운동의 전개일 것이다. 앞서 기술한 '히타치취직차별투쟁'은 재일코리안과 일본인의 협력으로 획득한 결과라는 것은 말할 것도 없다. 그리고 이들의 활동이 '함께 살아간다(共生)'는 공통인식을 바탕으로 전개되었다는 것은 다음의 문장에서도 확인된다.

> 일본인의 인권의식을 높이고, 국제성을 높이기 위해서 재일한국 · 조선인을 둘러싼 여러 문제를 해결하기 위한 행정체제를 명확히 해야 한다고 생각한 것이다. 재일한국 · 조선인문제를 공연히 방치하지 않고 마이너리티의 인권을 존중함으로써 함께 살아가는 지역사회를 만드는데 기여하며 구체적인 시책전개에 영향을 주고자 한다.[44]

청구사가 사쿠라모토지구의 공적시설로서 청소년회관의 설치를 가와사키시에 요청한 사안에 대해 가와사키시는 이를 수용하고 구상위원회를 만들었는데 그 위원회에서 제출한 '(가칭)사쿠라모토후레아이사회관에 관한 토의경과 정리(시안)'의 내용 일부이다. 구상위원회는 재일코리안의 인권존중과 공생의 지역사회를 만들기 위한 시책을 밝히고 있다.

이뿐만 아니라 '히타치취직차별투쟁' 이후에 결성된 '민족차별과 싸우는 연락협의회(민투련)'가 1984년에 제10회 민투련전국교류집회 기조보고에서 '함께 살아간다'는 것은 '이질적인 것을 서로 존중하고, 서로 인정

44) 金侖貞,「地域社会における多文化共生の生成と展開、そして、課題」,『自治総研』通巻392号, 2011.6, 69쪽(재인용). 원문은 다음과 같다. '在日韓国・朝鮮人問題をいたずらに放置することなく、マイノリティの人権を尊重することによって、共に生きる地域社会をつくることに寄与する'

한 후에 이루어지는 것을 목표로 삼으며, 민족으로서 자립된 관계를 지향한다'고 표명한 것은 '다문화공생'사회의 구축을 지향하는 오늘날의 일본사회에 시사하는 바가 크다고 할 수 있다. 무엇보다 재일코리안을 둘러싼 시민운동의 역사로부터 계승해야 할 부분은 재일코리안과 일본인이 서로의 역사적 문화적 차이와 아이덴티티를 인정하고 대등한 관계 속에서 시너지를 도출하기 위해 연대하고 협력한 점일 것이다.

1990년대 말부터 자주 등장하기 시작한 '다문화공생'의 개념은 그 시작의 배경과 목적에 있어서 '다문화'와 '공생' 그리고 '함께 살아간다'는 가치를 지향하는 상호공존의 개념을 바탕으로 서로 다른 민족과 인종에 대한 공적인 지원과 사회적 평등의 장려를 긍정적이고 적극적으로 확산시켜가고자 하는 발상에서 출발한 것은 부정할 수 없다. 하지만, '다문화공생'이라는 개념이 내포하고 있는 불명확성과 모호성, 그리고 작위적 선택가능성 등은 앞서 살펴본 바와 같이 여전히 해결과제로 남아 있으며 그 정책의 추진과정에서도 노정된 배제와 격차의 문제 혹은 평등과 차이의 문제는 '다문화공생'사회를 지향하고자 하는 사회적 공감대의 형성에 장애요소로 지적됨을 알 수 있었다. 그러나 일본사회의 '다문화공생'정책에 있어서 이와 같은 문제점과 한계는 해결해야 하고 극복해야 할 과제임에도 불구하고 내셔널리즘의 강화가 한층 심화되고 있는 오늘날까지 여전히 남아있으며 오히려 그 문제점과 한계는 희석되기보다 노골적으로 차별과 배제를 주장하는 경향까지 나타나고 있는 것이 현실이다. 외국인 기피증(제노포비아), 재일코리안에 대한 가두데모와 배외주의적 선동(헤이트스피치) 등은 이와 같은 사회현상의 실례가 아닐 수 없다.

일본사회가 '다문화공생'사회를 지향하고자 노력하고 있음에도 불구하고 이러한 현상이 끊임없이 대두되는 바탕에는 외국인, 특히 재일코리안이 '일본인' 중심의 사회질서에 혼란을 초래하고 위협하는 존재라고 하는 인식이 잔존하고 있기 때문일 것이다. 아울러 일본의 현 사회보장시스템을 '일본인'이 구축한 만큼 그 혜택 또한 '일본인'에 한정하는 것이 실리적 논리에 부합한다는 판단에서 일 것이다. 그러나 분명한 것은 이와 같은 인식이 확산되면 될수록 일본사회가 지향하는 '다문화공생'은 더욱 소원해질 것이며, 그 결과는 국제적인 고립의 심화로 이어질 가능성이 커진다는 점이다. 이러한 시점에 무엇보다 필요한 것은 재일코리안을 둘러싼 사회운동에 있어서 일본의 시민단체 등이 보여준 것과 같은 다민족, 다문화, 다인종에 대한 이해와 수용적 자세, 그리고 실천적 의지일 것이다.

참고문헌

1. 자료, 신문

『민중시보』, 『동아일보』, 『조선일보』, 『영남일보』, 『국민일보』

『馬関毎日新聞』, 『朝鮮新報』, 『門司新報』, 『芸備日日新聞』, 『朝日新聞』

『アサヒグラブ』

『川崎市統計書』

가와사키시 관할구별 연령별 외국인인구 통계(http://www.city.kawasaki.jp)

『平成19年版 統計データブック』(川崎市総合企画局)

재일본대한민국민단 통계자료 (https://www.mindan.org/old/shokai/toukei.html)

일본법무성 통계 공개자료
(http://www.moj.go.jp/housei/toukei/toukei_ichiran_touroku.html)

일본법무성 재류외국인 통계자료
(http://www.moj.go.jp/housei/toukei/toukei_ichiran_touroku.html)

교토시 국세조사 통계자료
(https://www2.city.kyoto.lg.jp/sogo/toukei//Population/Census/Final/2010/main_2010.pdf)

『名古屋市統計年鑑』(http://www.city.nagoya.jp/somu/page/0000102700.html)

「世論調査」(内閣府大臣官房政府広報室,
https://survey.gov-online.go.jp/h14/h14-gaikou/2-1.html)

国立社会保障・人口問題研究所, 『人口統計資料集(2016年度版)』

2. 단행본

강사랑 편저, 『韓國레코드歌謠史』 제2집, 1967.
고승제, 『한국이민사연구』, 문장각, 1973.
국제고려학회 일본지부, 청암대학교 재일코리안연구소, 『재일코리안사전』, 선인, 2012.
김병욱, 『미래스펙트럼"한류" 분해』, 킴스정보전략연구소, 2004.
도노무라 마사루, 『재일조선인 사회의 역사학적 연구』, 논형, 2010.
박경식, 박경옥 역, 『조선인 강제연행의 기록』, 고즈윈, 2008.
손미경, 「'문화플랫폼'으로서 도쿄 · 오사카 코리아타운 연구」, 한국외국어대학교대학원 박사학위논문, 2013.
양석일 저, 김석희 역, 『피와 뼈① 오사카 아리랑』, (주)자유포럼, 1998.
윤호진, 『한류20년, 대한민국 빅 콘텐츠』, 커뮤니케이션북스, 2016.
장규수, 『한류와 아시아류』, 커뮤니케이션북스, 2013.
제주도청, 『済州島勢要覧』, 1937.
최영호 외, 『부관연락선과 부산』, 논형, 2007.
한국문화산업교류재단, 『한류 포에버: 일본편』, 한국문화산업교류재단, 2011.

朝倉敏夫 · 岡田浩樹編, 『グローバル化と韓国社会ーその内と外』, 国立民族学博物館, 2007.
稲葉佳子, 『オオクボ都市の力ー多文化空間のダイナミズム』, 学芸出版社, 2008.
小倉紀蔵, 『韓流インパクトールックコリアと日本の主体化』, 講談社, 2005.
小倉紀蔵 · 小針進, 『韓流ハンドブック』, 新書館, 2007.
神奈川の中の朝鮮編集委員会, 『神奈川の中の朝鮮』, 明石書店, 1998.
川崎市外国人市民代表者会議 編, 『川崎市外国人市民代表者会議年次報告＜2009年度＞』, 川崎市市民 · こども局人権 · 男女共同参画室 2010.
姜在彦 · 金東勲, 『在日韓国 · 朝鮮人ー歴史と展望』, 労働経済社, 1989.
金鍾在述, 玉城素編, 『在日韓國人一代』, 圖書出版社, 1978.
金賛汀, 『異邦人は君ケ代丸に乗ってー朝鮮人街猪飼野の形成史』, 岩波新書, 1985.
金賛汀, 『関釜連絡船 海峡を渡った朝鮮人』, 朝日新聞社, 1988.
金賛汀, 『検証 · 幻の新聞『民衆時報』ーファシズムの台頭と報道の原点』, 三五館, 2001.

金英達編,『数字が語る韓国・朝鮮人の歴史』, 明石書店, 1996.

高権三,『大阪と半島人』, 東光商会書籍部, 1938.

鄭大均,『韓国のイメージ』, 中央新書, 1995.

鄭煥麒,『在日を生きる』, 育英出版社, 1998.

杉原達,『越境する民一近代大阪の朝鮮人史研究』, 新幹社, 1998.

総務省,「多文化共生の推進に関する研究会報告書」, 2006.

総務省,「多文化共生の推進に関する研究会報告書」, 2007.

朝鮮総督府編,『朝鮮の人口現象』, 1927.

韓英均,『日本における韓流現象と韓国の韓流に対する認識』, 早稲田大学大学院社会科学研究科, 2013.

朴慶植,『朝鮮人強制連行の記録』, 未来社, 1965.

朴慶植編,『在日朝鮮人関係資料集成』, 第一巻, 三一書房, 1975.

朴慶植編,『在日朝鮮人関係資料集成』, 第二巻, 三一書房, 1975.

朴慶植編,『在日朝鮮人関係資料集成』, 第三巻, 三一書房, 1975.

朴慶植編,『在日朝鮮人運動史ー八・一五解放前』, 三一書房, 1979.

朴慶植,『朝鮮問題資料叢書』第五巻, 三一書房, 1983.

朴在一,『在日朝鮮人に関する総合調査研究』, 新紀元社出版部, 1957.

枡田一二, 『地理学論文集』, 弘詢社, 1976.

宮田法人,『在日朝鮮人』, 朝日新聞調査研究, 1970.

山野車輪,『マンガ嫌韓流』, 晋遊舎, 2005.

梁石日,『雷鳴』, 徳間書店, 1995.

3. 논문과 잡지 기사, 문서

고길희,「일본의 한류와 혐한류로 본 한일관계－다원화 내셔널리즘을 모색하며」,『일본근대학연구』 제17집, 한국일본근대학회, 2007.

고정자・손미경,「한국문화 발신지로서의 오사카 이쿠노쿠 코리아타운」,『글로벌문화콘텐츠』(5), 2010.

김경희,「한류를 통한 한국・일본・재일코리언의 새로운 관계구축을 위한 제언」,

『재외한인연구』 vol.22, 재외한인학회, 2010.
김인덕, 「1930년대 중반 오사카 재일조선인의 삶과 상호부조」, 『자율과 연대의 로컬리티』, 부산대학교 한국민족문화연구소, 2016.
노윤선, 「한 · 일 수교 50주년, 혐한(嫌韓)에 대한 재인식－혐한 현상과 혐한 인식의 전개를 중심으로」, 『일본문화연구』 제59집, 동아시아일본학회, 2016.
류교열, 「제국과 식민지의 경계와 월경－부관연락선과 「도항증명서」를 중심으로」, 『한일민족문제연구』 11권, 2006.
류시중, 「한국인의 도일상황과 일본에서의 생활실태」, 『동양문화연구』 제1호, 1974.
마쓰다 도시히코, 「재일코리안과 뉴커머 문제」, 청암대학교 재일코리안연구소 편, 『재일코리안 디아스포라의 형성: 이주와 정주를 중심으로』, 선인, 2013.
방광석, 「1920~30년대 간토(關東)지역 '재일조선인' 사회의 형성과 지역사회」, 『史叢』, vol.63, 2009.
선봉규, 「근 · 현대 재일한인 디아스포라의 이주와 재영토화 연구:오사카와 도쿄를 중심으로」, 『한국동북아논총』 60집, 2011.
유연숙, 「도쿄의 코리아타운과 한류: 오쿠보지역을 중심으로」, 『재외한인연구』 제25호, 2011.
이상봉, 「오사카 조선시장의 공간정치－글로벌화와 장소성의 변용」, 『한국민족문화』 41집, 2011.
板垣竜太, 「혐한류의 해부학」, 『창작과 비평』 여름호, 통권132호, 창작과 비평사, 2006.
이향진, 「한류와 자이니치」, 『일본학』 32집, 동국대학교 일본학연구소, 2011.
이호상, 「에스닉 커뮤니티 성장에 따른 지역사회의 변화－도쿄 신오쿠보를 사례로」, 『한국도시지리학회지』 14권 2호, 2011.
임영언 · 허성태, 「일본 속의 재일코리안 사회: 도쿄와 오사카 코리아타운 공동체 공간의 특성 비교 연구」, 『재외한인연구』 제37호, 2015.
정미애, 「일본의 단일민족국가관에서 다문화공생으로의 인식변화와 다문화공생의 거버넌스」, 『한국정치학회보』 제45집 제4호, 2011.
정진성, 「재일한국인 뉴커머 형성과정과 집주지역의 특징－오쿠보 코리아타운을 중심으로」, 『사회와 역사』 제90집, 한국사회사학회, 2011.
정혜경, 「1930年代 初期 오사카(大阪)地域 協同組合과 朝鮮人運動」, 『한일민족문제연

구』 vol.1, 2001.

정혜경, 「일제 강점기 '조선 부락'의 형성과 사회적 역할」, 『일본 한인의 역사(하)』, 국사편찬위원회, 2010.

지충남, 「재일한인 뉴커머 타운의 형성과 발전, 그리고 변용」, 『전남대학교 세계한상문화연구단 국제학술회의』, 전남대학교 세계한상문화연구단, 2016.

지충남, 「재일한인 디아스포라 이주와 집거지 형성 비교 연구: 올드커머와 뉴커머를 중심으로」, 『대한정치학회보』 제20호 2호, 2012.

하시모토 미유키, 「공생하기 위한 '가와사키 코리아타운': '오오힌지구'의 지역적 문맥」, 『재외한인연구』 제28호, 2012.10.

한영균, 「일본 내 '혐한류' 현상의 실체」, 『일본문화연구』 제48집, 동아시아일본학회, 2013.

한종완 · 임영언, 「오사카지역 코리안 커뮤니티의 형성과 문화적 변용 연구－이쿠노(生野区) 코리아타운을 중심으로」, 『일어일문학』 제64집, 2014.

岩渕功一, 「国境を越える日本のテレビの公共性」, 『研究報告』, 放送文化基金, 2004.

浮葉正親, 「名古屋市における新来コリアンの流入とコリアンタウンの形成」, 朝倉敏夫 · 岡田浩樹編, 『グローバル化と韓国社会ーその内と外』, 国立民族学博物館, 2007.

岡本耕平, 「多文化共生をめぐるいくつかのキーワードと日本の状況」, 『中部圏研究』, 中部産業 · 地域活性化センター 2010,6.

梶村秀樹, 「定住外国人としての在日朝鮮人」, 『思想』 第734号, 1985.8.

川村千鶴子, 「ディアスポラ接触とは何かー新宿区大久保地区の多文化化の歴史から」, 『大東文化大学紀要』 46号, 2007.

金侖貞, 「多文化共生をどのように実現可能なものにするか」, 馬渕仁編, 『「多文化共生」は可能かー教育における挑戦』, 勁草書房, 2011.

金侖貞, 「地域社会における多文化共生の生成と展開、そして、課題」, 『自治総研』 通巻392号, 2011.6.

金賢美, 「韓流と親密性の政治学ーアジアの近代性とジェンダー」, 『「韓流のうち外」: 韓国文化力と東アジアの融合反応』, 御茶ノ水書房, 2007.

高賛侑, 「朝鮮市場からコリアタウンへ」, 猪飼野の歴史と文化を考える会編, 『ニッポン猪飼野ものがたり』, 批評社, 2011.

鄭貴連, 「『韓流』『嫌韓流』そして『韓流』」, 『アジア遊学 世界のコリアン』, 勉誠出版, 2006.

鄭大均, 「外国人参政権に反対のこれだけの理由」, 『中央公論』 2010.1.

杉原達, 「在阪朝鮮人の渡航過程ー朝鮮・済州島との関連で」, 『大阪/大正/スラム』, 新評論, 1986.

高原基彰, 『不安型ナショナリズムの時代ー日韓中のネット世代が憎みあう本当の理由』, 洋泉社新書, 2006.

外村大, 「一九三〇年代中期の在日朝鮮人運動ー京阪神地域・『民衆時報』を中心に」, 『民衆史研究』 28号, 朝鮮史研究会, 1991.

外村大, 「一九二〇~三〇年代在日朝鮮人の住宅問題ー大阪を中心に」, 『民衆史研究』 41, 1991.5.

中崎温子, 「多文化共生社会における文化普遍主義探求のための一考察—「同化」構造の要因を超克する視座から」, 『地域政策学ジャーナル』 第一巻第一号, 2012.

中島智子, 「京都における在日韓国・朝鮮人の歴史」, 『暮らしの中の市民として 京都に生きる在日韓国・朝鮮人』, 京都国際交流協会, 1994.

中村広司, 「日本の「多文化共生」概念の批判的考察」, 『日語日文学研究』 제91집, 한국일어일문학회, 2014.

朴鐘碩, 「日本における多文化共生とは何か」, 崔勝久・加藤千香子編, 『日本における多文化共生とは何かー在日の経験から』, 新曜社, 2008.

樋口雄一, 「在日朝鮮人部落の積極的役割について」, 『在日朝鮮人史研究』 第1号, 1977.

樋口雄一, 「在日朝鮮人部落の成立と展開」, 『在日朝鮮人』, 新人物往來社, 1978.

樋口雄一, 「在日朝鮮人に対する住宅差別」, 『在日朝鮮人史研究』 第2号, 1978.6.

樋口直人, 「「共生」が隠蔽する格差問題と一国主義思考ー移住者の視点から」, 『＜NGOと社会＞の会ニューズレター』 第3号, 2008.4.15.

樋口直人, 「「多文化共生」再考ーポスト共生に向けた試論」, 『大阪経済法科大学アジア太平洋研究センター年報』 (7), 2010.

藤田綾子, 「鶴橋ー闇市から商店街へ」, 猪飼野の歴史と文化を考える会編, 『ニッポン猪飼野ものがたり』, 批評社, 2011.

夫徳柱, 「日本国内におけるエスニックマイノリティグループの住居環境に関する研究ー大正後期に始まる東京府内に散在した'朝鮮部落'を事例として」, 『日本建築学会大会学術講演梗概集』, 2003.

水野直樹, 「京都における韓国・朝鮮人の形成史」, 『民族文化教育研究』 第1号, 1998.6.

梁英厚, 『1930年代の在阪朝鮮人のジャーナリズム(1), (2)ー『民衆時報』を中心に」, 『戦争と平和ー大阪国際平和研究所紀要』, 9号, 2000.

梁英厚, 『1930年代の在阪朝鮮人のジャーナリズム(1), (2)ー『民衆時報』を中心に」, 『戦争と平和ー大阪国際平和研究所紀要』, 11号, 2002.

米田伸次, 「人権からの出発」, 『テキスト国際理解』, 国土社, 1997.

4. 관련 사이트

재일본한국인연합회 홈페이지(http://www.haninhe.com/)

재일한인역사자료관 홈페이지(http://www.j-koreans.org/index.html)

大阪市住民基本台帳人口・外国人登録人口
(http://www.city.osaka.lg.jp/ikuno/page/0000427171.html)

川崎大師観光案内センター 홈페이지(http://kawasakidaishi-kanko.com/kinrin/)

新大久保商店街振興組合 홈페이지(http://www.shin-ookubo.or.jp/)

鶴橋商店街振興組合 홈페이지(http://www.tsurushin.com/ja/access/neighborhood.php)

東九条マダン 홈페이지(http://www.h-madang.com/)

御幸通商店街, 御幸通中央商店会, 御幸通東商店街振興組合 홈페이지
(http://ikuno-koreatown.com/)

찾아보기

【ㅎ】

황익구

청암대학교 재일코리안연구소 연구교수.
저서로는 『交錯するの記憶-占領空間の文』(春風社, 2014), 『異文化理解とパフォ マンス』(공저, 春風社, 2016), 『재일코리안에 대한 인식과 담론』(공저, 도서출판 선인, 2018), 『재일코리안의 역사적 인식과 역할』(공저, 도서출판 선인, 2018), 『일제침략기 사진그림엽서로 본 제국주의의 프로파간다와 식민지 표상』(공저, 민속원, 2019), 『계몽의 기획과 신체』(공저, 도서출판 선인, 2019), 『지식장의 변동과 공중위생』(공저, 도서출판 선인, 2021) 등이 있다. 논문으로는 「식민지 초기 조선의 위생풍속에 대한 식민권력의 이중성－미신담론을 중심으로」(『일본문화연구』 75호, 2020), 「근대일본의 스포츠를 둘러싼 정치학과 식민지 조선－스포츠담론의 행방과 '국민의 신체'」(『한일민족문제연구』 40호, 2021) 등이 있다.